テーマで学ぶ日本古代史

社会史料編

佐藤 信［監修］
新古代史の会［編］

吉川弘文館

はしがき

日本古代史をめぐる環境は、大きく変わりつつある。一つには発掘調査によって新たな遺跡・遺物が発見され、なかでも木簡や墨書土器といった出土文字資料が新たな事実を明らかにしていることがあげられるだろう。また外交関係や交易は言うに及ばず、律令などの法制史や仏教史などにおいても、日本だけでなく中国や朝鮮などの東アジア、さらには東部ユーラシアを含んで、グローバルな視点から日本古代史を見るようになった。また、木簡や古記録のデータベース化が進んで、誰もが身近に古代史を研究できる環境が整備されつつある。このように多様な史資料、多角的な視点から日本古代史は、以前とは違う新しい歴史像を見せつつある。

とはいえ、これから日本古代史を学ぼうと思っている人には、どこがおもしろく、どこから勉強していけばよいか、迷う人も少なくないのではないかと思われる。そこでこの『テーマで学ぶ日本古代史』は、最新の研究成果を最前線に立つ研究者がテーマごとに解説を加え、基本的な参考文献なども紹介しながら、古代史の魅力をわかりやすく伝えようとしたものである。

本書は「政治・外交編」と「社会・史料編」の二巻構成とし、「政治・外交編」では「ヤマト王権の政治と社会」・「律令制度の成立」・「平安時代の政治と外交」を軸として古代国家の成立と展開に関わる重要なテーマを配した。「社会・史料編」では「古代の社会と経済」・「古代の宗教と文化」、それから古代史研究に不可欠な「古代の史料」をとりあげた。それぞれ重要なテーマばかりだが、一方では近年注目されている災害史や女性史・交通史など、今まで高校などでは習わない新たな古代史の魅力を含んだテーマも設定している。

本書は「新古代史の会」という研究会のメンバーを中心に、さらにそれぞれの分野の最前線で活躍する気鋭の研究者に執筆を依頼した。それぞれの文章も「文は人なり」といわれるように研究者の個性がよくあらわれていておもしろい。そのため、それぞれの執筆者の意見を尊重し、あえて語句や解釈の統一を行わなかった部分がある。こうした違いも研究の広がりの一端であるとし、ご了解いただきたい。

本書を手にとった読者が古代史の魅力にふれ、さらなる興味・関心を抱いていただければ幸いである。

新古代史の会を代表して

三舟隆之

目　次

III　古代の史料

I

古代の社会と経済

1　渡来人

中野高行

一　帰化人と渡来人

「帰化人」という用語の問題点　古代、朝鮮・中国から日本列島に渡来した人々とその子孫が渡来人であり、以前は帰化人と呼ばれていた。一九六〇年代以降、帰化人という用語は適切ではなく、渡来人という語に変えるべきだという主張が徐々に受け入れられ、日本の教科書・学術論文の多くは渡来人の語を用いるようになっている。ところが、帰化人という用語の是非を論じた専論がほとんどないため、理由は意外にはっきりせず、帰化人という用語を不適切とする理由は研究者により微妙に異なっている（中野　二〇〇八）。

帰化人の用語を適切ではないとする見解は以下の三点にまとめることができる。

①帰化人の内容が歴史的実態と合致しないとする見解

帰化の本来の語義には、異国の人がその国の君主の徳を慕って来朝し、その臣民になるという、中華的・儒教的思想が含まれている。しかし帰化人は、必ずしもみずからの意志で来朝したものとはかぎらず、むしろ大陸のすぐれた文明を求める大和政権によって、半ば強制的に連れて来られた人が多かったと思われ、またみずからの意志で渡来した人々も、自己の社会的・経済的な目的のために渡来したものと思われる。そこで帰化人の呼称を避け、渡来人と呼ぶべきだとする。

②帰化人という語が「帰化人史観」にもとづいているとする見解

帰化とか投化の語には、異民族が天皇の徳に帰付してやってきたという意味がこめられているが、中華思想にもとづく律令体制が完成するのは八世紀初頭からである。ところが明治以来、「三韓の服属せし以来皇化を慕いて来るもの多く」といった「帰化人史観」がさけばれ、戦後においても無批判にこの言葉が受けいれられてきた。

③帰化人という語を差別用語とする見解

帰化人は、日本人とは異なる蔑視さるべき存在であったとする。近代以降の日本の朝鮮・中国に対する植民地支配・侵略とその思想的影響を受けて作られた、被支配民族への抑圧を歴史的に遡源させて根拠を求めるという誤った観念だとする。

帰化人の語を適切でないとする見解について、①〜③のいずれを根拠としているのかを分類すると、研究者により帰化人用語を不適切とする理由がバラバラであり統一的な根拠は確立されていないようである。

「渡来人」という用語の問題点　一方で「渡来人」という用語が適切なのかについては以下のような批判がある。

平野邦雄は、帰化も渡来も記紀での訓はともに「まうく」であり、内容的な相違はないとする（平野・黛・関一九八一）。黛弘道は訓の共通に加え、渡来人という言葉自体が日本の古典には絶無なので純粋に歴史用語としてどうかという問題は残ると指摘している（同前）。関晃は、渡来人という語には、日本に住みついて日本人の一部となった者という意味が含まれなくなるので適切な語とはいえない、と批判する（同前）。松尾光は、すべての表記を「渡来」とすると、七〜一一世紀に日本が中国の律令・思想などを学びとり、それなりに咀嚼して「小中華帝国」を自負したという歴史事実を消してしまう、と懸念している（松尾　一九八八）。田中史生は、渡来人を古代日本に渡り来た者とし、外交使節や商人も含める。その上で、移動する身体としての〈渡来人〉、その身体を定着させた〈渡来系移住民〉、移動する文化としての〈渡来文化〉、渡来人を祖とし渡来文化を継承する〈渡来系氏族〉などと区分する（田中史生　二〇一九）。

帰化人用語を批判する見解にも、渡来人用語の妥当性にも問題がある。そもそも「帰化」とは中国律令の中で用いられる法律用語であり、これを排除してしまうと中国の法体系や支配イデオロギーを説明することがきわめて困難となる。本章ではこれらの問題点を指摘した上で、現在の日本で定着している渡来人という用語を使用することとする。

二　五世紀の渡来人

東漢氏　菜畑《なばたけ》遺跡（佐賀県唐津市）からは、炭化米や石包丁・鍬《くわ》・鎌などの農業用具が出土し、現在日本最古（約二九〇〇年前）の水稲耕作遺跡とされている。これ以降、中国大陸や朝鮮半島から本格的な農耕民の移動・定住が進んだと思われる。このころ列島内外の往来は自由であり、列島外からの渡来者を渡来人と呼ぶことはできない。外来者を区別するような政治勢力が列島内にできるのはヤマト王権が成立する四世紀以降である。高句《こうく》麗《り》の広開土王《こうかいどおう》や長寿王《ちょうじゅおう》が南下して新羅《しらぎ》・百済《くだら》・倭《わ》と戦闘を繰り広げた五世紀には、戦乱を避けて列島に渡った避難民・亡命者が急増した。

五世紀の渡来系氏族の第一は東《やまとの》（倭）漢氏《あやうじ》である。『日本書紀』（以下『書紀』）応神二十年九月条に、「倭漢《やまとのあやの》直《あたえ》の祖の阿智使主《あちのおみ》、その子の都加《つか》使主は、己の党類十七県の人々を率いて来帰した」とある。『続日本紀』延暦四年（七八五）六月条では、阿智王は七姓（朱・李・多・皀郭《きゅうかく》・皀・段・高）の漢人とともに渡来したとする。『古事記』応神天皇の段にも、漢直の祖が渡来して来たとある。漢氏の祖先が渡来してから、一～二代の間に文筆・財務・外交に携わるようになり、あとから渡来した手工業技術者を従えて、王権の中で一定の存在を占めるようになった。漢氏は新来の渡来人に実務を任せ、みずからは監督者におさまった（関　二〇〇九）。漢氏は、先祖を後漢霊帝とするが、「漢《あや》」は加耶《かや》諸国の一つである安羅《あら》の国名から転じたものと推測される（加藤　二〇〇二）。東漢氏の本宗家はのちに坂上《さかのうえ》氏に移り、坂上田村麻呂が桓武朝で活躍した。

『養老令《ようろうりょう》』学令《がくりょう》の大学生条では、史姓の諸氏を「東西史部」と呼び、天平十年（七三八）頃に成立した大宝令の注釈書『古記《こき》』では、「倭《やまと》・川内《かわち》の文忌寸《ふみのいみき》らを本となす東西の史ら、皆これなり」と説明している。東の文忌寸は天武朝以降には文直《ふみのあたい》（書直）、西の文忌寸は文首《ふみのおびと》（書首）と称していた。東漢氏の支族に東文氏がおり、西文氏とともに「東西文氏」と並称された。

『書紀』応神十五年七月条に、百済王が遣わした阿直岐《あちき》が太子・菟道稚郎子《うじのわきいらつこ》の師となり、同十六年二月、阿直岐より優れた博士として王仁《わに》が招かれ太子の師となったなどとある。『古事記』応神二十年では、王仁は和邇吉《わにき》師《し》として登場し、『論語』十巻と『千字文《せんじもん》』一巻、合わせて十一巻を献上した、と記されている。このエピソードは『懐風藻《かいふうそう》』や『日本霊異記《にほんりょういき》』の序文にも引かれ、儒教・書籍の初伝として有名である。記紀いずれの記事でも、王仁は書首（文首、のちの西の文忌寸）らの始祖であると記されている。

秦　氏　漢氏と双璧をなす秦《はた》氏は渡来の経緯が不明である。『古事記』応神天皇の段に秦造《はたのみやつこ》の祖が渡来したとある。『書紀』応神十四年条には弓月君《ゆづきのきみ》が帰化したとあるだけで、弓月君が秦氏の祖だとは書いていない。『新撰姓氏録《しんせんしょうじろく》』右京諸蕃の太秦公《うずまさのきみ》宿禰の条に秦始皇帝の子孫である融通《ゆうずう》王が応神十四年に来朝したとあり、王の別名が弓月君だとの注が付されている。この伝承は、漢氏への対抗意識の中から作り出されたものであり、秦氏の渡来は漢氏よりのちのことと考えられている（関　二〇〇九）。秦氏に関しては不明な点が少なくないが、養蚕・機織りに従事しながらヤマト王権に奉仕したことはまちがいない。

群馬県の剣崎長瀞西《けんざきながとろにし》遺跡では、五二軒の住居遺構のうち三三軒がカマドを設置し、韓式系《かんしきけい》土器や大加耶系と考えられる金製垂飾付耳飾《すいしょくつきみみかざり》、加耶系の可能性のある轡《くつわ》が出土している。積石塚《つみいしづか》五基を含む古墳群の構築に関与している渡来人は馬飼い集団であると考えられる（黒田　二〇〇〇）。この遺跡や下芝谷ツ《しもしばやつ》古墳（方墳積石塚）から出土している馬具・耳飾・軟質《なんしつ》土器については、大加耶系であるとの指摘がある。五世紀第三四半期に半島南部からの渡来人により馬匹《ばひつ》生産が開始され、上毛野《かみつけの》西部地域で急激かつ広範囲に展開したことがわかる（右島　二〇一二）。

三　六世紀の渡来人

船史系氏族　欽明三十一年（五七〇）、越国《こしのくに》に到着した高句麗使が提出した上表文を読み解ける者がいないなか、船史《ふひと》の祖の王辰爾《おうしんに》だけが読み解いた。船史は第一六代百済王・辰斯《しんし》王の子である辰孫王の後裔とされるが、王姓を持つので中国系とする説もある。史姓の氏族は、ほぼすべて渡来系と考えられている。船史・白猪《しらい》史・津史などが史となったのは六世紀後半で、高句麗使の上表の前のことである（関　二〇〇九）。船史は船賦《ふねのみつぎ》を数え録すことで一定の地位を確保し、外交にも従事した。津史は港津《こうしん》の税を管理し、白猪史は屯倉《みやけ》を管理した。王辰爾後裔氏族は、儒学・外交・仏教に関連する記事が多い。

上毛野国の渡来人　上毛野全域に分布している平底瓶形土器は百済・加耶に関わる可能性が高く、太田市金山《かなやま》丘陵の窯跡群など現地で生産されたものがある。補強帯甕《ほきょうたいかめ》は加耶地域の土器との関わりが考えられる。安中市簗《やな》瀬《せ》二子塚《ふたごづか》古墳（六世紀初頭）から出土した金銅製垂飾付耳飾は長鎖式で加耶系の可能性がある（亀田　二〇一四）。

高崎市綿貫観音山《わたぬきかんのんやま》古墳（六世紀後半）や高崎市八幡観音塚《やわたかんのんづか》古墳（六世紀末～七世紀前半）の出土品や環頭大刀《かんとうたち》の特徴から、首長たちと半島との関わりの深さが理解できる。新羅系遺物が新羅と倭との国家間の交流でもたらされる（土生田　二〇一〇）一方、百済・大加耶系遺物は王権を媒介にしたものだけでなく朝鮮半島との直接的関与によるものと考えられている（内山　二〇一一）。群馬県内における韓式系土器の分布は「榛名山《はるなさん》東南麓を中心とした地域」と「高崎市東部の井野川《いのがわ》流域」の二ヵ所に集中している（黒田　二〇〇〇）。

群馬県の榛名山二ツ岳《ふたつだけ》は五世紀末～六世紀初頭と、その三〇～四〇年後の二度にわたり噴火した。渋川市の伊《い》熊《くま》古墳と有瀬《ありせ》古墳一・二号墳（いずれも円墳）は六世紀前半（二度の噴火の中間期）の積石塚である（土生田　二〇〇六）。これらの古墳や同市の中ノ峯《なかのみね》古墳（自然石乱石積袖無型《そでなしがた》横穴式石室）の被葬者は、一度目の噴火後、原野と化していた地に進出し「地域開発の尖兵《せんぺい》」として活躍した（梅沢　一九九四）。

金井《かない》東裏《ひがしうら》遺跡から出土した「甲《かぶと》を着た古墳人」は、四〇代男性で身長一六四センチ。面長で眼窩《がんか》が高く鼻が細い顔で、中国大陸や朝鮮半島から来た渡来人に近い顔だったとされている。「首飾りの古墳人」は三〇代前半の女性で、鼻幅が広くあごがしっかりする東日本の在地人の形質を持つ。二人は、母系は異なるが同じ場所で幼少期を過ごして移住してきたとみられ、長野県伊那谷地域で馬匹生産に従事していた人々の可能性が高い（田中良之　二〇一五）。

榛名山噴火以前から榛名山二ツ岳南麓（剣崎西長瀞遺跡）・東麓（金井東裏遺跡）に、一度目と二度目の噴火の中間期に東北麓（白井《しろい》遺跡）に馬匹生産に従事した朝鮮半島系渡来集団がいた。一度目の噴火で荒廃した地域や未開拓地の開発に「尖兵（先兵）」として活躍した渡来系の人々（伊熊古墳、有瀬古墳一・二号墳、中ノ峯古墳、川額《かわはけ》軍原《いくさばら》I遺跡八号墳？・）がいた。二度目の噴火後、榛名山の東方から南方にかけて横穴式石室をもつ古墳（積石塚形式の王山《おうやま》古墳など）が造営され、被葬者には渡来人が想定されている。

金官国《きんかんこく》の滅亡（五三二年）と金官国以外の加耶諸国の滅亡（五六二年）に注目すると、榛名山二ツ岳噴火被災後の群馬県南部・南東部地域再開発事業の担い手には加耶諸国からの避難者・亡命者が多数含まれていた可能性が高い（中野　二〇一七）。

四　七世紀の渡来人

鞍作氏　七世紀の代表的な渡来氏族は、鞍作《くらつくり》氏と新漢人《いまきのあやひと》である。鞍作氏の祖は「大唐漢人」司馬達等《しばたっと》で、継体十六年に渡来して大和国高市郡の坂田原に草堂を結んで本尊を安置し帰依礼拝《きえらいはい》した（『扶桑略記《ふそうりゃっき》』）。子の多《た》須奈《すな》は用明天皇の冥福を祈るために出家して徳斉《とくさい》法師と称し、高市郡の南淵《みなぶち》の坂田寺と丈六仏・脇侍菩薩を造った。その子の鞍作鳥《くらつくりのとり》は止利仏師《とりぶっし》とも呼ばれ、諸工人を指揮して法興寺《ほうこうじ》（飛鳥寺）の丈六金銅釈迦像と繍像《しゅうぞう》を製作した。

特殊技能を有する手工業者も多数渡来した。和薬使主《やまとのくすりのおみ》の祖である呉国人の智聡は、欽明朝に内外典・薬書・明堂図（鍼灸のつぼを示した図）など一六四巻、仏像一体、伎楽《ぎがく》調度一具を持って来朝した。子の善那使主《ぜんなのおみ》は孝徳天皇に牛乳を献上したので和薬使主の氏姓を賜ったと、『新撰姓氏録』に記されている医薬専門家である。天智朝に水臬《みずはかり》（水準器）を製造した黄書《きぶみ》本実の先祖は高句麗からの渡来人で、推古十二年（六〇四）に黄書画師《えかき》の姓を与えられている。同十年百済僧の観勒《かんろく》は暦法・天文・遁甲《とんこう》（占星術の一種）を渡来人の子弟に伝授している。同二十年に帰化した百済人の味摩之《みまし》に師事して伎楽の舞を習得した真野首弟子《まののおびとでし》・新漢《いまきのあや》斉文は加耶系渡来人の子弟だった。推古朝以降、造寺・造仏工・易・暦・医博士・僧侶・楽人などの技術者が多数渡来した（関　二〇〇九）。

新漢人　遣隋使に従って中国に留学した渡来人たちは倭国の国家体制に大きな影響を与えた。隋に送られた留学生《るがくしよう》・留学僧として、倭漢直《やまとのあやのあたい》福因《ふくいん》・奈羅訳語《ならのおさ》恵明《えみよう》・高向漢人《たかむこの》玄理《げんり》・新漢人大圀《おおくに》・新漢人日文《にちもん》（のちの僧旻《みん》）・南淵漢人《みなぶちの》請安《しようあん》・志賀漢人《しがの》恵隠《えいん》・新漢人広斉《こうさい》（『書紀』推古十六年九月辛巳条）、恵斉《えさい》・恵光《えこう》・恵日《えにち》・福因（同三十一年七月条）、霊雲《りようウん》・僧旻・勝鳥養《すぐりのとりかい》（『同』舒明四年八月条）、恵隠・恵雲《えうん》（同十一年九月条）が見える。

彼らの名前を見ると、「東漢直」氏が一人、「漢人」を含む者が七人、そのうち「新漢人」を含む者が三人、それに奈羅訳語である。「新」は「今来《いまき》」で、新来という意味である。大和の高市郡は古く今来郡と呼ばれ（坂上氏系図・『書紀』欽明天皇の段）、飛鳥の法興寺の西側にあった有名な大槻を、新漢の槻（『書紀』雄略天皇の段）とか今木の大槻（『書紀』孝徳天皇の段）と呼んだのは、新漢人が近くに集住していたためと考えられる（関　二〇〇九）。東漢直氏は、五世紀末から六世紀にかけて多数の漢部《あやべ》（漢人）を管理し、蘇我氏とむすぶ有力な豪族になっていた（井上　一九七四）。隋の法制度・統治技術・仏教・思想などを導入するために送られた留学生・留学僧は、朝鮮半島（主に加耶諸国）からの渡来人だった。彼らの多くが新来の漢人だったのは、もともと中国の先進文化の素養があるうえに、語学知識を身につけていたからと考えられる。彼らは渡来系氏族の中でも中・下級であり、中国での留学で身につけた知識を活用して官僚として活躍することが期待された。中華帝国の統治システムをモデルにした政治改革を志向していた天皇周辺の権力層は、彼らが中国（隋・唐）で取得した律令制度による支配体制を倭国で構築することを強く望んでいた。留学生・留学僧らが帰国した舒明天皇～皇極天皇の治世では、国家体制を根本から変革する気運が急速に高まり、具体的な目標設定が行われた。

大化改新と渡来人　『書紀』皇極三年正月一日条によれば、中大兄皇子（舒明・皇極夫妻の子）と中臣（藤原）鎌足は、「周孔の教え」を学びに南淵請安の所に通いながら、その往復の路上で相談をして蘇我氏打倒の計略を巡らせたと伝える。藤原氏初期の歴史が記された伝記である『藤氏家伝《とうしかでん》』上（「大織冠伝《たいしよくかんでん》」）には、鎌足が僧旻の堂で行われていた周易《しゅうえき》の講義に列席したとき、旻が鎌足の人物に目をつけて自重を促したという話が掲載されている。これらの逸話の真偽の程は不明だが、のちに「大化改新《たいかのかいしん》」と呼ばれる大改革の契機となるクーデタ（乙巳《いっし》の変）を起こしたとされる二人が、隋への留学生・留学僧のもとで学んだとされるのは示唆的である。

舒明十二年（六四〇）に帰国した高向玄理と南淵請安は、太宗の治世半ばまで国家消滅～生成の大事件を体験した。周辺諸国に及んだ武力の恐ろしさ、精緻な律令格式礼にもとづく中央集権国家のみごとな運営ぶりなどを目の当たりにした玄理と請安の報告は倭国支配層に大きな衝撃を与えた（坂本　一九三八）。

皇極四年（六四五）六月十二日、乙巳の変で大臣蘇我蝦夷《そがのえみし》・入鹿《いるか》父子が滅ぼされると、新政府には国博士という役職が設けられ僧旻と高向玄理が任命された。『書紀』大化五年正月条に「博士高向玄理と釈僧旻とに詔して八省百官を置かしむ」とあり、従来の部民制というヤマト王権の統治組織に替わり、中国王朝の中央官制のような支配システムが構築された。倭国独自の律令は大宝律令として完成し（七〇一年制定）、中華帝国の統治機構をモデルとした二官八省という中央官制が機能しはじめた。

渡来人が先進文化・技術を倭国にどのように伝え、どのような成果をあげたのかについて、文献上での考察がすすんだため、近年ではモノ（出土遺物）からの解明が進んでいる。日本高麗浪漫学会・積石塚渡来人研究会など渡来人文化の研究団体も設立され、成果を挙げている。

参考文献

大橋信弥『古代豪族と渡来人』吉川弘文館、二〇〇四年
・大規模な渡来人集団の分布が確認される近江を中心に、渡来氏族と渡来人の実像と諸活動を解き明かす。
関　晃『帰化人―古代の政治・経済・文化を語る―』講談社、二〇〇九年、初版一九六六年

・渡来人研究の名著。五～九世紀の渡来人を時代別・氏族別に分類し、関連史料を網羅する。彼らが伝えた高度な技術・知識を解説する。

田中史生『渡来人と帰化人』KADOKAWA、二〇一九年

・古代史料に即して「渡来」と「帰化」の意味や違いを捉え直し、渡来人を〈移動者〉と再定義する。異質で多様な古代の「倭」「日本」の姿を考察。

上田正昭『帰化人―古代国家の成立をめぐって―』中央公論社、一九六五年
内山敏行「毛野地域における六世紀の渡来系遺物」(『古墳時代　毛野の実像』〈季刊考古学別冊　一七〉)雄山閣、二〇一一年
梅沢重昭「黒井峯のムラを生んだ毛野の古墳文化」『黒井峯遺跡』(日本の古代遺跡を掘る四)読売新聞社、一九九四年
加藤謙吉『大和の豪族と渡来人』吉川弘文館、二〇〇二年
加藤謙吉『渡来氏族の謎』祥伝社、二〇一七年
亀田修一「渡来人の東国移住と多胡郡建郡の背景」土生田純之・高崎市編『多胡碑が語る古代日本と渡来人』吉川弘文館、二〇一四年
黒田　晃「剣崎長瀞西遺跡と渡来人」『高崎市史研究』一二、二〇〇〇年
坂本太郎『大化改新の研究』至文堂、一九三八年
田中良之「古人骨からよみがえる、甲を着た古墳人の姿」よみがえれ古墳人東国文化発信委員会編『国際シンポジウム「よみがえれ古墳人」記録集・資料集』二〇一五年
中野高行『日本古代の外交制度史』(第四部第一章)岩田書院、二〇〇八年
中野高行『古代国家成立と国際的契機』(第三章・第四章)同成社、二〇一七年
土生田純之『古墳時代の政治と社会』吉川弘文館、二〇〇六年
土生田純之「古墳時代後期における西毛(群馬県西部)の渡来系文物」『国立歴史民俗博物館研究報告』一五八、二〇一〇年

平野邦雄『帰化人と古代国家』吉川弘文館、一九九三年
平野邦雄・黛弘道・関晃「(座談会)東アジアのなかの古代日本と朝鮮」『古代の日本と朝鮮』雄山閣出版、一九八一年
松尾　光「検証『帰化人』と『渡来人』」『歴史読本』新人物往来社、一九八八年一二月号
右島和夫「古墳時代の毛野・上毛野・下毛野を考える」(前掲『古墳時代　毛野の実像』)、二〇一一年

2 戸籍と古代社会

田中禎昭

一　古代戸籍のイメージ

日本古代の戸籍について、読者はどのようなイメージをお持ちだろうか。たとえば、大学の講義で同じような問いかけをすると次のような答えが返ってくる。ほとんどの学生は、戸籍には古代の家族が記録されていると答える。次に少し古代史に興味を持ち始めた学生は、重い課役から逃れるために農民が性別や年齢を偽る偽籍《ぎせき》という手段に訴えた結果、実態からかけ離れ、信用できない史料と指摘する。また別の学生は、戸籍は一里（郷）を五十戸とした律令地方行政の中で生み出された帳簿であり、戸は家族の実態を表さないと回答する。こうした認識は、古代戸籍研究の現状を反映した高校日本史教育の所産といえ、学生のみならず歴史好きの多くの日本人に共有された常識となっているように思われる。しかし、少し注意すれば気づくことだが、これらの認識には矛盾や問題が孕まれている。いうまでもなく、戸籍上の戸を家族とみる立場と家族の実態を表さないとみる立場は、本質的に相容れない見解である。また、戸籍の史料としての信頼性はどの程度保証され、そこから家族や社会の実態をどのようにして把握すればよいのだろうか。

　ここでは、上記の問題の核にある①戸籍の史料的性格、②戸と家族・社会の関係に焦点を絞り、現在までに蓄積されてきた戸籍研究の成果と課題を示すことにしたい。

二　戸籍の史料的性格

古代戸籍はどのような史料か　古代戸籍は、律令法に基づいて作成された国家による人的把握のための行政文書である。大宝二年（七〇二）の御野国《みののくに》戸籍と筑前国《ちくぜんのくに》・豊前国《ぶぜんのくに》・豊後国《ぶんごのくに》の西海道《さいかいどう》戸籍、養老五年（七二一）の下《しも》総《うさのくに》国戸籍が代表的なもので、現在、その大半は宮内庁が管理する東大寺・正倉院に伝わる文書（正倉院文書）として残されている。正倉院文書は、おもに東大寺造営に関わる造東大寺司《ぞうとうだいじし》の事務関連帳簿と写経関連帳簿によって構成される史料群で、戸籍の多くはこれらの帳簿の裏面（紙背《しはい》）に記された文書として伝わってきた。東大寺の事業には当時貴重な紙が大量に必要であり、政府の保管年限の過ぎた戸籍を反故紙《ほごし》として払い下げを受け、裁断した上で裏面（紙背）を文書に転用し、それが正倉院に保管され伝えられてきたのである。この段階で戸籍は切断・分離された文書（断簡《だんかん》）となってしまった。時代が下り、江戸時代から明治にかけて、正倉院文書を整理するために文書の裁断と貼り継ぎが数次にわたって行われたのだが、結局、戸籍の作成当時の原状を復元するには至らなかった。次いで、明治三十四年（一九〇一）に『大日本古文書』正倉院編年文書（東京大学出版会、一九八二～八七年）の刊行が始まり、断簡が活字化され戸籍ごとに年代順にまとめて収録されたが、同書においても断簡の排列は崩れたままであった。こうした経緯から、戦後、改めて正倉院の戸籍原本調査が実施されることとなり、各戸籍の排列と接続関係の復原を試みた研究が逐次公表されるようになった。

　こうした戸籍の伝存・整理・復原の過程を踏まえると、戸籍研究に取り組むに際しては、内容の検討の前にまずは戸籍の復原研究の成果（竹内　一九五九〜六〇、大平　一九八五、杉本　二〇〇一、宮本　二〇〇六など）を確認することが必須の要件になっていることがわかる。各時期の断簡排列・復原の成果を踏まえた史料テキストは『寧楽遺文（訂正版）』（東京堂出版、一九六二年）、『続日本紀史料』（皇學館大学出版部、一九八七〜二〇一四年）、『市川市史編さん事業調査報告書　下総国戸籍』（市川市、二〇一二年）などが公刊されている。しかしこれらのテキストを参照する場合も、断簡の排列と接続についてはよく吟味しなければならない。また、現在、正倉院文書の影印（撮影写真をもとに印刷した複製本）が『正倉院古文書影印集成』（八木書店、一九九六〜二〇〇一年）、『正倉院文書拾遺』（国立歴史民俗博物館、一九九二年）として公刊されており、戸籍に記された文字や内容について活字本との異同を自分の目で確かめることができる。今日、古代戸籍研究は、同筆・異筆、印影、文字の修正・校正箇所の確認などモノ史料としての視点から扱う段階に来ており、その意味でも影印の確認は必須の作業となっている。

戸籍の信頼度　偽籍などの要因により戸籍のデータがどの程度歪み、また信頼できるかについては、W・W・ファリスの研究（ファリス　一九八四）が参考になる。ファリスは人口統計学の方法に基づき、戸籍データの信頼度について①性別人口比率、②若年人口比率、③年齢別人口分布の三つの尺度から検証を試みた。①は女性人口を一〇〇とした場合、男性人口は九〇〜一〇五の範囲に収まるという人口理論を基準にした各戸籍の性別分布の評価、②は全人口中に一五歳以下の若年者が占める割合（%）の評価、③はマイヤーの人口指標に基づく各年齢人口の信頼度の評価である。マイヤーの指標は、たとえば三二歳、四二歳…などのように年齢の一の位の数値（〇〜九）を共有する年齢人口は全人口の一〇%で安定するとみる人口評価基準を指す。ファリスはこれに従い、年齢人口が指標基準より多く累積している状態（年齢集積）を確かめてデータの信頼度を判定した。これらの総合的検証の結果、大宝二年（七〇二）御野国加毛《かも》郡《ぐん》半布《はにゅう》里《り》戸籍（以下、半布里戸籍）をもっとも信頼度が高い戸籍とし、それを踏まえて八世紀初頭の人口分析を行っている。また養老五年（七二一）下総国葛飾郡《かつしかぐん》大嶋郷《おおしまごう》戸籍（以下、大嶋郷戸籍）については、①性別人口分布と②若年人口比率に歪みがみられるが③年齢別人口分布の正確性は全戸籍中もっとも高いと指摘している。このファリスの指摘を踏まえ、大嶋郷戸籍を改めて検討した田中禎昭は、②の歪みの背景にある年齢集積を年齢ごとに確かめて、それが現れる要因の分析を試み、同戸籍における年齢データ全体の正確性の高さを指摘した（田中　二〇一五）。

以上の統計学的検証の結果、とくに半布里戸籍・大嶋郷戸籍については、偽籍の影響によるデータの歪みはあるが、全体として信頼度の高い史料であることが確認されたといえる。八世紀初頭の戸籍は、思いのほか「使える」史料なのである。

三　戸と家族

郷戸を父系的大家族とみる説―郷戸実態説―　古代戸籍に見える戸は、平均二〇人前後というキョウダイ・イトコを含む大人数の親族で構成され、見かけ上は大家族を示しているようにみえる。しかし、国家は戸の編成（編戸）にあたって約五〇戸で一里になるように調整を加えており、戸は家族の実態を表しているのかという疑問はすでに戦前から提示されていた（三浦　一九四三〜四四）。ところが一九四〇年代に入ると、石母田正（石母田　一九八八）や藤間生大（藤間　一九四七）はマルクス主義における家族の発展段階論を戸籍分析に適用し、戸を原始社会の大規模な親族共同体が分解し古代家族（家父長的奴隷制家族）が形成される過渡期に生まれた家父長制的家族（世帯）共同体とみる見解を提示し、戸が家族の実態を反映するとみる学説を提唱した。なお五十戸一里制下の戸は、一時期、郷戸《ごうこ》と改称されたため、今日、この学説は郷戸実態説と呼ばれている。

郷戸実態説は、各地の発掘調査により検出された同時期の集落遺跡が四〜五棟の建物グループから成り立ち、グループの推定居住人数が郷戸の平均人数と適合するとみなされたことから（和島　一九四八、門脇　一九六〇、吉田晶　一九八〇）、今日も考古学者を中心に根強く支持されている。また一九八〇年代、群馬県黒井峯《くろいみね》遺跡で榛《はる》名山《なさん》二ツ岳《ふたつだけ》の噴火によって埋没した垣に囲まれた六世紀の建物群跡が発見され、古代の集落構造が明らかになった影響も大きい。今日、黒井峯の建物群について、宅地を所有する郷戸規模の世帯共同体とみる研究が提起されている（吉村　一九八七、若狭　二〇一五）。しかし、仮に出土した建物群の居住人数が推定できたとしても、そこに父系的な世帯が居住したといえるのか、集落遺跡の評価だけで居住者の結合原理は解明できない（高久　二〇一二）。また黒井峯の建物群も、垣や建物の頻繁な建て替えの事実から流動的な世帯の一時的な居住地にすぎず、宅地を所有する世帯共同体は存在しないとみる研究もある（関口　二〇〇四）。いずれにせよ、集落遺跡と戸の関係をいかに見るのかという根本的問題は未だ解決されておらず、今後の課題として残されている。

房戸を父系的小家族とみる説—郷戸法的擬制説／房戸実態説—　一九五〇年代、岸俊男は霊亀年間（七一五〜七一七）にはじまる郷里制《ごうりせい》に注目し、郷戸実態説を全面的に批判する学説を提唱した（岸　一九七三）。郷里制は一里＝五十戸制を一郷＝五十郷戸制に改めた上で郷を二〜三の里（コザト）に、郷戸を二〜三の房戸《ぼうこ》に分割した制度である。郷戸に比べ房戸の構成人数は五〜一〇人前後と少なく、岸は房戸に編成された「夫婦と子ども」の父系小家族こそ古代家族の実態を示すとした。そして律令戸籍制成立時には父系小家族を戸として編成し戸は家族の実態を反映していたが、一里＝五〇戸という枠組みが固定されていたため、人口増加にともない戸の人数が実際の家族人数からかけ離れ、現存戸籍のように見かけ上大規模化したととらえた。また、岸説を受けた平田耿二（平田　一九八六）は、現存戸籍の年齢データをもとに時間の経過にともなう戸内人口増加をシミュレーションする方法（戸の遡源的分析）で戸籍制成立当初の戸の姿を復原し、初期の戸は岸が説く父系小家族になると論じた。

今日、岸が提起し平田が発展させたこの学説は、岸＝平田理論あるいは郷戸法的擬制説と呼ばれている。

しかし平田の遡源的分析は、国家による戸の分割や所属する戸の移動を想定すればどの時期の戸でも現存戸籍の戸と同規模の親族構成になり得る可能性が考慮されておらず（南部　一九九二）、また郷里制が天平十一・十二年（七三九・七四〇）に廃止され短期間にとどまった理由も説明できないため、問題が多い学説となっている。ただし、当時の家族が房戸的な父系小家族であったとみる房戸実態説は、岸＝平田理論とは異なる立場から主張している研究者は少なくない。たとえば山尾幸久は、黒井峯遺跡の建物群について一〇人前後の世帯共同体とみる見解を踏まえ、房戸こそが世帯共同体＝小経営であったと主張している（山尾　二〇〇三）。なお、現在使用されている高校教科書には房戸実態説に基づく記述があり（『高校日本史B』実教出版、二〇一七年など）、古代戸籍の一般的イメージの形成に今日も影響を及ぼしている学説とみることができるだろう。

郷戸・房戸を国家による人為的編成（編戸）の所産とみる説―編戸説／父系擬制説―　郷戸実態説と郷戸法的擬制説・房戸実態説は、家族を郷戸とみるか、房戸とみるかの違いはあるが、戸が当時の父系家族を反映していたとみる点では同じ土俵に立っていた。この共通認識に対して、根源的な批判を加えた学説が編戸説《へんこ》および父系擬制説である。

編戸説は、国家による戸籍編成の政策目的や基準を解明することで戸が実態家族を表さない事実の証明を試みる学説の諸潮流を指す。戸籍制の政策目的については、早く一九四〇年代に井上光貞が戸籍の本質について姓を定める基本台帳とみる学説を提起していた（井上　一九八五）。今日、この点に異論はほとんどない。編戸説が注目したのは、こうした戸籍の定姓機能に加え、戸ごとに正丁《せいてい》（二一～六〇歳の成人男性）三～四人が所属するかたちで戸が均等に編成されている特徴を持つ点であり、現在、①再生産単位説（封戸《ふこ》目的説）、②兵士制施行目的説、③課丁《かてい》編成目的説に分かれている。まず①説を提唱した安良城盛昭は、貴族や寺社に給付される封戸の課丁数が均一になるように編戸を行い、戸を口分田《くぶんでん》の班給単位と位置づけることで国家が再生産単位を人工的に編成したと指摘する（安良城　一九六九）。それに対し②説を提唱した浦田（義江）明子は、白村江戦以後の国際的緊張関係の中で一戸に正丁三〜四人を配置し、その中から一人の兵士を徴発する一戸一兵士制の施行のために編戸が実施されたとした（浦田〈義江〉　一九七二）。一方、③説を代表する明石一紀は、編戸は調《ちょう》・庸《よう》を負担する課丁が一戸に三〜四人になるよう均等編成したもので、調絹・庸布を正丁三〜四人分で合成し貢納させる律令税制に対応するシステムと指摘している（明石　二〇一一）。その他、編戸の目的・基準については、①②③説それぞれの立場からさまざまな見解が出されている（中野　一九七三など）。こうした多様な編戸説を詳細に検証した杉本一樹（杉本　二〇〇一）は、編戸における兵士役を含む課税単位の編成という側面を承認しつつ、戸籍の本質を「身分登録の台帳」と定義している。

次に父系擬制説は、古代女性史研究者を中心に、当時の家族を父系家族とみる常識への根源的な批判として提起された学説である。関口裕子は、高群逸枝《たかむれいつえ》（高群　一九六六）の古代婚姻史論を継承・発展させ、『万葉集』や『日本霊異記』など戸籍以外の史料を用いて古代家族の実態の析出を試み、八・九世紀の日本には父系的な世帯共同体は存在せず、母系紐帯《ちゆうたい》が強固で可塑《かそ》的な小家族が一般的であったと指摘した。この観点から関口は戸籍を検討し、「妻」「妾」「嫡子」など家父長制を示すように見える戸籍上の親族概念も日本古代の家族秩序の中に存在したものではなく、中国の戸籍にならって国家が上から導入した親族名称にすぎないとし、戸が父系家族のかたちをとるのは国家による擬制の所産であったと論じた（関口　一九九三・二〇〇四）。

一方、吉田孝は、人類学の成果をふまえた研究に基づき、関口と同様に日本古代の基層社会における父系出自集団の不在を指摘し、個人が父方・母方に両属する双系《そうけい》（方）的親族組織が基本であったと主張した（吉田孝　一九八三）。関口・吉田孝説は、その後、明石一紀（明石　一九九〇）、義江明子（義江　二〇〇七）に継承され、義江は古代家族の実態を「母子＋夫」と定義し、結婚・離婚を繰り返す対偶婚という婚姻形態のもとで、母と娘の夫が頻繁に入れ替わる小家族が父方・母方双方の選択的な親族関係をもとに集落を形成したと指摘している。

今日、日本古代の基層社会が双系（方）制である事実は広く認められており、戸を父系単系出自集団＝父系家族とみる過去の郷戸実態説・房戸実態説はおおよそ否定されているとみてよい。したがって今後の戸籍研究は、編戸説・父系擬制説の議論を踏まえ、集落遺跡から父系的な世帯共同体を析出できるのか、また集落遺跡と戸との関係をいかに評価するのかを論じるという手続きを経る必要があると考えられる。

四 戸と古代の基層社会

近年、今津勝紀は、戸と家族の関係について古代社会の生存条件という斬新な切り口から新たな見解を提示している。まず今津は半布里戸籍を人口統計学の方法で分析することで、日本の古代社会が若年死亡率の高い多産多死型社会である事実を明らかにする。その上で、戸主および年長男性は再婚率が高く夫婦同籍者が多いが、戸口および若年男性では夫婦別籍が多く、社会の中に「婚姻の二重構造」が認められると指摘する。さらにこの婚姻構造は、戸主層に夫方居住による父系直系親世帯を、非戸主層に妻方居住や男性の通いを伴う母系的性格の強い世帯を生み出したとし、戸は父方・母方双方の傍系親を含む柔軟な構造をもつ結合体と定義できると論じた（今津 二〇一二・二〇一九）。今津説は、古代女性史研究が提示した双系（方）制社会論を所説の一部に組みこみながら新たなタイプの古代家族像を提示したものと評価できる。しかし一方で、戸の核に「父系直系の軸」が存在すると指摘しており、その点では父系的な戸を実態家族の反映とみる戸実態説の流れに属する学説とみることもできる。

　一方、父系擬制説の流れを汲む田中禎昭は、今津とは異なる視点から戸籍に見える年齢情報を分析し、四〇歳以上の年長男性に戸主、年長女性に「妻」の親族名称を持つ者が多い事実を明らかにした。四〇歳以上は古代社会では経験豊かな長老とみなされており（服藤　二〇〇一）、八世紀以前の天皇は男帝・女帝ともに四〇歳以上の王族長老が優先して即位した事実がある（仁藤　二〇〇六）。こうした議論をふまえ、田中は四〇歳以上の長老男女が村落を指導する世代階層制の存在を指摘した上で、それを土台にして長老男性を優先的に戸主に任用するとともに、その配偶者である年長女性には「妻」の親族名称を付与して、国家が上から長老夫婦による戸の監督体制を構築したと論じた（田中　二〇一五・二〇一九）。

　今津と田中は、年長戸主が優先的に「妻」を同籍している点に限れば同じ結論を導き出しており、それ自体は確定的な事実といえる。しかし、ここから今津は戸主層における「妻」の夫方同居という父系的な婚姻・居住の実態を見出すが、田中は戸主と「妻」の同籍と同居を原理的に無関係とし、戸主も「妻」も国家によって指定された戸の統括者男女の地位を表す制度的名称と位置づけており、分析結果の評価には隔たりがある。

　こうした戸と社会の関係について解釈の齟齬《そご》を埋めていくには、戸籍に見える個々の親族名称を日本と中国とで比較検討し、中国的な父系的家族秩序が双系（方）的な日本古代社会にいかなるかたちで受容されたのかを明らかにする研究（胡　二〇一六）が有益であろう。また、近年、盛んに議論されている寄口《きこう》についても注目される。本庄総子は、従来、半隷属民あるいは女系親族などととらえられていた御野国戸籍の寄口について、正丁数を戸ごとに均等化するための調整弁と位置づけ、寄口が編戸の所産である事実を明らかにした（本庄　二〇一五）。一方、下総国戸籍に見える寄口については、里舘翔大が戸主五等親以上を表す親族名称の一種とみる見解を提示している（里舘　二〇一七）。寄口が戸の本質をとらえる重要な論点となることが明らかにされつつあるが、両説ともに寄口を付する編戸の前段階で戸として編成された親族集団の性格については解明されておらず、今後の課題となっている。この点に関して、福岡県の国分《こくぶ》松本《まつもと》遺跡から出土した「嶋評戸口変動記録木簡」は西海道戸籍成立直前段階での編戸の過程を伺える史料といえ（坂上　二〇一三）、今後、基層社会の社会集団と戸の関係を探る上で重要な手がかりとなるだろう。

新川登亀男は、戦後のマルクス主義歴史学に依拠した家族の発展段階論が「戸は家族か否か」という問いを社会の本質に関わる課題として偏重する研究姿勢を生み出し、それによって自由な戸籍研究が阻害されてきたと指摘している（新川　二〇〇一）。二〇〇〇年代から御野国戸籍や下総国戸籍に関わる共同研究の成果（新川・早川　二〇〇三、葛飾区郷土と天文の博物館　二〇一二）が刊行され、戸籍研究は新たな段階を迎えているが、家族をアプリオリの前提とせずに、改めて国家が地域社会のいかなる社会集団をどのように戸として編成したのかという問いを立て、議論を深めていくことが求められている。

参考文献

杉本一樹『日本古代文書の研究』吉川弘文館、二〇〇一年
・正倉院文書としての戸籍の史料的性格を踏まえ、従来の編戸説、および家族と戸の関係に関する学説を整理・検討した大著で、近年の戸籍研究の礎を築いた。

南部　曻『日本古代戸籍の研究』吉川弘文館、一九九二年
・一九九〇年代以前の膨大な戸籍の研究史を体系的に整理した上で諸説の批判を説得的に展開しており、戸籍研究の必読文献である。

義江明子『古代女性史への招待―〈妹の力〉を超えて―』吉川弘文館、二〇〇四年
・古代戸籍・家族史研究の成果がわかりやすくまとめられ、初学者にはおすすめの一冊。

明石一紀『日本古代の親族構造』吉川弘文館、一九九〇年

明石一紀『編戸制と調庸制の基礎的考察―日・朝・中三国の比較研究―』校倉書房、二〇一一年
安良城盛昭『歴史学における理論と実証・第一部』御茶の水書房、一九六九年
石母田正「古代家族の形成過程―正倉院文書所収戸籍の研究―」『石母田正著作集』一、岩波書店、一九八八年
井上光貞「日本古代史の諸問題」『井上光貞著作集』四、岩波書店、一九八五年
今津勝紀『日本古代の税制と社会』塙書房、二〇一二年
今津勝紀『戸籍が語る古代の家族』吉川弘文館、二〇一九年
浦田（義江）明子「編戸制の意義―軍事力編成との関わりにおいて」『史学雑誌』八一―二、一九七二年
大平　聡「御野国戸籍の史料的検討―写経所文書からの考察―」『史学雑誌』九四―一〇、一九八五年
葛飾区郷土と天文の博物館編『東京低地と古代大嶋郷―古代戸籍・考古学の成果から―』名著出版、二〇一二年
門脇禎二『日本古代共同体の研究』東京大学出版会、一九六〇年
岸　俊男『日本古代籍帳の研究』塙書房、一九七三年
胡　潔『律令制度と日本古代の婚姻・家族に関する研究』風間書房、二〇一六年
坂上康俊「嶋評戸口変動記録木簡をめぐる諸問題」『木簡研究』三五、二〇一三年
里舘翔大「養老五年戸籍にみえる寄口の性格と編成要因の考察」『日本古代学』九、二〇一七年
新川登亀男「日本古代史学の「実験」課題」『歴史評論』六〇九、二〇〇一年
新川登亀男・早川万年編『美濃国戸籍の総合的研究』東京堂出版、二〇〇三年
関口裕子『日本古代婚姻史の研究』上・下　塙書房、一九九三年
関口裕子『日本古代家族史の研究』上・下　塙書房、二〇〇四年
高久健二「集落」土生田純之・亀田修一編『古墳時代研究の現状と課題』下、同成社、二〇一二年
高群逸枝「招婿婚の研究」『高群逸枝全集』二・三　理論社、一九六六年
竹内理三「正倉院戸籍調査概報」正・続一・続二『史学雑誌』六八―三・六九―二・六九―三、一九五九～六〇年
田中禎昭『日本古代の年齢集団と地域社会』吉川弘文館、二〇一五年

田中禎昭「八世紀における戸主の任用と年齢秩序—大宝二年御野国加毛郡半布里戸籍の検討—」『専修大学人文科学年報』四九、二〇一九年
藤間生大『日本古代国家』伊藤書店、一九四七年
中野栄夫「律令制社会における家族と農業経営」『史学雑誌』八二—六・七、一九七三年
仁藤敦史『女帝の世紀—皇位継承と政争—』角川選書、二〇〇六年
平田耿二『日本古代籍帳制度論』吉川弘文館、一九八六年
W.W.Farris, *Population, Disease, and Land in Early Japan, 645-900*, Cambridge University Press, 1984.
服藤早苗『平安朝に老いを学ぶ』朝日選書、二〇〇一年
本庄総子「大宝二年戸籍と寄口—造籍原理とその転換—」『史林』九八—六、二〇一五年
三浦周行『法制史の研究』岩波書店、一九四三〜四四年
宮本　救『日本古代の家族と村落』吉川弘文館、二〇〇六年
山尾幸久『日本古代国家と土地所有』吉川弘文館、二〇〇三年
義江明子『日本古代女性史論』吉川弘文館、二〇〇七年
吉田　晶『日本古代村落史序説』塙書房、一九八〇年
吉田　孝『律令国家と古代の社会』岩波書店、一九八三年
吉村武彦「古代の家族と共同体」『歴史評論』四四一、一九八七年
若狭　徹『東国から読み解く古墳時代』吉川弘文館、二〇一五年
和島誠一「原始聚落の構成」『日本歴史学講座』学生書房、一九四八年

3　土地制度と班田収授

服部一隆

一　班田収授法と公地公民

土地制度史研究の意味　土地制度というと何だか難しそうというイメージがあるかもしれない。なぜこんなことを研究するかというと、前近代社会において生産の主要部分は農業であり、それには土地が必要だからである。したがって国家や社会を論じるにあたって土地問題は避けて通れない。

現在土地は登記簿に記載され農地・宅地などとして管理されているが、このような方法は歴史的に形成されてきたものである。古代の特徴は碁盤の目といわれる方形区画による管理で、農地は条里制《じょうりせい》、都市部は条坊制《じょうぼうせい》と呼ばれる。本章では、とくに条里制がどのように形成されたか、班田収授法《はんでんしゅうじゅほう》との関連に留意しながら検討していく。

班田収授法とその論点　古代における土地制度には、一九七〇年代ごろまで以下のようなイメージがあった。大化改新によって私地私民を廃して公地公民となり、班田収授法によって条里をつくって口分田《くぶんでん》が班給された。これが墾田永年私財法《こんでんえいねんしざいほう》によって、公地公民が崩壊し、初期荘園のような私地私民となってゆく。現在の教科書にまったく同一の記載はないと思うが、小中学校の教科書や参考書などにはまだ残っている。

　この点について、二つの問題が指摘されている。まず、墾田永年私財法によって土地管理が深化し、唐の土地制度に近づいたという評価である（吉田　一九八三）。つぎに公地は八世紀中ごろ以後に現れる表記で、大化改新を公地公民制とするのは不適当という指摘である（吉村　一九九七）。その他、畑作などの農耕の実態を反映しない水田中心史観がなぜ始まったかということも問題となっている。

口分田は誰のものか　研究史で問題になったのは、口分田の位置づけである。単純化すれば、口分田はムラ（首長）の土地かクニ（国家）の土地かが論点となっている。土地の所有権は開発者が持つこととなるため、その指標は国家的開発による条里地割である。つまり、条里以前ならムラの土地、条里以後ならクニの土地となる。

　現在では条里という文字表記は八世紀中ごろ以後に成立したことが明らかになっており、班田制と分離して条里プランと呼ぶことが通説となっている（金田　二〇一八）。条里地割の全国的な広がりをいつにするかは七世紀から平安時代まで諸説がある（条里制・古代都市研究会　二〇一五）。

二　班田収授法の内容とその成立

班田収授法と田の種類　班田収授法は著名な用語であるが、大化改新詔《かいしんのみことのり》第三条にある「戸籍・計帳・班田収授之法」というのが唯一の用例である。改新詔の内容がどれだけ信じられるかには疑問があり、その信憑性は各条について相違がある。調庸を規定した第四条が多くの固有法（律令以前からあった慣習）を内包しているのに対し、第三条は大宝令（七〇一年成立）とほぼ同一で、同令による書き換え（潤色・修飾）があると考えられている。したがって班田収授法とは大宝令に規定されていたことになる。大化ごろには首長に依存した土地調査が行われた可能性があるが（東国国司詔『日本書紀』）、ある程度確実な初例は持統六年（六九二）に実施された畿内班田で、七世紀における全国的な班田の実施を示した史料は未発見である。班田収授法は「班田」（たをわかつ）ことが日本の独自用語と考えられるので、制度としては班田制と呼ばれる。

班田制の基礎は大宝田令《でんりょう》で定まったが現存していない。したがって、現存する養老田令によって田の種類を説明する（両者の内容はそれほど変わらないとされる）。

まず、一般農民の土地について。口分田は戸籍に記載された人（男女奴婢《ぬひ》に差を付ける）が居住地に支給される田で、租税徴収のための基盤となるものである。桑漆《そうしつ》をうえるための園地や住宅のための宅地も規定されている。

つぎに、官人の給与や官司運営のために支給される土地について。中央については、五位以上の官人への位田《いでん》、太政大臣・左右大臣・大納言への職分田《しきぶんでん》（大宝令は職田）がある。近年の研究では長屋王家木簡などにより、律令制以前の大土地領有を追認したとの評価もある。その他、国家への功績による功田《こうでん》、天皇の命令による賜田《しでん》がある。地方の給与・運営費については、国司と郡司に職分田（大宝令は公廨田・職田）が、駅家《うまや》（道路にある駅）のために駅田《えきでん》（大宝令は駅起田）がある。その他、神社や寺院のための神田《しんでん》・寺田《じでん》もある。

最後に天皇の供御《くご》（食糧）の官田《かんでん》がある。畿内諸国に設置され、宮内省が管理することになっている。これらは畿内ミヤケと関連すると考えられている。

以上の「田」について、耕地一般を記す中国と比べて、日本では水稲稲作地を示している。現実に存在した畑作地などを省き、水田に一元化させていることが日本の特徴である。

田の区画と租の規定　養老令によって田の区画と租《そ》の規定についての概要を説明する。まず「凡《およ》そ田は、長さ卅歩、広さ十二歩を段とせよ、十段を町とせよ」（田令1田長条前半）と段・町の面積規定がある。三〇歩×一二歩

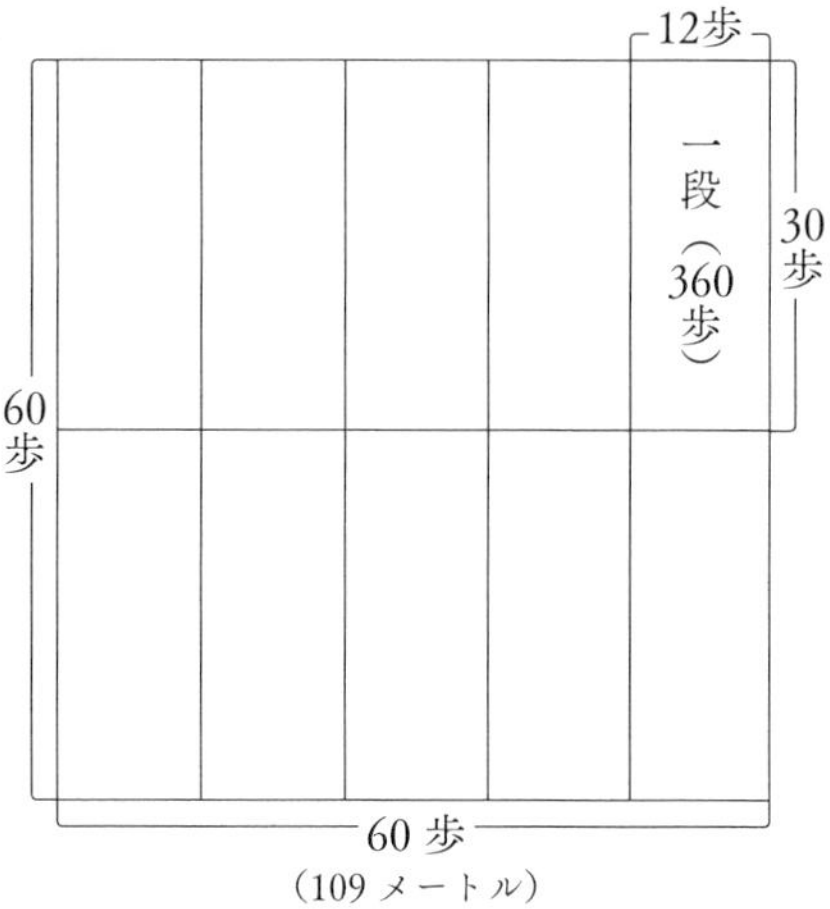

図1　田令の地割（1町、半折型）

の長方形を二×五で並べると正方形になることから、町の区画も表しており（半折型《はおり》という）、遺存地割によれば一辺一〇九㍍程度が標準である（図1）。発掘成果によれば、七世紀に畿内周辺に存在していた地割をモデルに「町」を規定した可能性が高い（服部　二〇一六、七世紀から全国的に条里地割があったとする説もある）。『万葉集』（巻八―一五九二）にも天平十一年（七三九）に大倭国（のちの大和国）で「五百代《いほしろ》小田」の稲刈りをするという歌があり、このころの畿内において町の区画はかなり一般的であったと考えられる（一町は五百代　後述）。

本条後半の注には「段の租稲《そとう》二束二把、町の租稲廿二束」との租の規定がある。唐令では、租税の一つとして賦役令に規定されるが、日本令では田令に存在する。その理由として、唐の均田制《きんでんせい》には、田地を登録し面積を制限する〈限田的要素〉と田を人民に割り付けて耕作させる〈屯《とん》田《でん》的要素〉があり、班田制は後者のみを継受して実際に耕作している熟田《じゅくでん》を管理する制度（熟田主義）であるとする説が有力である（吉田　一九八三）。ただし筆者は、後出の班田図による土地自体の管理が確立しておらず、「代《しろ》制」という稲を通じた間接的な管理をしていたため、水田中心の熟田主義となったと考えている。水田中心史観の淵源もここにあるのではないだろうか。

代制とは、稲一束（束は穎稲《えいとう》という穂首刈りの稲）が収穫できる面積を一代（一束代《そくしろ》ともいう）とするもので、収穫高であることから面積とは必ずしも一致しない。一町からは五〇〇束の稲が収穫できるとされることから（『令集解《りょうのしゅうげ》』など）、熟田一町が五〇〇代ということになる。租については、令前租法（大宝令以前の租の規定）が一〇〇代につき租が三束（『令集解』）、つまり一〇〇束あたり三束の租を徴収するということになっている（高校の教科書にある租が三%というのはここから来ている）。そうすると一町から五〇〇束が収穫できるので、租が一五束というのは容易に計算でき、一段あたり一束五把となる（この一束の重さが一斤《いっきん》とされる）。これに対し大宝令の一町あたり二二束、一段あたり二束二把は中途半端な数字であり、実例からみても前者の一段につき一束五把が当初から実施されていた可能性が高い（服部　二〇一六）。その他、広い意味で田制に関わる木簡としては稲の貸し借りである出挙《すいこ》に関わるものが多い。従来指摘されてきた束数だけでなく斤数のものがあり「貸」という表記（貸稲《いらしのいね》）もあることから、令前租法との共通性もある。したがって、七世紀における稲の管理は、束・斤を単位とした貸稲が中心で、租もその一部として捉えるべきと考えている（租はもとから別であるという説もある）。

つぎに田租は収穫時期に合わせて九月中旬から十一月までに納入することになっている（田令2田租条）。田令1田長条では束という穎稲単位だったが、現実の納入は穀《こく》（籾殻がついた米）により、床の全面に柱がある総柱《そうばしら》の倉庫に保管され、いっぱいになると鍵をかけられている（不動倉《ふどうそう》）。京に送るときは、かさばらないように米（玄米）とし、遠方からは船で輸送する場合が多い。唐令では租の額とともに賦役令にあるが、日本令では前と同様に田令に規定されている。前述のとおり、田と稲の両者が規定されているのは、日本田令の特徴である。

口分田と班田手続き　口分田については、「凡《およ》そ口分田を給《たま》はむは、男に二段〈女は三分之一を減ぜよ〉。五年以下には給はざれ。其れ地寛狭有らば、郷土《ごうど》法に従へ。易田《やくでん》は倍して給へ。給ひ訖《おは》らば、具に町段及び四至を録せ」（田令3口分条）とある。口分田は男性に二段、女性に一段一二〇歩を支給するが、これは上限であり、「郷土法」（大宝令は「郷法」）によって減少させることができる。痩せ地（易田）は二倍とし、口分田の支給が終わったら面積（町段）と範囲（四至　東西南北の端）を記録する。「五年以下には給はざれ」という部分について、六歳以上への受田とする説が多いが（虎尾　一九六一）、筆者は田令21の「六年に一たび班へ」に至らない者には支給しない意ととらえている（服部　二〇一二）。

班田のスケジュールついては、「凡そ田は、六年に一たび班へ〈神田・寺田は此の限りに在らず〉。若し身死するを以て、田を退くべくは、班年至る毎《ごと》に、即ち収授に従へ」（田令21六年一班条）とある。班田は戸籍に合わせて六年に一度実施し、耕作者が死んだら同じく六年に一度返すことになっている。班田は戸籍作成の翌年に実施し班年と呼ばれる。『令集解』によれば、生まれた人と死んだ人を数えて、戸を基準として過不足分を調整することとなっている。たとえば、一つの戸で五人生まれて四人死んだら、一人分の口分田を支給するということになる。一般的には、田を配るようなイメージで説明されるが、そのような法解釈はない。班田手続きについては、あらかじめ太政官に申し上げてから諸国では国司（京に住んでいる人は京職《きょうしき》）が簿を作成したのちに実施することになっている（田令23班田条）。簿は『令集解』では「田文《たぶみ》」と呼ばれている。また田を返却する場合、戸主がひとまとまり（一段）にして返却することとなっている（田令22還公田条）。

以上が主要条文の内容だが、唐令を引き写している部分も多いため、律令の規定によって班田制が開始されたかには疑問がある。それよりも律令制的班田制以前に、国造（首長）による校田・班田があったとする説が有力で（吉村　一九九六）、土地管理のしくみが完成していない段階においては首長による耕地の割当てがあったと考えられよう（首長制については賛否両論がある）。

三　班田図と条里

図と条里　古代の土地管理については、班田収授・条里地割・条里呼称法が大化のころから存在したとする「条里制」を否定し、八世紀中ごろに成立した条里地割と条里呼称法によるしくみを「条里プラン」とする金田章裕説が有力である（金田　二〇一八）。筆者は金田説における「条里プラン」を「条里制」として再定義することが簡明であると考えている（服部　二〇一六）。換言すれば条里制は班田制以後に整備されたこととなる。

条里制は一般的に以下のようなしくみである（平安時代以後の例も参照）。まず田令の「町」区画を「坪《つぼ》」（八世紀は坊）とし、それを六×六＝三六並べた正方形をつくり「里」とする。町が一辺一〇九メートルであるので、里は一辺六五四メートルとなる（実際の計測値にはばらつきがある）。一里のなかに三六ある坪に一から三六の番号を付け（坪付《つぼつけ》という）、それを行き違い（千鳥式）か同一方向（平行式）で並べる（坪並《つぼなみ》という。図2）。つぎに里を一列に並べて「条」とする（条は細長いものを数える単位）。里には数字もしくは固有名をつけ、条には番号をつける（図3）。この条里は主に郡ごとに造成される。したがって、〇国〇郡〇条〇里〇坪という座標のようなしくみで、全国の田がどの坪（一辺約一〇〇メートルの正方形）に属しているかわかるのである。これは土地の〈位置特定機能〉といえよ

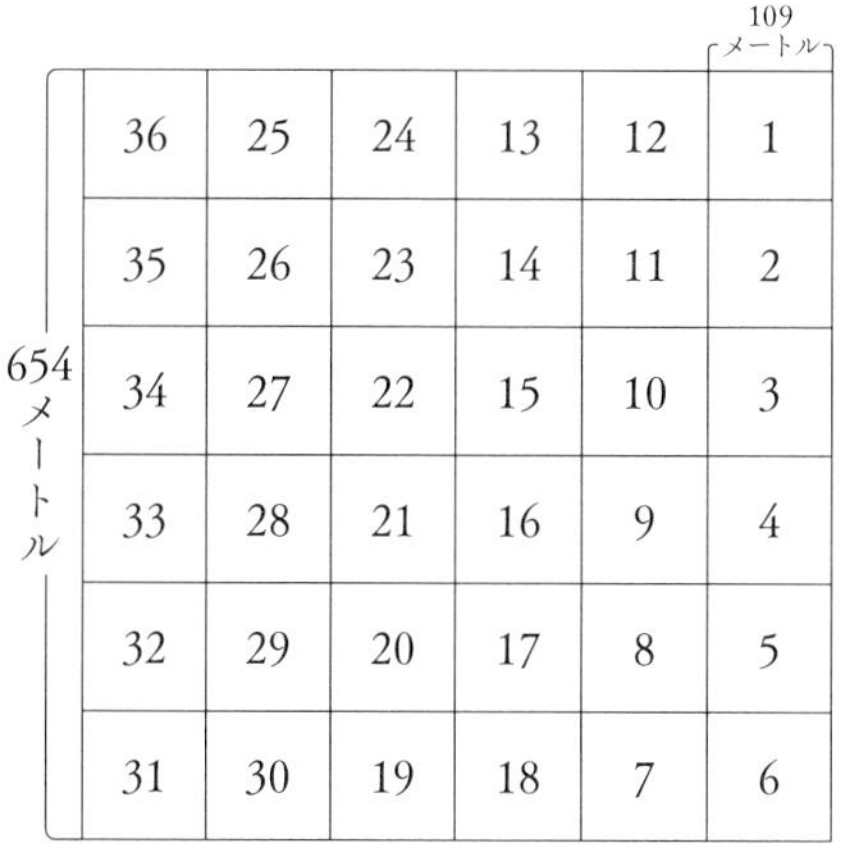

図2　里の地割と坪付
（1里＝36坪、1坪＝1町、千鳥式坪並）

図3　条里（条里の数詞により里を特定）

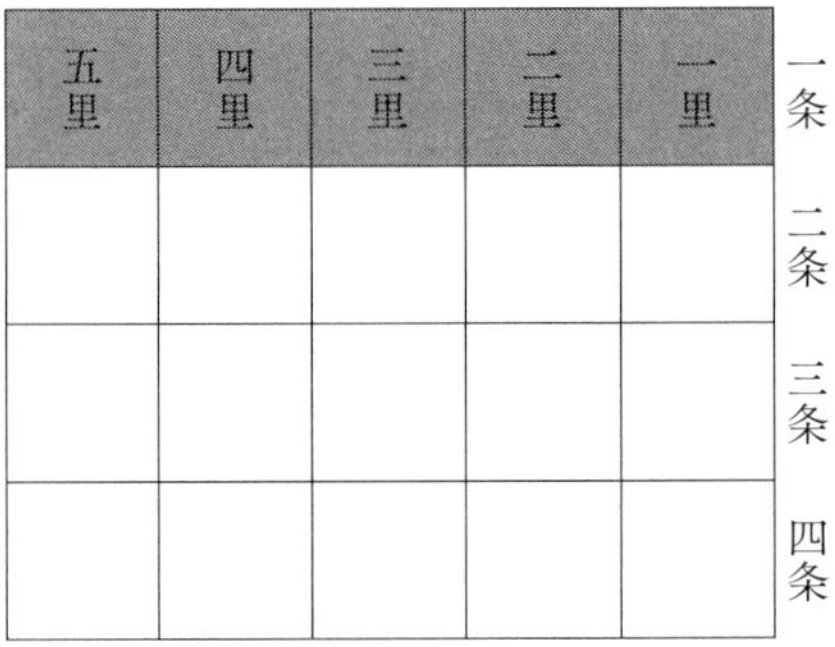

図４　班田図のしくみ
（１条１巻、１里１枚のものもある）

う。

　このようなしくみがなぜ可能になったかといえば、班田図という条里地割と同様な巻物を作成していたからであり、その形態を窺える文書は現在二点存在している。大和国京北《けいほく》班田図は一条一巻であり、条ごとの冒頭に集計があり、末尾に班田使の署名がある。山城国《やましろのくに》葛野《かどの》郡《ぐん》班田図は、条ごとの冒頭に集計があり、その後に田図の集計と田図自体がつづき、集計と田図がそれぞれ一枚で独立している。里を表した図を条ごとに巻物にしたものである（図４）。

　班田図は全国的に作成されたと考えられる。田図の性格を表す史料として弘仁十一年（八二〇）十二月二十六日格がある（『類聚三代格』）。まず、「天平十四年（七四二）・勝宝七歳（七五五）・宝亀四年（七七三）・延暦五年（七八六）の四度の図籍を皆証《しよう》験《げん》と為す」とあり、これらが四証図《ししょうず》（四つの証拠となる図）と呼ばれている。つぎに、田籍には戸主の姓名と口分田の面積（町段）を記しており、班田を行うと田主と口分田が必ずしも一致しなくなるとする。ここで田図（図）は田籍と対比されており、班田を行っても田主とその口分田が確認できるということになるだろう。田図の初例が天平元年（七二九）、田籍は天平十四年（七四二）であることから、少なくとも天平期ごろには成立していたと考えられる。ただし天平元年図は四証図に入っていないため、形式に差異があった可能性がある。

　このような差異にもかかわらず、田籍と田図は町（坪）ごとに田主・田積を列挙した文書であるという点は共通しており、両者の違いは、それをそのまま帳簿として一列につなげたか、現実の位置関係に即して里別に並べたかということである。したがって、田主・田積を記した事務帳簿である田文に集計部分を付けて天平期に公文として作成し直したのが田籍・田図であるとするのが現状では妥当であろう（服部 二〇一六、田籍は律令制の当初からあるとする説もある）。

班田図と大きな関係があるのが、天平元年（七二九）の班田である。同年三月に「口分田を班《わか》つに、令に依り収授するは、事に於いて便ならず。請ふ悉《ことごと》く収りて更に班たん」（『続日本紀』同年三月癸丑条）という格が出されている。前述のとおり大宝令の規定では死者・生者の過不足分の部分的調整であるのに対し、全面的な割り替え（収公と班田）を実施している。

この班田の方針を示す『続日本紀』同年十一月癸巳条には、①畿内における皇族・貴族および寺院・神社の土地を固定し相互の交換を禁止、②位田のうち上田どうしの交換を許可、③新たな賜田・位田を優先的に支給、④職田は畿内と外国へ半分ずつ配分する、という内容がある。位田の田品（収穫量による等級）が把握され、畿内と外国への職田の配分があることから、交換の対象になる畿内と諸国において田地の面積と位置・田品が把握されている必要があり、その前提として班田図もしくはそれと同様の機能を持つ帳簿の存在が想定でき、それが「天平元年図」ではないかと考える。

天平元年班田については、『万葉集』（巻三―四四三）にも関連の歌がある。その題詞（歌の前にある詞書）には、摂津国班田史生《ししょう》丈部龍麻呂《はせつかべのたつまろ》が自殺したときに、その上司である判官《はんがん》（四等官のうち三番目）大伴三中が作ったことが記されている（畿内の班田には班田司が任命される）。龍麻呂は東国の出身で、郡司一族から兵衛として宮殿の警備を経て、班田司の史生（書記官）という現地担当者に任用されたと考えられる。前述のように天平元年班田には、貴族の土地調整がともなったと考えられ、その交渉には神経を使ったのではないか。また、『万葉集』（巻二〇―四四五五）には、天平元年班田の時に班田使が山背国で「昼は田をたまう」と歌われており、多忙であったこともわかる。このように、和歌からみても貴族にとってこの班田は印象にのこっていたようだ。

開発と墾田永年私財法　それでは、土地の開発はどのように行われたのであろうか。これについては、国司が管轄する国で空き地（空閑地、大宝令は荒地）があって開墾したいと望めば許可し、任務交替時（任期は通常四年間）には返還させるという規定がある（田令29荒廃条の後半）。また天平期には、一般農民の開墾（百姓墾）も認められ、死後は返却するという慣例があったようである（『令集解』田令29荒廃条古記）。つまり大宝令施行当初は労力をかけて開墾しても国司の任期中もしくは農民の生存期間しか保有が認められなかったのである。

大宝律令制定以後は、耕地開墾政策が進められる。養老六年（七二二）に百万町歩開墾計画が出され（『続日本紀』養老六年閏四月乙丑条）、国家が労働力と食糧を支給して肥沃な土地に良田一〇〇万町を開墾させ、遂行しない国司・郡司は解任することとした。また有力農民が、荒野や空き地（閑地）を開墾して雑穀を収穫することを租税免除や褒賞によって奨励している。翌養老七年には、三世一身法《さんぜいっしんのほう》を発令し（『続日本紀』養老七年四月壬寅条）、このごろ百姓が多くなっており、田池が狭くなっているため、全国に田を開発させ、新たに溝池《こうち》（用水路や溜池）を造ったら三世（孫までか）の保有を、以前の溝池を使用したら本人の生存中の保有を、それぞれ認めることとした。そして前述の天平元年班田では、国司が任期中に開発した水田には三世一身法を適用するとしている。

ここで開発政策の画期となるのが、天平十五年（七四三）の墾田永年私財法である。『続日本紀』『類聚三代格』から復原したものの内容は以下の通りである（吉田　一九八三）。

まず、墾田保有の期限とその面積について規定する。期限になると三世一身法によって返還させられる墾田の永年保有を認め、官位別にその上限を規定しており、郡司には別に上限を設定している。国司の墾田は天平元年班田のとおり任期中のみとする。つぎに墾田申請の手続きがあり、墾田のための未墾地を占地するには、国に申請してから開発し、一般農民の妨げにならず、三年以内に開墾しなければならないことを規定している。今までの開発は一身間の保有という慣行が中心であったのに対し、ここでは事前申請とその方法および開発期限が明確にされている。未墾地の占地には、土地管理のしくみが必要であり、そのためには班田図の整備が想定できる。通説では墾田管理の煩雑さのために班田図ができたとするが（金田　二〇一八）、両者は一体として整備されたと考えられよう。

ついで天平勝宝元年（七四九）に寺院墾田地許可令が発令され（『続日本紀』天平勝宝元年七月乙巳条）、寺院による開発申請の上限が定められる。東大寺の四〇〇〇町、元興寺の二〇〇〇町以下、奈良の大寺院や有力寺院、地方の国分寺・国分尼寺などにも上限が定められた。墾田永年私財法が開発の主体を個人としていたのに対して、寺院が加わり、ここに墾田開発のための制度が整ったといえる。

平安時代から中世へ　平安時代になると戸籍が作成されなくなり、班田も延喜年間ごろには実施されなくなる。同時に戸籍に基づいた調庸《ちょうよう》などの租税徴収も滞ってくる。これに取って代わったのが、班田図に基づいた土地支配であり、出挙や調庸を水田を単位として徴収することが始まってゆく。そうして「公家の口分田を班つ所以は、調庸を収め、正税を挙せむが為なり」（三善清行「意見十二箇条」）という口分田と調庸・出挙を直接関連づける意識もできてきた。

このような変化を前提に農村において条里地割上の公田を単位にした徴税が広まってゆく。そして平安中期には、「租税・地子田を別たず」「租税田に准じて」官物を加徴する（「尾張国解文」第二条）というように田種にかかわらず、一元的に官物を徴収することも行われるようになる。これらの変化には八世紀における土地管理とくに条里制の整備とそれに基づいた墾田制の整備が大きな要因となったといえよう。

日本古代の土地制度を振り返ってみると、首長制的な稲を媒介とした間接的な管理から始まり、それを国家は戸籍による班田という制度のなかに取り入れ、班田図によって土地自体の管理をするようになってくる。そして田地を中心とした徴税がなされるようになる。経済的な側面からいえば、その時代に即した制度が採られたといってよいだろう。

参考文献

金田章裕『古代国家の土地計画―条里プランを読み解く―』吉川弘文館、二〇一八年
・条里に関する近年の通説について、条里プランという概念を使用して平易に記載する。
虎尾俊哉『班田収授法の研究』吉川弘文館、一九六一年
・班田収授法について、法制・実態の両面から検討した著書。基礎史料や論点が提示され、堅実な分析がなされている。
三谷芳幸『律令国家と土地支配』吉川弘文館、二〇一三年
・近年の土地制度における基礎的研究。班田制を中心に日唐令の比較と制度的変遷を論じる。
条里制・古代都市研究会編『古代の都市と条里』吉川弘文館、二〇一五年
服部一隆『班田収授法の復原的研究』吉川弘文館、二〇一二年
服部一隆「班田収授法と条里地割の形成」『条里制・古代都市研究』三一、二〇一六年
三河雅弘『古代寺院の土地領有と荘園図』同成社、二〇一七年
山尾幸久『日本古代国家と土地所有』吉川弘文館、二〇〇三年
吉田　孝『律令国家と古代の社会』岩波書店、一九八三年
吉村武彦『日本古代の社会と国家』岩波書店、一九九六年

4　ミヤケから「初期荘園」へ

北村安裕

一　古代の大土地経営に対する見方はどう変わったのか

かつての見方　日本古代史の研究では、貴族や豪族、あるいは寺社などによる大土地経営（大規模な土地の占有・利用）が大きな論点の一つとなってきた。その中でも、近年になって大きく変わったのが、平安時代初期までの大土地経営についての見方である。

この時期の大土地経営に関するかつての通説を大づかみにまとめると、おおむね次のようになるだろう。

七世紀半ばの「大化の改新」以前、大王・王族や豪族は大土地経営を大いに進展させ、「私地私民」とでもいうべき土地と人民の囲いこみが進行していた。蘇我本家の討伐に始まった「大化の改新」は、この状況を抑えて、天皇を中心とした支配体制をつくりだすことを目的の一つとした改革だった。七世紀後半を通じて律令体制が形づくられていくと、班田収授制を基礎とする「公地公民」が実現する。これによって豪族や貴族による私的な大土地経営はついに撲滅されたわけだが、八世紀に入ると、有力者による不法な土地占拠が再び芽生えていった。

養老七年（七二三）四月の三世《さんぜ》一身法《いっしんのほう》では、期限付きで開墾田の私有が認められた。これは民に班給する口分田の不足が問題となる中で、耕地の拡大を目的とした政策だったが、期限付きとはいえ土地の私有が認められたことで、「公地公民」の原則にヒビが入ってしまった。さらに、天平十五年（七四三）五月の墾田永年私財法《こんでんえいねんしざいほう》では、開墾田の無期限の私有が認められた。このことは、貴族や寺院などによる大土地経営が復活する決定的な転機となった。各地には「初期荘園」と呼ばれる有力者の大土地経営が広がっていき、律令体制の「公地公民」の原則は完全に崩壊してしまった…。

以上の見方は、「大化の改新」以前の大土地経営の広がり（「私地私民」）から、律令制下の「公地公民」へ。そして「初期荘園」の増殖による「私地私民」の復活、というように、大土地経営をめぐる二度の大きな変化を想定したものである。このような見方は一般に広く受け入れられていたが、一九八〇年代に入ると、そこに疑問の目が向けられることになった。

新しい視点　古代の大土地経営に関する通説に大きな影響を与えていたのが、「初期荘園」の研究である。その主な分析の対象となっていたのは、比較的史料に恵まれていた北陸地方の東大寺領荘園だった。しかしよく考えてみると、東大寺は天平二十年（七四八）に正式に発足した比較的新しい寺院である。その領地の経営が八世紀半ばにはじまるのは、ある意味では当然のことである。

一方、飛鳥時代に厩戸王《うまやとおう》によって建立された法隆寺については、どうだろうか。天平十九年の「法隆寺伽藍《がらん》縁《えん》起《ぎ》并《あわせて》流《る》記《き》資財帳《しざいちょう》」によると、法隆寺の領地は各地に点在していた。それぞれの領地では、「荘」と呼ばれる施設が建てられ、「水田」「薗地」「山林岳島」など複数の種類の土地が利用されていた。こうした領地の中には、法隆寺や厩戸王一族によって七世紀から開発・経営されていたと考えられるものも多い。

法隆寺と同じような例は、他の寺院の資財帳や荘園図などでもみることができる。律令制の下では「公地公民」が徹底されていた、というイメージの影響からか、それまであまり注意が向けられてこなかったが、一九八〇年代になると「大化の改新」以前から律令制下へと連続する経営が注目されるようになって、それまでの図式を見直す機運が高まったのである（石上　一九九八、一九九七など）。

さらに、この時期には大土地経営についての画期的な史料の発見もあった。それが、一九八六年からの平城京跡（奈良県奈良市）の発掘で見つかった、いわゆる長屋王家木簡《ながやおうけもっかん》である。約三万五〇〇〇点にもおよぶこの木簡群は、天平元年（七二九）に謀反《むほん》の疑いをかけられて没した長屋王家の運営に関わるもので、霊亀二年（七一六）頃に土中に棄てられたものと考えられる。その中に、「御田《みた》」「御薗《みその》」などという、長屋王家の領地に関連するものが含まれていたのである。これらの領地は、長屋王父の高市《たけち》皇子から引き継がれたもので、律令制ができてから給付された土地とは性質の異なるものと考えられる。そこから、それまでは明らかにされてこなかった、貴族の大土地経営の様子が浮かび上がってきたのである（森　二〇〇〇など）。

このように、一九八〇年代には「公地公民」の原則が守られていた時期とされてきた八世紀前半にも大土地経営が存在し、それらの一部は「大化の改新」以前から続いていたことが明らかになった。この事実は、「大化の改新」で「私地私民」から「公地公民」に変わり、「初期荘園」の発生で「私地私民」が復活した、というかつてのとらえ方に大幅な見直しをせまるものだった。

以下では、この見方によって古代の大土地経営にどのような見通しが得られるのか、紙面の許す限りでいくつかの論点についてみていきたい。

二　「大化の改新」で大土地経営はどう変わったのか

「大化の改新」以前の大土地経営　「大化の改新」以前には、大土地経営の側面をもつものとして、大王やヤマト王権が支配するミヤケ（「屯倉」「屯家」「官家」などさまざまな表記あり）や、豪族たちの経営するタドコロ（「田荘」）などがあった。また、『日本書紀』の大化元年（六四五）九月の記事には、豪族たちが競って全国の土地を自分のものにして、民衆から毎年の地代を請求していることが記されている。こうしたことからみると、「大化の改新」以前に大土地経営が広く存在したことは否定できないように思う。

この時期の大土地経営の特徴としては、ある程度の広さをもつ土地を占めた上で、その土地を水田・ハタケ・牧など、さまざまな用途に利用する、という点があげられる。こうしたあり方は、ミヤケに付属する大規模な土地経営から、各豪族の土地経営まで共通していたと考えられる（鷺森　二〇〇一）。

ミヤケは、かつては大土地経営を主な目的としたヤマト王権の直轄地ととらえられてきたが、最近では、国造《こくぞう》制《せい》や部民制《べみんせい》との関わりから、その本質を貢納《こうのう》・奉仕の拠点に求める考えが出されている（仁藤　二〇一二など）。ミヤケは、大土地経営の側面と貢納・奉仕の拠点としての側面をあわせもっていて、貢納・奉仕によって複雑に結びついた当時の社会構造の上に成り立っていたのである。各地の豪族たちも、ミヤケでの貢納・奉仕を差配し、ミヤケに付属する大土地経営を進める中で民衆への影響力を強め、みずからの土地経営を拡大していった。その意味では、豪族たちの大土地経営も、当時の社会の構造に依存していたと考えることができる。

ミヤケの変化　では、こうしたあり方は「大化の改新」でどのように変わったのだろうか。

かつての通説では、「大化の改新」に始まる七世紀後半の改革で大土地経営はいったん姿を消したと考えられていた。しかし、大土地経営が基本的には律令制下にまで続いていったという見通しからすれば、こうした考え方をとることはできなくなる。一方で、律令制国家がつくられていく中で、大土地経営がそのままの形で残っていったとも考えにくい。この時期の大土地経営については、それをとりまく状況がどう変わり、その変化にともなって経営自体がどうなっていったのか、という点を探究していく必要がある。

『日本書紀』によると、大化二年（六四六）正月の「改新の詔《みことのり》」第一条で、「処々の屯倉《みやけ》」と「処々の田荘《たどころ》」の停止が宣言されたという。かつてはこのことをもって大土地経営が廃止された（あるいはその方針が出された）と考えられてきたわけだが、ミヤケの役割としては、社会構造上は貢納・奉仕の拠点であることが重要だった。「大化の改新」が社会の構造を変えることをめざした改革だったとすれば、ミヤケを廃止するといったときの重点は、大土地経営の否定というよりは、旧来の貢納・奉仕の拠点の停止にあったとみるべきだろう。

もちろん、貢納・奉仕の拠点としてのミヤケが停止されれば、それに付属する大土地経営にも大きな変化が起きる。これまでの研究では、ミヤケの大土地経営が王族や寺院、官司などの領地として残っていった例が確認されている（鷺森　二〇〇一など）が、経営の主体が民衆などに移っていった部分もあったはずである。社会の構造が大きく変わっていく中で、ミヤケの大土地経営はさまざまに形を変えていったと考えられるのである。その実態については、今後もさらなる追求が必要になるだろう。

豪族たちの大土地経営の変化　一方、豪族たちの経営はどうなっていったのだろうか。もともと豪族たちの土地経営の中には、ミヤケがあってこそ成り立つものも多かったと考えられる。そうしたものが「大化の改新」によってただちになくなったとは考えがたいが、拠点としてのミヤケの解体によって、勢いが削がれることはあっただろう。

さらに、『日本書紀』によれば、「大化の改新」の時期には豪族たちの土地経営への対策もとられたという。土地を奪い合って自分のものにすることや、民衆から地代をとる行為が禁止されたのである。同じ時期には「薗池《えんち》水陸《すいりく》の利」、つまり山野やハタケからの利益についても、独占を禁止してみなで分け合うことが指示されている。このことは、山野・ハタケを含みこむ大土地経営にも関係する政策といえる。

ここで出された対策はあまり積極的な内容ではなく、どれほどの効果があったかは分からないが、豪族たちの直接的な土地経営を抑えようという方向性が示されたことは注目される。豪族たちの経営が「大化の改新」でなくなったり、急激に縮小するようなことはなかったと思われるが、社会の構造が変化する中で動揺していったのは事実だろう。また、政府による規制がとられはじめ、次節で述べるような土地の種類に応じた管理体制がつくりあげられていくきっかけとしても、「大化の改新」は評価できる。

三　律令制下の大土地経営はどのように位置づけられていたのか

土地の種類による管理　大宝元年（七〇一）から翌年にかけて、大宝律令《りつりょう》が施行された。令の編目の一つである田令で定められた土地制度では、六年ごとに民衆に口分田《くぶんでん》を班給する班田収授制によって、田地を集中的に管理する方針がとられていた（北村　二〇一五）。

こうして律令体制の土地制度は一応完成したが、かつての通説では、この時期には「公地公民」が徹底され、私的な大土地経営はほとんど存在しないとされていた。しかし、実際には貴族や豪族、寺院などは大土地経営を保持していたことが分かっているので、従来のイメージはそのままでは通用しない。では、律令体制の中で大土地経営はどのようにあつかわれていたのだろうか。

田地と山野　まず田地についてみていこう。班田収授制では、六年に一度の口分田の班給に先だって田地の調査（校田《こうでん》）が実施されていた。この校田から班田までの一連の作業を通じて、有力者が経営する田地の主な部分も把握されたと考えられる。その中でも特に中心となる田地は、口分田・位田《いでん》（位階に応じて給付される田地）・職田《しきでん》（太政官・国司・郡司などに給付される田地。大宝令では職分田《しきぶんでん》、公廨田《くげでん》と呼ばれた）などの田令《でんりょう》で定められた地種に読み替えられたと考えられる（吉田　一九九一、磐下　二〇〇九、三谷　二〇一一など）。こうして、これらの田地は田令の土地制度に位置づけられたわけだが、国家から与えられるはずの田地には限りがあり、身分などに変化がなければ面積が増えることもなかった。このため、もともと経営していた田地が広ければ、その部分は公的に認められた田地の範囲をはみだしてしまう。こうした土地のあつかいは、律令制国家にとっても、有力者にとっても、頭の痛い問題だったと思われる。

一方で、明確に占有を禁止されていた土地が、山野である。律令の規定では山野の収穫物の独占が禁じられていて、山野の占有そのものを禁止する法令もたびたび出されている。ただし、そうした法令が出されていることは、実際には山野の占有がかなり一般的になされていたことも示している。こうした山野の占有は、「大化の改新」以前からみられたような、大土地経営の一環としての山野経営に連続するものとみて差し支えないだろう。一方で、法的に禁じられたことによって、有力者の山野経営をとりまく状況は、前の時代に比べて不安定になっていたとも考えられる。

開墾田と開墾予定地　山野と田地の中間に位置するのが、開墾田《かいこんでん》・開墾予定地である。こうした土地については、律令に所有を認める文章があったとする説もあるが、今のところは明確な証拠がない。むしろ、そのあつかいは曖昧だったと考えておいた方がよいと思う。

律令制下では国家から与えられる田地がかなり限定・固定されたものだったことを述べたが、もし開墾田が定期的に田地として認可される仕組みがあれば、問題点はだいぶ解消されることになる。しかし、残念ながら律令制の土地制度には開墾田はうまく位置づけられておらず、実態としての大土地経営と律令制の土地制度の間の溝が埋められることはなかったと考えられる。こうしたことから、律令制国家は大土地経営をうまく把握できなかったわけだが、土地経営を進める側にとっても、法的に曖昧な状態に置かれていることによって、経営が不安定になる危険性が生じていた。要するに、こうした状態はお互いにとって、望ましいものではなかったのである。

律令制下には、田地や山野などさまざまな土地を含みこんだ大土地経営が、前の時代から残っていた。律令制国家は、こうした大土地経営を土地の種類ごとに管理しようとしたが、公的に定められた田地は限定的かつ固定的だったし、新たに開発された田地のあつかいも曖昧だったことなどから、大土地経営を土地制度の中にうまく組みこむことができなかった。こうした「不具合」が解消されていく中で、いわゆる「初期荘園」は姿を現していくのである。

四　「初期荘園」はどのように生まれたのか

「初期荘園」　「初期荘園」は、墾田永年私財法で開墾田の永続的な私有が認められたことで広がった大土地経営に対する一般的な呼び方である。ただし、これは当時の史料に出てくる言葉ではなく、中世の土地制度を代表する存在である荘園の、いわば「はしり」として、学問の上でつけられた名前にすぎない。これまでの研究では、東大寺の北陸での経営に関する史料をもとに、国や郡といった公的機関の協力によって成り立っていたことや、そこに所属する人民（荘民）をもっていなかったこと、などが分かっている（小口　二〇〇二など）。

ただし、これまでの「初期荘園」に関する研究は墾田永年私財法で大土地経営が復活する、という図式に沿って進められていて、八世紀の初めやそれ以前から大土地経営がみられたことを前提にすると、また違った見方ができるように思う。そもそも「初期荘園」という呼び方自体、中世の荘園と比較する中でできたものである。大土地経営が「大化の改新」以前から続いてきたことを考えるのであれば、むしろ古い時代とのつながりの中で「初期荘園」をとらえていく方がよいようにも思える。そうなってくると、「初期荘園」という名称自体も再検討していく必要がある（石上　一九九六など）。

開墾田に関する法の整備　「初期荘園」についての論点はたくさんあるが、ここではそれが姿を現していくまでの流れについて、簡単な見通しを述べておきたい。

前節でみてきたように、律令制下には前の時代から残る大土地経営が広がっていたにもかかわらず、法的には十分に位置づけることができなかった。その主な理由としては、田地の面積が固定されたもので、開墾田のあつかいも曖昧だったことがあげられる。

こうした欠陥を補おうという努力は、和銅四年（七一一）十二月の太政官符《だじょうかんぷ》（『続日本紀』同月丙午条）から始まった。ここでは、「親王已下と豪強の家」による山野の占有が禁じられるとともに、「空地」の開墾の時に、国司を経て太政官にうかがいをたてる、という手続きが定められた。

養老七年の三世一身法では、溝池を新しく造る大規模な開墾の場合は三世、旧来の設備を利用した場合は一代限りの開墾田の保有が認められた。このうち、とくに三世の保有が認められた大規模な開墾は、有力者を担い手とするものである。これによって、開墾田はようやく班田収授の仕組みに組みこまれることになり、大土地経営を国家が把握する可能性が開かれた。

天平十五年の墾田永年私財法は、三世一身法で保有の期限とされた「一身」がそろそろ終わりそうなタイミングで出されたもので、開墾田の私有を期限なしで認めるものだった。これによって、開墾田の登録は飛躍的に増加し、国家による土地の把握もいちじるしく進んだと考えられる（吉田　一九八三）。

「初期荘園」研究の再出発　大土地経営に限って考えると、墾田法の整備によって、本当に新規に開発した田地やその予定地のほかにも、これまで田地としては法的に認められてこなかった土地や、開墾予定地を名目とした山野なども、開墾田という名目を利用して公的な認可の対象となる可能性が開かれた。こうして、制度上は存在しないかのようにあつかわれてきた大土地経営は、「初期荘園」として再び姿を現すことになったのである。

このように、律令制下にも大土地経営が存在したという見通しをもつと、「初期荘園」に対する見方も大きく変わってくる。今後、大土地経営の展開についての全体像をふまえながら、「初期荘園」をとらえなおし、できれば「初期荘園」に変わる新たな用語を見付けていく努力が必要になってくるのではないだろうか。

参考文献

石上英一『古代荘園史料の基礎的研究』上・下、塙書房、一九九七年
・現在の大土地経営に関する研究の出発点となった視角を提示するとともに、「讃岐国山田郡田図」をはじめとした関係史料についての基礎となる研究が収められている。
北村安裕『日本古代の大土地経営と社会』同成社、二〇一五年
・七世紀から八世紀中葉にかけての大土地経営の特性・歴史的展開について、制度と実態の両面から明らかにしている。
鷺森浩幸『日本古代の王家・寺院と所領』塙書房、二〇〇一年
・七世紀以前から九世紀前半頃にいたる古代の大土地経営の実像について、各比定地の地理的環境にまでふみこんだ具体的な分析がなされている。
石上英一「日本古代における所有の問題」『律令国家と社会構造』名著刊行会、一九九六年、初出一九八八年
石上英一「古代荘園と荘園図」金田章裕・石上英一・鎌田元一・栄原永遠男編『日本古代荘園図』東京大学出版会、一九九六年
磐下　徹「郡司職分田試論」『日本古代の郡司と天皇』吉川弘文館、二〇一六年、初出二〇〇九年
小口雅史「初期荘園と大土地所有の展開」渡辺尚志・五味文彦編『新体系日本史三　土地所有史』山川出版社、二〇〇二年
仁藤敦史「古代王権と「後期ミヤケ」」『古代王権と支配構造』吉川弘文館、二〇一二年、初出二〇〇九年
三谷芳幸「職田の論理」『律令国家と土地支配』吉川弘文館、二〇一三年、初出二〇一一年

森　公章『長屋王家木簡の基礎的研究』吉川弘文館、二〇〇〇年
吉田　孝「墾田永年私財法の基礎的研究」『律令国家と古代の社会』岩波書店、一九八三年
吉田　孝「律令国家と荘園」『続　律令国家と古代の社会』岩波書店、二〇一八年、初出一九九一年

5　市と交易

宮川麻紀

一　京の東西市

東西市は首都の象徴だった　必要なもの、手に入りにくいものをお互いに交換すること、すなわち交易は、人類の普遍的な行為である。それにも関わらず、日本古代には商業が発達しておらず、専業の「商人」もいなかったと考えられてきた。しかし、研究が進むとともに、古代日本に広がる流通経済の大きさや、活発に交易する人々の様子が明らかになってきている。なかでも、律令制の導入とともに京に置かれた東西市（東市と西市）は、古代の商業のあり方をよく示すものである。

東西市は大宝律令《たいほうりつりょう》制定にともない、大宝三年（七〇三）、藤原京に設置されたが、平城京遷都にしたがって移転した。平城京では、東市が左京八条三坊、西市が右京八条二坊にあり（今泉　一九七六）、平城宮からかなり南下したところに置かれていた。律令に規定されている市はもうひとつあり、それは難波京《なにわきょう》（現大阪府大阪市）の市であった。この市は『続日本紀』延暦三年（七八四）五月癸未条からすれば、四天王寺の北にあった。すでにある市を利用したものともいわれているが、古くからの要衝である難波津《なにわづ》とは別に、難波京とともに生まれた市と考えられる（栄原　一九九二）。

平城京の東西市はその後、遷都とともに平城京から恭仁京《くにきょう》、再び平城京、そして長岡京、平安京へと移り、店舗や市人たちがいっせいに移動している。東西市は首都である京に置かれ、京が移ればそれにともない移転するのである。このことは、律令の規定からも明らかであり、養老職員令《しきいんりょう》66左京職《さきょうしき》条と68摂津職《せっつしき》条をみると、左右京職と摂津職の職掌のひとつに「市廛《いちくら》」がある。このうち京職については、その次の67東市司《ひがしいちのつかさ》条にある東西市司を通して、東西市を治めることを意味する。すなわち、首都の左京には東市、右京には西市が置かれ、市司により管理されたのである。しかし、ここで問題が生じる。摂津職が治める難波京には、市はあっても市司が置かれていない。これは、難波京が陪都《ばいと》（副都）であることをふまえれば、解決する。難波京はいわば予備の都であり、天皇や官人が首都の藤原京や平城京から移ってくることで、首都になる。したがって、普段の難波京には市の区画のみ用意されていて、首都となるときに藤原京や平城京の東西市から市司や市人が移ることになっていたと考えられる。このように、東西市は首都で機能する市であり、首都を象徴する重要な役割を担っていた（宮川　二〇二〇）。

東西市の店舗と商品　東西市での交易について定めた養老関市令《げんしりょう》11〜20条をみると、市の様子もうかがえる。特に、11市恒条は市が正午から日没の前まで開かれること、12毎肆立標条は肆《いちくら》（店舗）ごとに標（看板）を立てて行名（商品名）を記すことや、市司が物価をもとに三等級の価格（上估価《こか》・中估価・下估価）を設定することを定めていて、市を運営するうえで基本となる条文である。この価格のうち、中等級の中估価は、官司の売買価格や盗品の価格計算などに用いられる（13官私交関条）。ほかにも、度量衡《どりょうこう》や奴婢《ぬひ》・馬牛の売買などの規定があるが、基本的には唐令をもとにして、日本風のアレンジを加えた条文が多い。しかも、内容としてはおおまかな売買上の決まりごとばかりなので、実際に市の店舗がどのような形であったのかなど、不明な点も多い。

さて、東西市で売買されていた商品にはどのようなものがあるだろうか。延喜東西市司式14東鄽《くら》条・15西鄽《くら》条には、繊維製品や文具、武具、馬具、食料品などが列挙されている。また、正倉院文書《しょうそういんもんじょ》からは、造東大寺司写《ぞうとうだいじししゃ》経所《きょうじょ》(東大寺造営機関の下で写経をする部署)などがさまざまな商品を購入したり、逆に売却したりしていたことが分かる。東西市の特徴は、中央官司からの払い下げ品や、地方の市で入手しにくい高級品も買えることであった(栄原　一九九二)。それに加えて、食材は売っても、調理したものは売らなかったようである。これについては、東西市の外に存在した「店《テン／たな》」と呼ばれる店舗で販売していた。その好例として、長屋王家の「店」が木簡からうかがえ、飯や酒を販売したことが分かっている(吉野　二〇〇七)。

東西市の商品に話を戻すと、延喜東西市司式では東市と西市とで扱う商品が異なっている。これは、平安京右京の衰退とともに、西市からも客足が遠のいたため、そこでしか買えない商品を売って活気を取り戻そうとしたためであった。九世紀前半には、東市と西市との間で商品の種類が争われており、その結果が延喜東西市司式にあらわれている。一方で、そこには月の前半に東市を、後半に西市を開く規則もあるが、これは商品の種類に関する規定が遵守《じゅんしゅ》されず、市の開催日を分けるしかなくなったことによるという(佐藤　一九八二)。西市の復活はとても難しかったようである。

二　東西市以外の畿内の市

官司や寺院が交易する場所　東西市は中央官司や京住民のために設けられた市であるが、実際には東西市以外の市も使用されていた。栄原によれば、東西市を中心として畿内各地の市などが結合した「中央交易圏」が形成されていたという(栄原　一九九二)。

正倉院文書からは、造東大寺司などが「中央交易圏」で交易する様子がうかがえる。造東大寺司の命令を受けて、東西市荘《とうざいいちのしょう》という荘園が東西市で交易することもあったが、吉田によれば、「中央交易圏」のさまざまな場所に置かれた下級官人の「宅《やけ》」と呼ばれる自宅や別宅が、交易に使われることも多かったという（吉田　一九六五）。特に、造東大寺司主典《さかん》である安都雄足《あとのおたり》は、難波津や勢多津《せたのつ》（現滋賀県大津市）をはじめとして、さまざまなところに「宅」をもっていた。吉田説は、律令国家の流通経済が東西市に限定されず、畿内に広がっていたことを示す点で意義深い。

ただし、「宅」のすべてが下級官人のものとは限らない。雄足のものとされる「宅」のなかには、東大寺領などの荘園であった可能性のあるものも含まれている。しかも、時代を遡ると、そこはヤマト王権のミヤケ（「屯倉」「屯家」などと表記されるヤマト王権の拠点）や王宮が置かれたところであった。すなわち、ヤマト王権から東大寺など官大寺《かんだいじ》へと施入《せにゅう》された地と考えられる。このように、交易拠点として利用される「宅」のなかには、ミヤケとしてヤマト王権の交易や運送を担っていたものも存在していたのである（宮川　二〇二〇）。律令国家の流通経済が、ヤマト王権のもとで形成されたものを基盤として成り立っていたことも考慮せねばならない。

また、律令国家は宮殿や都城《とじょう》を難波や勢多のようなところに置くことで、流通経済に接触していたともいわれる（鷺森　二〇〇一）。畿内に広がる流通経済を取り入れることで、律令国家は機能していたのである。

市は交易以外にも使われた　畿内の市には、飛鳥時代から存在していたものも多い。たとえば、大和の海石榴市《つばいち》や軽市《かるのいち》、阿斗桑市《あとのくわいち》などがあげられる。これらの市は交通の結節点（衢《ちまた》）に存在しており、いつ成立したのか分からない点や、交易以外にも使われている点に特徴がある。以下、『日本書紀』から関連記事をひろっていく。

まず、海石榴市には「海石榴市亭《うまや》」（敏達天皇十四年〈五八五〉三月丙戌条）や、「迹見駅家《とみのうまや》」（天武天皇八年〈六七九〉八月己未条）という馬屋が置かれ、刑罰（前掲の敏達紀）や外交儀礼（推古天皇十六年〈六〇八〉八月癸卯条）

も行われた。次に軽市も、百済《くだら》からもたらされた馬が「軽坂上厩」に置かれたり（応神天皇十五年八月丁卯条）、葬送儀礼が行われたり（推古天皇二十年二月庚午条）、行幸用の馬が披露されたり（天武天皇十年十月是月条）と、政治・外交に利用されている。阿斗桑市には百済から招かれた日羅《にちら》が滞在しており（敏達天皇十二年是歳条）、「新羅《しらぎ》・任那《みまなの》使人《しじん》」を泊める「阿斗河辺館《あとのかわべのむろつみ》」（推古天皇十八年十月丙申条）があった。このほか、石上衢《いそのかみのちまた》や当麻《たいまの》衢《ちまた》では相撲が行われ、市も立っていた可能性が高い。衢や市は多くの人が行き交うところで、馬屋の設置や葬送儀礼、刑罰執行、相撲など、交易以外のことにも使用されていたのである（小林　一九八二）。なお、刑罰執行の機能は、東西市にも引き継がれている。

もともと、衢や市は地域と地域との境界に形成されやすく、異世界との境界とも考えられていた。畿内の衢や市も、葬送儀礼や外交儀礼から分かるように、死後の世界や海外などの異世界と王権とを結ぶものであった。また、海石榴市の椿や軽市の槻《つき》（ケヤキ）、阿斗桑市の桑のように、神の依り代となる木も異世界との結節点となっていた。今後、交易以外の側面についても考察していく必要があるだろう。

飛鳥時代にも「市司」はいたのか　こうした畿内の衢や市は、ヤマト王権によって設置されたとする説もある（前田　一九九六）。東西市が中央政府により置かれ、東西市司に管理されたのと同様に、ヤマト王権により設置された衢や市を市司が管理したというのである。この前田説は、畿内の市や衢の特徴を総合的に検討した点で意義深い。ただし、衢や市は交通の要衝に形成されたものであり、王権による政治的な利用がなされる前から存在していた。また、海石榴市・軽市・阿斗桑市・石上市の近くには王宮やミヤケ、豪族居館《ごうぞくきょかん》があったが、当麻衢の付近にはみえず、これらの衢や市を画一的にとらえてよいのか、さらなる検証が必要である。

さらに、「市司・要路の津《つ》済《わたり》の渡子《わたしもり》の調賦《みつき》を罷《や》めて、田地給与《たま》へ」（大化二年〈六四六〉三月甲申条）という史料から、王権が「市司」を置いたともいわれているが、「市司」らは「調賦」を王権に納めており、官人ではなかったのかもしれない。市の管理にあたる豪族を、律令制下の市司にあたるものとして、「市司」と表記した可能性もある。いずれにしても、律令制の市司とは別に考えた方がよいだろう（宮川　二〇二〇）。

三　地方の市と交易

「国府市」と「国府交易圏」　従来の研究では、国府《こくふ》の近くにも中央政府によって市が置かれたとされ、それは「国府市《こくふいち》」と呼ばれていた（栄原　一九九二）。『令義解《りょうのぎげ》』関市令12毎肆立標条では、市司が估価を報告する先を「京職及び国司」とすることから、国司の下に市司が管理する「国府市」があったと考えられた。栄原は、この「国府市」を中心として、駅・津および自然発生的な「地方市」などが結合し、「国府交易圏」が形成されていたと述べる。「中央交易圏」とともに、古代社会のなかに交易のネットワークが形成されていたとする重要な説である。

ところが、「国府市」の概念はその後修正される（栄原　一九九五）。国司からの命令（国符）を受けて郡が交易する、その郡内で最も有力で便利な地方市とされたのである。そして、地方の市司も、複数の郡に存在する「国府市」を束ねる機関で、国の部局や担当官として置かれたと訂正されている。この説は、国府の近くに市が設置されたとは限らないことを明らかにした点で、従うべきものである。たしかに、律令に定められているのは東西市と難波京の市であり、「国府市」はみられない。『令義解』の記述も、各郡の市の估価が国司に報告されることを想定しているとすれば、必ずしも「国府市」があったと考えなくてもよい。また、日本と唐の律令を比較すると、養老関市令11市恒条は、唐令から地方の市の決まりを削除して定められたことが分かる。日本では中央政府が国府の近くに市を設置したのではなく、すでに存在していた市を国・郡の交易に使用したと考えられる

（宮川　二〇二〇）。

その場合、修正後の栄原説がいうところの、国府の交易に使われる「国府市」、その交易の範囲である「国府交易圏」、という用語についても考えなおす必要がある。国司に命じられた郡司たちが各郡の市で交易するのならば、そこで形成されているのは郡家《ぐうけ》の交易圏であるともいえるからである。交易圏については、今後も検討が必要となる。

ところで、こうした地方の市では、地方豪族の影響力が強かったと思われる。そこには中央政府が任命する市司が置かれず、津と同様に郡雑任《ぐんぞうにん》（郡司のもと業務にあたる人々）が管理していた可能性がある。一方で、郡家の業務の一環としてではなく、さまざまな氏族・階層の者たちが市の管理にあたっていたとも考えられる。地方の市で交易する人々については、以下でふれていきたい。

「商人」は本当にいなかったのか　かつて、日本古代には農業と商工業とが分業されておらず、専業の「商人」もいなかったとされていた。また、官人が兼業で商業を行っていたとする説も有力だった（吉田　一九六五）。たしかに、復原唐選挙令17条・田令18条（『唐令拾遺』）のような工人・商人身分に関する規定を、日本では継受《けいじゅ》していない。しかし、これは中国のような商工業に対する卑賤観が日本では薄く、「商人」と官人とを区別する必要がなかったためと考えられる（舘野　一九八三）。すなわち、「商人」がいなかったからではないのである。

日本では「商人」全般の身分設定がないものの、東西市に店舗をもつ「市籍人《しじゃくびと》」こそ「商人」にあたるものであった。延喜東西市司式9市町条によれば、彼らは市籍に登録され、市町《いちまち》に住みながらも地子《じし》（土地にかかる税）を払わなくてよかった。来日した渤海使《ぼっかいし》との交易を許可されたり（『日本三代実録』貞観十四年〈八七二〉五月二十二日条）、遷都のときに意見を聞かれたりと（『続日本紀』天平十六年〈七四四〉閏正月戊辰条）、特権的な「商人」であったようである。

それだけに、市籍人になれる者の身分は制約されていた。養老雑令24皇親《こうしん》条は、皇親や五位以上官人が家人《けにん》や奴婢《ぬひ》に店舗経営をさせることを禁じる。また、市籍人は専業でなければならなかった（『類聚三代格』巻十九　禁制事、貞観六年九月四日太政官符）。前者の規定は、後に外五位《げごい》の者が例外とされた（『類聚三代格』巻五　定内外五位等級事、神亀五年〈七二八〉三月二十八日太政官奏）。外五位は地方豪族がもらう位階なので、彼らが東西市に出店し、市の運営を支えていたことが分かる（中村　二〇〇五）。

なお、市籍人の名前が分かる貴重な例として、平城宮跡出土木簡に「服部真吉《はとりべのまよし》」がみえる。服部氏は織部司《おりべのつかさ》などに勤めていたことから、中央官司の官人が出店していたとみる説もある（市川　二〇一八）。しかし、本来、市籍人は専業の「商人」である。服部真吉の場合も、彼自身が官人であったとまでは断定できない。むしろ、官司に勤める親族の人脈を活かして、商品を仕入れ、出店していたのではないだろうか。

このように、従来も注目されてきた中央の官人や、郡司などの地方豪族のほか、「商旅《しょうりょ》の徒《ともがら》」と呼ばれる遠距離交易者や、史料では「白丁《はくちょう》」や「百姓《ひゃくせい》」（一般庶民）にまとめられる者のなかにも、「商人」がいた。『日本霊《にほんりょう》異記《いき》』中巻第四縁でも、尾張国の力女《ちからめ》や美濃国小川市《おがわのいち》の力女のような有力豪族が市を仕切っているが、より下層の氏族や新興の氏族なども交易に乗り出している。東西市は彼らの交易物を京に取りこみ、律令国家を支えていた。東西市でなされる商業は氷山の一角にすぎず、今後も古代「商人」の実像を探っていかなければならない。

参考文献

栄原永遠男『奈良時代流通経済史の研究』塙書房、一九九二年
・東西市を中心とする中央交易圏や、国府市を中心とする国府交易圏の概念を提唱した。
中村修也『日本古代商業史の研究』思文閣出版、二〇〇五年

・都城制以前の市から平城京・平安京の東西市まで広く論じる。地方豪族による交易を多面的に検討した。
・水上交通が律令国家運営を支えていたことを指摘した点で意義深い。

松原弘宣『日本古代水上交通史の研究』吉川弘文館、一九八五年
市川理恵「平城京東西市における市司と市人」『東京大学史料編纂所研究紀要』二八、二〇一八年
今泉隆雄「「平城京市指図」と東西市の位置」『古代宮都の研究』吉川弘文館、一九九三年、初出一九七六年
櫛木謙周「商人と商業の発生」桜井英治・中西聡編『新体系日本史一二　流通経済史』山川出版社、二〇〇二年
小林茂文「古代の市の景観」『周縁の古代史』有精堂出版、一九九四年、初出一九八二年
栄原永遠男「国府市・国府交易圏に関する再論」『日本古代銭貨研究』清文堂出版、二〇一一年、初出一九九五年
鷺森浩幸『日本古代の王家・寺院と所領』塙書房、二〇〇一年
佐藤　信「平城京の東西市」『日本古代の宮都と木簡』吉川弘文館、一九九七年、初出一九八二年
舘野和己「律令制下の交易民」『歴史公論』九―一二、一九八三年
舘野和己「市と交易」上原真人・白石太一郎・吉川真司・吉村武彦編『列島の古代史　ひと・もの・こと４　人と物の移動』岩波書店、二〇〇五年
中村太一「平安京東西市の空間構造」上・下『国史学』二二四・二二五、二〇一八年
前田晴人『日本古代の道と衢』吉川弘文館、一九九六年
宮川麻紀「律令国家と「商人」」佐藤信編『史料・史跡と古代社会』吉川弘文館、二〇一八年
宮川麻紀『日本古代の交易と社会』吉川弘文館、二〇二〇年
吉田　孝「律令時代の交易」『律令国家と古代の社会』岩波書店、一九八三年、初出一九六五年
吉野秋二「古代の「米」と「飯」」『日本古代社会編成の研究』塙書房、二〇一〇年、初出二〇〇七年
吉野秋二「三春高基邸の「店」」舘野和己編『日本古代のみやこを探る』勉誠出版、二〇一五年

6 古代の交通

河野保博

一 交通とは

幅広い交通の概念　みなさんは「交通」と聞いてなにを思い浮かべるだろうか。高速道路や鉄道などの路線だろうか、それとも車や飛行機などの乗り物だろうか。現在、交通という用語は移動や輸送に関係するものに限定的に用いられるが、本来は「交わり、通じる」という意味の通り、人と人との交わりや関係を指す言葉である。東アジアの国際関係も男女の間も「交通」ということができる。それらは「交流」や「関係」などとも表現される。しかし、それらすべてを本章で取り上げるのは現実的ではない。本章では、いわゆる「人・モノ・情報の社会的移動現象」(中村　一九九六)に限定して取り上げたい。石母田正が古代国家を考える際に提起した経済的・政治的・精神的領域における交通(石母田　一九七一)、つまり多様な交流は人・モノ・情報の具体的な動きから解き明かされるものであり、交通を学ぶことは社会を知ることにつながるのである。

旅は社会の縮図　「旅する人々の様子を見れば、その背後にある社会や生活はおのずから想像される」(坂本　一九五五)と古代における交通制度の研究を実証的に推し進めた坂本太郎が述べるように、旅する人々＝交通現象を検証することは当該時期の社会や生活などを解き明かすことである。古代の人々がどこをどのように移動したのか、またはできたのか、それは古代国家の支配空間・構造を明らかにすることでもある。それらを探るために交通制度の研究、そして、交通路の復原がなされてきた。古代の交通史はこの二つを主軸として研究が進められてきたといえるだろう。本章ではこの二つの論点を中心に交通史研究の現在の到達点を示し、最新のトピックを紹介したい。

二　交通のための制度と施設

駅制と伝馬制　前近代の中央集権国家には、その支配を貫徹するために交通制度の整備が必須であり、王京と支配領域の末端までを結ぶ交通網を整備することが必要であった。中央の命令をすみずみまで伝え、また各地の情報を中央に集め、税を徴収し、軍隊や官人を移動させることで、その統治を完遂させるためである。中国王朝はいうに及ばず、古代ローマ帝国、ペルシア帝国、インカ帝国など、世界各地の中央集権国家には同様の交通制度が完備されていた。日本の古代王権も中央集権国家の形成をめざして交通網を整備し、律令制を受容するなかで「駅伝制《えきでんせい》」と呼ばれる交通制度を導入した。

律令制を導入した古代国家はその支配地域を東海・東山・北陸・山陰・山陽・南海・西海の七道に区分し、都城と国府とを結ぶ官道を整備した。その官道には一定の間隔で駅家《うまや》が置かれ、駅路《えきろ》と称された。駅家には駅路の規模に応じて一定数の駅馬《えきば》と駅子《えきこ》が置かれ、駅使《えきし》の移動を支え、休憩・宿泊を担った。駅馬は国家の大事（謀《む》反《ほん》・軍機《ぐんき》・祥瑞《しょうずい》・災異《さいい》・疫疾《えきしつ》・外国船の襲来など）、遠国の朝集使《ちょうしゅうし》の派遣などに用いられ、駅鈴《えきれい》を付与された駅使は駅家で駅馬を乗り継いで駆け進んだ。その行程は通常でも一日八駅以上（約一二八キロ以上）、緊急の場合は一日一〇駅以上（約一六〇キロ以上）を疾駆するものであり、緊急情報の伝達システムというべきものであった。

古代の交通制度は長らくこの駅制の研究が主流であったが、一九八〇年代以降、郡のもつ交通機能の重要性が明らかになり、律令体制以前から在地首長が有していた交通機能を再編するものとして伝馬制《でんませい》が着目されるようになった（大日方　一九八五）。伝馬制は各地の郡家《ぐうけ》に五匹ずつ置かれた伝馬を乗り継ぎ、郡家で休憩・宿泊しながら目的地に向かう制度であり、急速大事用の駅制に対して不急の交通制度といえる。従来、伝馬は駅使以外の使者の往来に用いられ、国司の赴任や防人、流人《るにん》の逓送《ていそう》など幅広く用いられたと考えられてきたが、一九九〇年代に入り、新たな考えが出された。永田英明は、伝馬の利用は中央から地方に向かう使者に限定されるもので、正税帳《しょうぜいちょう》などにみえる「伝使」という言葉は伝馬の利用者と同義に考えられてきたが、実際には伝馬を利用できない使者が含まれていると指摘した（永田　一九九二）。また、馬場基は律令制下の交通制度を駅制・伝馬制・伝制の三重構造に捉え直し、郡家を中心とした広汎な交通制度を伝制とし、伝馬制はその伝制の一部を切り取り、国家の使者を送迎するものとした（馬場　一九九六）。これらの指摘の可否も含め、近年では地域社会の持つ交通機能と、それを前提とした使者の往来について、総体的な考察が進められている。

唐代の交通制度との比較　先にみたように古代日本の交通制度は中国の律令制度を受容して形づくられたものであるが、直接には唐代の交通制度を参考としたものである。そのため、唐制との比較がなされてきたが、唐令が早くに散逸したこともあり、唐の交通制度を考えるために日本の律令が参考にされるなど、唐の交通制度には不明な点が多かった。しかし、一九九九年に北宋天聖令《ほくそうてんせいれい》が発見され、二〇〇六年に『天一閣蔵明鈔本天聖令校証附唐令復原研究』（中華書局）が公刊されたことで新局面を迎えた。交通に関する規定が集中する厩牧令《きゅうぼくれい》《くもくりょう》は、これまで仁井田陞『唐令拾遺』（東方文化学院、一九三三年。東京大学出版会、一九六四年復刻）で復原されていた唐令二三条を大幅に超える五〇条が収載されていた。内容を大きく分類すると、馬など官畜の生産や飼育に関する規定、公私諸畜の管理規定、そして交通制度と官馬の規定となるだろう。これらの条文から唐代の交通体系を復原すると、駅制と伝送制という二つの体系からなるものであった。

駅制は要路に設置された駅に配備された駅馬を用いる交通であり、駅には規定数の駅馬が置かれ、駅丁《えきてい》を上番《じょうばん》させて駅馬を飼養させ、緊急の情報伝達を担う駅使の到来を待つものであった。それに対して、伝送制は要路の州県に配備された伝送馬を基幹とする交通であり、伝送馬主に馬を預けて飼養させ、彼らを上番させることで州県の逓送業務を担わせるものであった。駅馬も伝送馬も監牧《かんぼく》で生産された官馬を軍府である折衝府《せっしょうふ》を経由して駅や州県に配備するが、伝送馬は折衝府の官馬と一元的な管理がなされていた。それに対して、駅馬の伝送馬のように州において官馬との一元的な管理はおこなわれず、相対的に独立して管理された。一方で、移動中の伝送馬の供給は駅でなされるなど、駅馬との運用の面では一体的な部分もあった（河野　二〇一七）。

唐代の駅制は国都と州府、または軍府とを結ぶ緊急情報・軍事情報の伝達網であり、律に罰則規定が多くあるように、その使用は厳しく制限されていた。駅馬を利用するには銅龍伝符もしくは紙券《しけん》が必要であったが、これらは皇帝権力の象徴であり、この支給規定は公式令《くしきりょう》《こうしきれい》に規定されていた。それに対して、伝送馬の利用は逓牒《ていちょう》という州の日常業務に用いられる文書で運用され、州府内を中心とした日常の交通を担っていた（荒川　二〇一〇）。そのため、支給規定も厩牧令に規定されていた。駅馬の支給規定は公式令に、伝送馬の支給規定は厩牧令にあり、馬の支給についても別の編目に規定されていることからわかるように、唐代の駅制と伝送制とは編成原理が異なるものであった。

しかしながら、日本令では駅馬・伝馬ともに支給規定は公式令に規定され、いずれも天皇大権の象徴である駅鈴・伝符《でんぷ》が発給されることで利用することができた。唐令では駅馬と伝送馬を同一条文に記したものはほぼないが、日本令では駅馬と伝馬をあわせて規定するものが散見される。

また、伝送制は州の日常の逓送業務を担うものであったが、唐においても地域社会には交通機能が備わっており、交通量の多い重要な地域には、さらに伝送馬を設置し、公使の伝送に備えたのだと考えられる。これは日本の伝馬制を考える際に非常に示唆的である。日唐の交通制度の相違は明らかになりつつあるが、駅馬と伝馬を一体的に規定する継受のあり方、実際の運用については今後も検討されなければならないだろう。

なお、駅伝制の研究はさまざまな積み重ねがあるが、近年までの研究をふまえて全体をおさえた研究として、永田英明『古代駅伝馬制度の研究』（吉川弘文館、二〇〇四年）がある。また、市大樹『日本古代都鄙間交通の研究』（塙書房、二〇一七年）では、北宋天聖令や出土文字資料を丹念に検討し、駅伝制だけでなく関や国司の移動などさまざまな視角から交通体系を考察している。いずれも古代の交通を知る上で必読の書といえよう。

移動する人々と支える施設　古代の交通を具体的にみていくと、人の移動、モノの輸送、情報の伝達、技術や思想・信仰の伝播などとさまざま考えることができるが、モノや情報は人によって運ばれるものであり、技術や思想・信仰は人に附随するものである。よって、なによりも移動する人の動きを考えなければならない。代表的な移動する人々を列記すれば次のようになるだろう。

①天皇…行幸《ぎょうこう》（征討、国見、温泉など）
②官人…国司の赴任、国内巡行、国政の報告…四度使《よどのつかい》（朝集使・税帳使《ぜいちょうし》・大帳使《だいちょうし》・貢調使《こうちょうし》）など
③外交使節…海外からの使節、海外へ派遣される使節
④百姓…運脚《うんきゃく》（調庸《ちょうよう》の運搬）、兵役（衛士《えじ》や防人《さきもり》）
⑤工人…土器や瓦の生産・流通、飛騨匠《ひだのたくみ》など匠丁《しょうてい》の上番《じょうばん》
⑥商人…「商旅之輩」という存在、生活必需品の行商や奢侈《しゃし》品の交易
⑦僧侶…布教、修行といった宗教活動

移動する主体が変われば、移動のあり方も異なってくる。たとえば天皇の行幸と商人の行商では訪れる先も、移動する経路も宿泊する場所も異なるのは当然である。このうち、①から③までは公の移動者ということができ、国家的な交通制度を利用することができた。彼らは食料や移動手段を供給され、休憩や宿泊の場所も提供された。しかし、それ以外の多くの移動する人々は食料や移動手段を自前で用意し、休憩や宿泊の場所も自ら求める必要があった。駅家や郡家などの公的施設を利用できない人々は何によって供給を受け、休憩・宿泊をすることができたのか。近年、調庸運脚夫の宿泊場所として仏教寺院がクローズアップされているが、実態的な交通のあり方を考える上でも移動する人々と、彼らを支える施設について考えていく必要があるだろう。

三　古代の道を探る

古代の道路　古代の道路はどのような姿であっただろうか。三世紀の日本列島の姿を描写する『魏志倭人伝《ぎしわじんでん》』(『三国志』魏書・烏丸鮮卑東夷伝倭人条)には対馬《つしま》の道路を評して「道路は禽鹿《きんろく》の径《みち》の如《ごと》し」と述べられており、けもの道のようであったことが知られる。これが列島全体に敷衍《ふえん》できるかは分からないが、一九六〇年代までは古代の道路も都とその周辺以外では二㍍程度の細い道であったと考えられており、中世や近世の街道と同じか、それ以下の規模であると思われていた。しかし、一九七〇年代を画期に大きくその姿はかわった。駅家の置かれた駅路の比定が歴史地理学の分野で進み、交通関係地名の検証だけでなく、航空写真の分析や微地形の調査によって全国的に直線的道路痕跡が検出されるようになり、古代の道路が直線的な計画道であること、そして幅広い道路幅を持つことが指摘され、藤岡謙二郎編『古代日本の交通路』I～IV(大明堂、一九七八～七九年)として集約された。

その成果は一九八〇年代以降に増加した列島各地の発掘事例と重なり、歴史地理学の想定した路線を実際に確認することとなった。また、歴史地理学が想定しなかった未知の道路を検出することもあり、新たな路線の想定が必要となった。考古学による成果によって両側に側溝《そっこう》を持つ直線的道路が検出されることで道路幅が明らかとなり、古代の官道は主として幅員六〜一二㍍の規模をもつことが知られるようになった。また、発掘によって道路の敷設時期や作道の体制などを解明する手がかりが得られるようになり、九世紀になると幅員の減少や路線の変更がみられることや、工法による古代官道の構造的な特徴が検出できるようになってきた（近江　二〇〇六）。一九八〇年代以降、全国的に明らかになった古代の道路の姿は二〇〇〇年代に集約され、古代交通研究会編『日本古代道路事典』（八木書店、二〇〇三年）、島方洸一ほか『地図でみる西日本の古代―律令制下の陸海交通・条里・史跡』（平凡社、二〇〇九年、東日本版は二〇一二年）が刊行されることで、列島規模での古代道の姿が地図に表されることになった。歴史地理学的な研究手法については、この間、古代交通路の復原を牽引してきた木下良の『日本古代道路の復原的研究』（吉川弘文館、二〇一三年）、木本雅康の著作（木本　二〇一一・二〇一八）が詳しい。あわせて参照することで理解が進むだろう。

なお、古代の駅路は何よりも高速性を重視するため直線的な計画道路であったが、伝馬やそれ以外の交通者の通る道は郡家という地域社会の拠点を結ぶ道路であり、地域間交通路というべきものであった（駅路に対して「伝路」と称されることもある）。高速道路の計画・建設に従事していた武部健一は古代の想定駅路と高速道路との一致を指摘し、その直進性と高速性を見いだしている（武部　二〇一五）。

交通路と地域　道というのは単独には存在しえず、かならずその両端を結ぶ必要がある。ある点とある点とを結ぶ線――それは国府だったり郡家だったり、または集落や生産拠点、祭祀の場、あるいは渡河点であるかもしれない。そのため、交通路を復原していくことはその先の目的地を想定することであり、地域の景観を復原することにつながる。逆をいえば点と点との間にも、それらをつなぐ交通路が想定され、発掘された遺構もしくは想定される拠点を結ぶ交通路を推定することができる。また、都市では計画的な交通路が張りめぐらされており、都市プランを考えるうえでも交通路を想定する必要がある。交通路の復原により、道を検出するだけではなく、地域や都市の空間を描き出すことができるのである。

近年では日本列島だけでなく、中国大陸や朝鮮半島の古代道路についても研究が進展し、制度だけでなく、発掘成果にともなう具体的な検証が進められている。たとえば、平安時代に入唐《にっとう》した日本僧の記録から中国唐代の交通路を検証し、フィールドワークを重ねることで、唐代の実態的な交通路の復原がなされている（葛・河野二〇一九）。また、中国大陸では運河遺構などの調査が進み、その復原路線と推定される交通路との一致がみられるようになってきている。東アジア規模で交通研究の蓄積が進み、相互検証がなされることが期待される。

「交通」というものは限定的にみても人々の生活に密接なものであり、国家や社会を考えるうえでも日々の生活を捉えるためにも必須の研究視角である。そのために制度や実態、交通路そのものの研究が進められてきた。その研究は文献史学だけでなく、歴史地理学、考古学、土木工学、文学、民俗学、宗教学など多岐にわたり、学際的、協業的になされてきた。それは換言すればどの分野でも交通に関わるということである。ぜひ、自分の興味のある「道」に一歩踏み出して欲しい。その道はどこかにつながっている。

参考文献

木下　良『事典 日本古代の道と駅』吉川弘文館、二〇〇九年
・日本全国の古代道路について七道ごとに駅や国府・郡家の位置などを示しながら復原しており、古代社会の景観を想定することができる。また、研究の手法も紹介されており、古代の交通路研究をわかりやすく学ぶことができる。

舘野和己・出田和久編『日本古代の交通・交流・情報』一～三、吉川弘文館、二〇一六年
・古代の人・モノ・情報の移動を「制度と実態」「旅と交易」「遺跡と技術」の三部作によって解明しようとするもので、往来する人々の姿をさまざまな視点から考察。また、交通施設や祭祀、情報の広がり方なども取り上げられ、幅広く学べる。
鈴木靖民・荒井秀規編『古代東アジアの道路と交通』勉誠出版、二〇一一年、鈴木靖民・吉村武彦・加藤友康編『古代山国の交通と社会』八木書店、二〇一三年、鈴木靖民・川尻秋生・鐘江宏之編『日本古代の運河と水上交通』同、二〇一五年、鈴木靖民・荒木敏夫・川尻秋生編『日本古代の道路と景観』同、二〇一七年、佐々木虔一・武廣亮平・森田喜久男編『日本古代の輸送と道路』同、二〇一九年
・隔年ごとに開催される古代交通研究会の大会報告をもとにした書籍で、テーマに関連する各種論考が収められており、総合的に学ぶことができる。また、最新の発掘情報も収載されており、古代の交通を知る上で欠かせない書籍群。

荒川正晴『ユーラシアの交通・交易と唐帝国』名古屋大学出版会、二〇一〇年
石母田正『日本の古代国家』岩波書店〈岩波文庫〉、二〇一七年、初出一九七一年
近江俊秀『古代国家と道路―考古学からの検証―』青木書店、二〇〇六年
大日方克己「律令国家の交通制度の構造」『日本史研究』二六九、一九八五年
葛継勇・河野保博『入唐僧の求法巡礼と唐代交通』大樟樹出版社、二〇一九年
河野保博「唐代厩牧令の復原からみる唐代の交通体系」『東洋文化研究』一九、二〇一七年
木本雅康『古代官道の歴史地理』同成社、二〇一一年
木本雅康『日本古代の駅路と伝路』同成社、二〇一八年
坂本太郎「旅する人びと」『坂本太郎著作集八　古代の道と駅』吉川弘文館、一九八九年、初出一九五五年
武部健一『道路の日本史―古代駅路から高速道路へ―』中央公論新社〈中公新書〉、二〇一五年
永田英明「律令国家における伝馬制の機能」『交通史研究』二八、一九九二年
中村太一『日本古代国家と計画道路』吉川弘文館、一九九六年
馬場　基「駅と伝と伝馬の構造」『史学雑誌』一〇五―三、一九九六年

7　古代の災害史

高井佳弘

一　古代の災害

災害と歴史研究　日本が「災害大国」であることは、特に阪神淡路大震災以来、大きな自然災害が相ついでいること、とりわけ、東日本大震災が発生し、その災禍が未だに現在進行形であることなどから、広く痛感されていることと思う。それにともない、今後も必ず起こり続ける災害に対して、現在のわれわれがどのようにすべきかを考える上で、災害の歴史を正しく知ることが非常に重要であることが各方面で叫ばれている。この意識は古代史研究者の間でも強く認識され、近年災害に関係する研究が数多く発表されている。

日本列島に災害が多いことは、もちろん古代でも同様である。六国史《りっこくし》、その中でも平安時代に属する『日本後紀』以降を読んだことがある者であれば誰しも、ほとんど毎年のように大小の災害の発生が記されていることに気付くであろう。災害は発生地域にさまざまな被害を与え、住民生活・地域社会に大きな影響を及ぼした。それは現代のわれわれにとっても切実な共通問題であるが、古代には、災害の発生は王権の不徳のためであるという思想の浸透・高まりによって、当時の政権運営に大きな影を落とし、政治の動向にも大きな影響を及ぼした。

災害の種類　新村出編『広辞苑』第七版（岩波書店、二〇一八年）では、「災害」を「自然現象や人為的原因によって、人間の社会生活や人命に受ける被害」と解説する。とすると、その範囲はきわめて広い。地震、火山噴火、台風、異常気象（旱《ひでり》、長雨、大雨、低温など）といった自然現象によるもののほか、天然痘《てんねんとう》などの疫病流行も災害であるし、さまざまな原因による凶作とそれに伴って発生する飢饉《ききん》も災害である。平安京のように建物が密集する都市では大規模な火災もみられる。また、蝦夷《えみし》との戦闘や、武士の誕生にともなって徐々に増加する戦乱も戦場に住む者にとっては災害である。古代では、以上のような災害が日本全国で数多く発生した。これらの災害は、因果関係をもって連続して発生するものを除けば、相互に独立的に発生するものなので、おのおので個別具体的な研究が蓄積されており、それらを総括的に概説することは不可能である。そのため、ここでは地震と火山噴火という、代表的な自然災害についてのみ、平安時代の上野国《こうずけのくに》に起きた二つの事例を中心に紹介していく。

二　弘仁の北関東地震

地震の発生を示す文献史料　関東平野の最奥に位置する上野国は、日本列島の中では地震の被害が比較的少ない地域に当たるが、平安時代初期の弘仁九年（八一八）には大きな地震に見舞われた。この地震は内陸の断層活動によるものであり、国立天文台編『理科年表』第九二冊（丸善出版、二〇一八年）ではマグニチュード七・五かそれ以上の規模と推定している。

弘仁九年は『日本後紀』の散逸している時期に当たるため、文字による記録は『類聚国史《るいじゅうこくし》』に残っている。記事は三つに分かれているが、被害を伝える記述としては、まず七月（日付は記されていない）に関東諸国六ヵ国から地震発生の報告があり、「山崩れ谷埋まること数里にして、圧死する百姓あげて計《かぞ》うべからず」という被害状況が記されている。八月十九日の記事には嵯峨《さが》天皇の詔《みことのり》が引用されるが、そのなかで「上野などの境に地震災いを為す。水潦相仍ぎ、人物凋損す」とあるのをみると、被害の中心は上野国であったらしい。なお、ここにある「水潦相仍」という表現は、かつては津波のことと考えられていたが、現在は後述のように内陸の洪水と考えられている。これらの記述は、それ以前の地震記事に比べれば詳細ではあるものの、実際の被災範囲や具体的な被害状況について明確なことはほとんど分からない。それを明らかにしたのは、考古学の発掘調査の成果である。

地震被害の実際―発掘調査の成果―　この地震の研究は意外と古くから始められ、すでに一九七〇年代から八〇年代にかけて、埼玉県北部の利根川《とねがわ》南岸の低地部と群馬県の赤城山《あかぎさん》南麓地域などの遺跡で、地割れのような痕跡が地元の研究者たちに注目され始めていた。そして、それが地震の痕跡ではないかと考えられるようになり、一九八〇年代後半には弘仁九年の地震の痕跡であるとほぼ断定されるようになっていた。その後現在に至るまで、地震痕跡のある遺跡の調査例は確実に増加し、被害状況がかなりの程度分かるようになっている。

それらの遺跡は図1に示したような範囲に分布している。これからみると、地震痕跡の範囲は群馬県の赤城山南麓から榛名山《はるなさん》南東麓の地域と、その南側の低地部、埼玉県北部の利根川南岸の低地部などに分布し、この付近が被害の中心であることが分かる。ただし、これらの遺跡分布は、「地震痕跡」が確認される遺跡の分布であり、一つ一つのドットは、必ずしも弘仁九年時点で実際に生活が継続していた遺跡が被災したものを示してはいないことに注意していただきたい。たとえば縄文時代の遺跡でも、弘仁の地震の地割れによって遺構が壊されている事例があり、それらもこの分布図には記されているからである。

これらの遺跡では、地割れや噴砂《ふんさ》といった、地震の震動による特徴的な痕跡が残されているほか、赤城山の南斜面では山崩れの跡が数多く見つかり、そこを流れ下る河川の下流部では、洪水堆積物に覆われた水田跡・畠跡

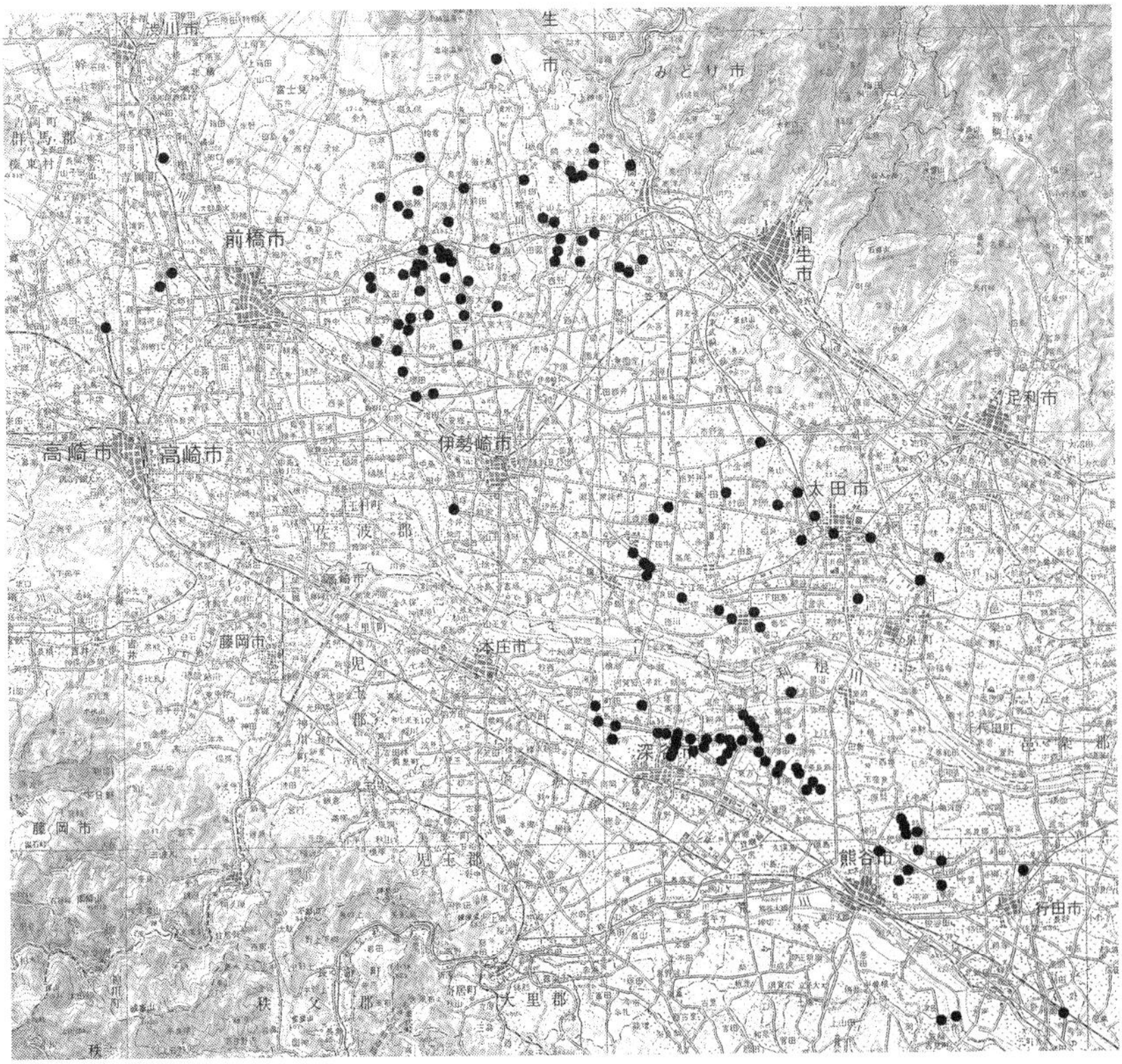

図１　地震痕跡のある遺跡の分布（国土地理院20万分の１地勢図「長野」「宇都宮」使用）

が数多く発見されている。この洪水と地震との因果関係は、一九八九年から行われた群馬県蕨沢《わらびさわ》遺跡の発掘調査において洪水堆積物に埋まった水田跡が見つかり、そこで地割れのすき間に洪水堆積物が入りこんでいることが確認されたことから、地震→洪水の順にさほど時間差がなく発生したものであることが証明された。さらに、ほぼ同時期に近傍で調査された砂《すな》田《だ》遺跡では、洪水堆積物で埋もれた溝の中から九世紀第一四半期に属する土器が数多く出土し、この地震による洪水の発生時期を平安時代初頭、弘仁九年と考えて矛盾がないことが初めて確認されている。つまり、強い揺れによって赤城山で多くの山崩れが発生し、それが斜面を流れ下る河川を塞いでいわゆる土砂ダムができ、その後それが崩壊して泥流として流れ下り水田を埋没させたのである。これらの事実は「山崩れ谷埋まる」「水潦相仍ぎ」という記述とよく一致している。

地震当時に立っていた建物の被害としては、群馬県太田市天良七堂《てんらしちどう》遺跡（新田郡家《にったぐうけ》）や前橋市山王廃寺《さんのうはいじ》で建物基壇《きだん》に被害が見つかっていて、天良七堂遺跡では正殿の建て直しが行われたと考えられ、山王廃寺では塔基壇の基壇外装とその周辺に改修の手が入っていることが判明している。また、埼玉県深谷市皿沼西《さらぬまにし》遺跡では、集落の中に立っていた掘立柱建物（倉庫）が地震で傾き倒壊したことが、その倒壊過程も含めて詳細に判明している。

なお、被災遺跡の周辺にはいくつかの断層の存在が知られている。この地震を引き起こした断層については、近年太田市東部を南北に走る太田断層が注目されているが、まだ確定しているわけではないのが現状である。

地震後の対応と復興　東国で起きたこの大地震は中央政府に大きな衝撃を与えたようで、地震の翌月には使者が派遣されて被害の実情調査がなされ、損害が甚だしい者には賑恤《しんじゅつ》を加えることが命じられた。その後には嵯峨天皇の詔が引用され、天譴思想に基づく言葉が述べられた後、租調《そちょう》の免除、正税《しょうぜい》による賑恤、建物の再建の援助、死者の埋葬などの具体的な救援策が命じられている。さらに九月十日にも詔を発して亀筮《きぜい》を行い、その結果を受けて、国分寺において金剛般若波羅蜜経《こんごうはんにゃはらみつきょう》の転読と禊法を修させるという仏教的な対応策をとり、さらに、広く畿内七道諸国の弘仁八年以前の租税の未納を免除している。このように、地震被害に対する対応策の詳細が確認できるのはこの地震が初めての例であり、同様な対策が以後の被害地震でも実施されたことが史料上に確認できる。そのため、弘仁の地震はその対策の画期となったとの評価も近年なされている。

地震の被災地で具体的にどのような復旧・復興作業が行われたのかは、さほど明らかになっているわけではないが、前橋市荒砥前田《あらとまえだ》遺跡では洪水堆積物に埋もれた水田の上に畠が復旧されていることが判明しているし、太田市三ツ木皿沼《みつぎさらぬま》遺跡でも埋もれた畠がすぐに復旧されていることが判明している。群馬県内の集落の動向の検討では、九世紀前半に竪穴建物の数が減少しているが、その後増加に転じていることが指摘されている。この増減が地震の影響だとすれば、後の増加は復興を示すものと考えられよう。

その他の地震　古代に大きな地震災害は多い。特に九世紀後半は地震の集中期と言えるほど多数の大地震が発生している。貞観年間には越中・越後（貞観五年〈八六三〉）、播磨（貞観十年〈八六八〉）、陸奥（貞観十一年〈八六九〉）と発生し、さらに元慶年間には南関東（元慶二年〈八七八〉）、出雲（元慶四年〈八八〇〉）、平安京（元慶四年〈八八〇〉）と続き、仁和年間にも西日本を中心とした地震（仁和三年〈八八七〉）が発生した。このうち貞観十一年と仁和三年の地震は海溝型の巨大地震であり、大規模な津波もともない被害範囲がきわめて広い。貞観十一年の地震は三陸沖の海溝型巨大地震であり、東日本大震災の直後から広く注目を集め、多くの研究が続々と発表され実態が明らかになってきている。仁和三年の地震は近い将来に発生が懸念されている南海トラフによる大地震であり、これも各方面から研究が進められている。

三　平安後期の浅間山大噴火

古代の火山噴火　火山噴火も古代に数多く発生している。特に平安時代前期には大規模な噴火が集中しており、富士山（延暦十九〜二十一年〈八〇〇〜八〇二〉、貞観六〜八年〈八六四〜八六六〉）、鶴見岳《つるみだけ》（貞観九年〈八六七〉）、開聞岳《かいもんだけ》（貞観十六年〈八七四〉、仁和元年〈八八五〉）、十和田《とわだ》カルデラ（延喜十五年〈九一五〉か）などの噴火が周囲に大きな被害を与えた噴火として著名である。特に十和田カルデラの噴火は、歴史時代に日本で発生した噴火としては最大規模と評価されているものであり、その時噴出した灰白色の火山灰は十和田a火山灰と呼ばれ、東北地方の広い範囲を覆っている。

ここでは、考古学的な成果が蓄積されていて被害の状況が具体的に分かる例として、それらより時代は下るが、平安後期の天仁元年（一一〇八）に起きた浅間山《あさまやま》の大噴火について取り上げたい。

上野国の火山噴火　上野国・群馬県における火山噴火災害では、近年発見された渋川市金井東裏《かないひがしうら》遺跡が注目されている。ここでは「甲を着た古墳人」（図2）など、榛名山《はるなさん》の火砕流の被災者が四人発見され、火山災害の恐ろしさを広く知らしめた。榛名山の大噴火は古墳時代後期に当たる六世紀の初頭と中頃に二回あり、金井東裏遺跡の例は初頭の噴火であるが、群馬県には古代に大きな被害を与えた火山としてもう一つ、浅間山がある。浅間山は旧石器時代から数多くの噴火を起こし、群馬県域に厚い火山灰の層を形成しているが、紀元後には古墳時代初頭（三世紀後半）、平安時代後期（天仁元年〈一一〇八〉）、江戸時代（天明三年〈一七八三〉）に大規模噴火を起こしている。

天仁元年の浅間山噴火は、日本で起きた歴史時代の噴火としてはやはり最大級の規模であり、山の東側に当たる上野国内に広く軽石（浅間B軽石と呼ばれている）を降下させている。この軽石は上野国内の広い範囲に堆積し、当時の農業生産に大被害を与え、その後の歴史に大きな影響を及ぼした。

噴火を記す文献史料　天仁元年の噴火に関する史料は、藤原宗忠《むねただ》の『中右記《ちゅうゆうき》』が中心的なものである。その天仁元年九月五日の記事に、左中弁藤原長忠が述べたこととして上野国司の解状《げじょう》が引用され、「国の中に高山あり。麻間峯と称す。而《しか》るに治暦の間（一〇六五～六九年）より峯の中に細き煙出来す。その後微々なり。今年七月廿一日より猛火山嶺を焼き、其の煙天に属し砂礫《されき》国に満ち、煨燼庭に積もる。国内の田畠これによって已にもって滅亡す。一国の災い未だ此の如き事有らず」と述べられている。噴火の実際を記す史料はこれが唯一である。この記事によると、大噴火が始まったのは七月二十一日（改元前なので実際は嘉祥三年）であり、それによって国内に大量の軽石が降り注ぎ、国内の田畠が全滅したというのである。この記述が誇張ではないことは、後述の発掘

図２　金井東裏遺跡で発見された「甲を着た古墳人」（群馬県教育委員会提供）

調査の結果から明らかとなっている。

この他に噴火のことを記したと思われる記事がある。『中右記』や『殿暦《でんりやく》』（藤原忠実《ただざね》の日記、当時摂政）を読むと、八月から九月にかけての記事に、東方の空が赤いとか、東北の方向から大きな音が聞こえるという記述が散見するのである。これらは浅間山と関連づけられているわけではないが、内容からみて噴火関連の記事であろう。浅間山の噴火は七月二十一日の一回だけではなく、ある程度の期間続いていたらしい。平安京にまで光や音響が届いていたのであるから、いかに大きな噴火であったのかが分かる。このような記述と、火山噴出物の観察によって、噴火時の経過をある程度つかむことができるのである。

ただし、このような大噴火であるにもかかわらず、史料の上では、被災地域に対する救援、復興の具体策はほとんど見ることができない。『中右記』には、九月二十三日に軒廊《こんろうの》御《み》卜《うら》が行われたこと、十月六日に非常赦が行われたことが記されるだけである。

中央政府がこの大災害に対して、他に具体的な措置をした形跡はまったくないのである。

発掘調査によって判明した被害と復興　天仁元年の噴火で確認されている被害は、軽石の降下による水田・畠の埋没にほぼ限られる。噴火によって噴出した大量の軽石は、上空の偏西風にのって東へと飛び、群馬県内の平野部全域に降り積もった（図3）。そして現在、その平野部を発掘調査すると、かなり高い確率で浅間B軽石の純層を見つけることができ、その下層にはまずまちがいなく水田跡が埋もれている。平安後期という時点での水田面積の広さに目を見張るとともに、水田面が復旧されずに放棄された状態であることにも驚く。まさに、『中右記』の「国内の田畠これによって已にもって滅亡す」という状況なのであり、当時の農業被害がいかに深刻なものであったのかを実感させる。

被災直後の復旧活動の跡を残す遺跡はかなり少ない。赤城南麓の女堀《おんなぼり》（後述）周辺で畠が新たに開墾されているらしいこと、国府周辺では比較的早く条里水田が作り直されているらしいと指摘されていることなど、復旧・復興を示す遺跡は限られている。それは、浅間B軽石降下以降の水田・畠跡が発見できたとしても、その耕作開始の時点を特定するのは非常に難しいという、調査の限界があるからでもある。多くの遺跡で浅間B軽石に埋もれた水田が見つかるということは、広い範囲の水田がいったん放棄されたことを示しており、当時の人々の多くは元の生産体制に戻るのではなく、別の道を選択したのかもしれない。

この大噴火以後の復興の歴史を考える上で重要視されているのは、赤城南麓を東西に走る「女堀」という大規模な水路の跡と東毛地区に見られる広大な荘園の成立である。女堀は浅間B軽石降下後に着工されていることが発掘調査によって確認されており、利根川の水を被災地域の一つである東毛地区に導水し、そこを復興させるために掘られたものと理解されてきた。実際には通水の段階にまでは至らず、未完成のままであったことが確認されているが、その水路の向かう先には、後に新田荘《にったのしょう》や渕名荘《ふちなのしょう》といった大規模な荘園が成立しており、これらの荘

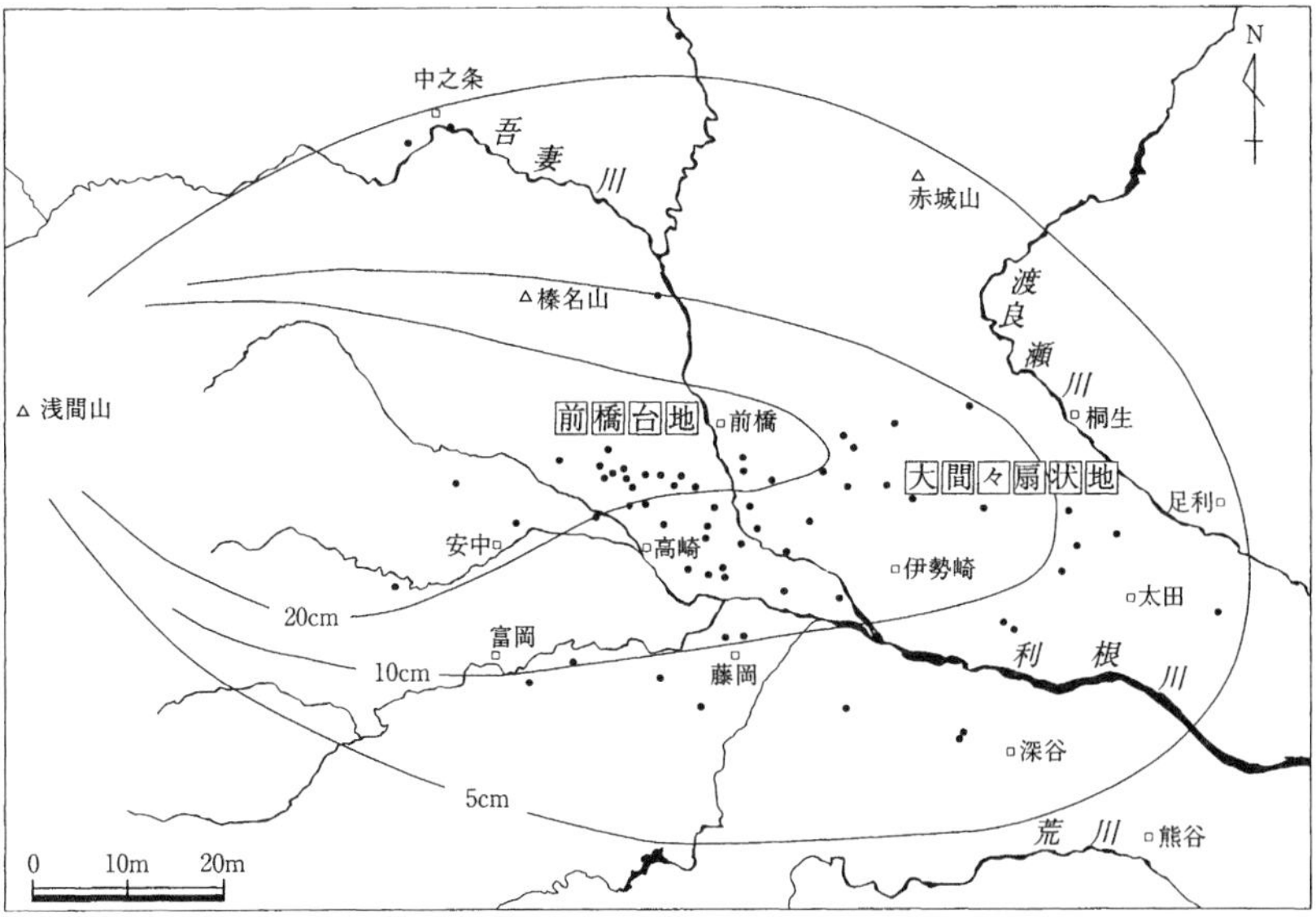

図３　浅間Ｂ軽石の堆積厚の範囲と発掘遺跡の位置図（原図能登健作図、北原糸子編『日本災害史』吉川弘文館、2006 年より転載、一部改変）

園の立荘という一連の動きと無関係ではないと考えられている。浅間B軽石からの復興は、地域社会を大きく変え、上野国を中世へと導く大きなきっかけとなったのである。

四　災害史研究における歴史学の役割

冒頭に述べたとおり、日本は「災害大国」である。災害の中でも広い範囲に大きな被害を与える地震・火山噴火は、ある程度の周期性を持ち、繰り返し発生していることが分かっている。とすれば、防災・減災の観点から、過去にどのような地震・噴火があったのかを知ることが重要になってくる。そのような目的意識から、災害史研究は多くの関連学問によって盛んに研究され、注目が集まる分野となっている。対象が自然現象であるだけに、きわめて学際的な研究領域であるといえるが、その中で歴史関連の学問の果たす役割は大きい。本文で述べたように、被害の実態を知るために考古学の発掘調査は大きな力を持っているし、実際それがいつ発生したのかについては、文献史料の検討が不可欠である。さらに災害後の復興を考える場合にも、考古学・文献史学の研究は欠かせない。日本各地で防災・減災が喫緊の課題となっている現在、災害史研究を進め、その成果を社会に示していくことは歴史研究者にとって大きな責務であるというべきであり、今後ますます進展することが期待されているのである。

参考文献

群馬県埋蔵文化財調査事業団『自然災害と考古学—災害・復興をぐんまの遺跡から探る—』上毛新聞社、二〇一三年

・群馬県内の遺跡の発掘調査の成果から、火山噴火、地震、洪水といった自然災害の歴史を概説する。考古学から分かる災害と復興の実態がどのようなものかが、多くの写真・図を用いて平易に解説されている。

寒川　旭『地震考古学—遺跡が語る地震の歴史—』中央公論社、一九九二年

・発掘調査の成果から過去の地震の実態を研究する「地震考古学」を初めて広く紹介した書。紹介される調査事例はすでに時間的にやや古くなってしまったが、「地震考古学」の誕生からその方法・役割を知る上で現在でも好適である。

高橋一夫・田中広明編『古代の災害復興と考古学』高志書院、二〇一三年

・二〇一二年に行われた東国古代遺跡研究会の第2回研究集会「考古学から見た災害と復興」の成果をまとめたもの。古代東国地域の災害史に関する考古学と文献史学の研究成果一四本を収録している。

新井房夫編『火山灰考古学』古今書院、一九九三年

北村優季『平安京の災害史—都市の危機と再生—』吉川弘文館、二〇一二年

寒川　旭『地震の日本史—大地は何を語るのか—』中央公論新社、二〇〇七年

能登健・峰岸純夫編『よみがえる中世五　浅間火山灰と中世の東国』平凡社、一九八九年

文化庁編『日本人は大災害をどう乗り越えたのか—遺跡に刻まれた復興の歴史—』朝日新聞出版、二〇一七年

保立道久『歴史のなかの大地動乱―奈良・平安の地震と天皇―』岩波書店、二〇一二年
安田政彦編『生活と文化の歴史学八　自然災害と疾病』竹林舎、二〇一七年

8　古代の女性史
―研究の現在地と分析視角―

永島朋子

一　「あなた」への手紙――歴史教育の現場で――

この章を読む「あなた」は、日本古代女性史とは何かとの問いを抱えながら、読もうとしているのだろうか。それともまったくの興味本位か、レポートなどの参考に資するためであろうか。現在の日本古代女性史研究で行われている分析視角を端的に表現すると、「そこに女がいるのだ」との一言に尽きると思う。それはなぜか。歴史叙述は、執筆者の歴史認識や問題意識に規定される面が非常に強い。そのために書かれたものの多くが、「そこに女はいない」のだ。

女は野に咲く花なのか　試しに、手近にある中学校三年生用の歴史教科書を開いてみよう。実際に関東の政令指定都市で使用されている歴史教科書である。この教科書叙述の中で取り上げられている日本古代の女性は、卑弥《ひみ》呼《こ》・イザナミ・天照大神《あまてらすおおかみ》・推古《すいこ》天皇・持統《じとう》天皇・光明《こうみょう》皇后・孝謙《こうけん》天皇・清少納言《せいしょうなごん》・紫式部《むらさきしきぶ》である。いずれも女王・女帝などの女性執政者や国風文化の代表選手などの歴史に名を残すような有名人である。現代ではいったいどのような女性が該当するだろうか。そして、「なでしこ日本史その1」として、「日本最初の女性天皇」である推古天皇（五五四～六二八）、「聖武天皇と人々への無限の愛」を注いだ光明皇后（七〇一～七六〇）、生没年不詳なるも「大和言葉で世界に誇る長編小説を書いた女流作家」として知られる紫式部（平安中期）が、栄えある三人に選ばれている（ちなみに、「　」で括った文言は教科書の引用である）。「なでしこ日本史」の命名の由来は、「清らかで美しい日本の女性を大和撫子（やまとなでしこ）といい」うことから名付けられたらしい。この教科書の奥付には、「平成二十七年検定済」とあるように、歴史教育の現場で使用されている現役の歴史教科書である。

なお、この教科書では、なぜ、日本女性がなでしこに喩《たと》えられるのか、いつどこでどのような形で「大和撫子」との言葉が生まれてきたのか、その歴史過程についての説明はなされていない。

女が書くこと　ところで、日本の女性史研究の黎明期は、一九三〇年代の高群逸枝《たかむれいつえ》の研究に始まるとされる。高群の思想史的・史学史的な意味は改めて考えなくてはならないが、日本古代女性史では、高群の著述活動を通した研究態度への批判と応答という形で女性史研究の道が発展してきたことは忘れてはならない。その牽引役でもあり、マルクス主義歴史学に男女関係史論的な視点を導入したのが関口裕子である（関口　二〇一八）。

関口は生涯在野に近い状態で古代史研究を続け、古代国家形成段階における社会構造の特徴として、家父長制家族の未成立を説いた（関口　一九九三）。関口が提起した問題は多岐にわたり、その後の日本古代女性史研究の歩む道を決定づけたといえる。すなわち関口は、史料を読みこむ際の、その主体となる人間自身の中に、無意識あるいは無自覚な刷りこみがあることを明らかにした（関口　一九九六）。言い換えるならば、歴史を計測する尺度そのものに予断や偏見が入りこんでいることを主題化したともいえる。関口の果敢な挑戦は、女性差別が蔓延する社会状態において、非常に勇気ある行動だったろう。関口の姿勢は、その後、義江明子、服藤早苗を代表とする一九七〇年代以降に歴史研究の道に入った女性研究者たちによって受け継がれた。

女たちの出会いと不幸な結婚　さて現在、日本古代女性史研究は、歴史計測の尺度をより先鋭化した形で進められている。理論的に実証的にも、日本古代女性史研究は、フェミニズム理論との出会いによって大きな変貌を遂げた（服藤　二〇〇五、義江　二〇〇七）。その一つの到達点として、義江明子の一連の研究がある（義江　二〇一七）。

従来、日本の女性史研究とフェミニズム理論は相性が悪く、両者の出会いは不幸な結婚といわれてきた。もし史料を読みこむ視点に思いこみや刷りこみがあったら、史料の正確な理解は可能だろうか。史料に書かれた内容だけではなく、叙述された歴史のなかにも見落としがあったら、それは正確な理解といえるのだろうか。歴史学的な営みは、その誤差を最小限に留めるために、史料の一字一句にこだわり抜く点に方法としての歴史学の醍醐味があるといえるだろう（関口　一九九六、伴瀬　二〇一九）。あるいは、根拠となる史料に立ち返って、さまざまな角度から吟味し、史料を軸に問いを立てることが歴史学的な手続きといえる（義江　二〇〇五）。

いま現在の日本古代女性史研究は、単純な素朴実証ではなく、問いを立てる行為そのものに営為を注ぎ、史料や先行研究を読みこむ自分自身に対しても自己批判をくり広げ、検討を進めている。もっと分かりやすい言葉で表現すると、書き手であると同時に読み手でもある「わたし」が、先入観や思いこみで史料を読んでいないか、勇み足による史料分析をしていないか、全方位にわたって神経を張りつめて分析を進めている。これが現在における日本古代女性史研究の基本的な研究姿勢であり、研究視角である。是非心にとめておいてもらいたい。

二　歴史を視る眼——古代女性の姿——

では、具体的にどのような考察が行われているのか。史料を掲げ見ていくこととしよう。

史料にみる古代女性の姿

日本古代女性史でよく言及される史料が、『日本霊異記《にほんりょういき》』下巻二十六の田中真人広《たなかのまひとひろ》虫女《むしめ》に関わる説話である。『日本霊異記』は九世紀初頭に成立した仏教説話であるが、この説話で広虫女は、讃《さぬ》岐国《きのくに》美貴郡《みきぐん》の大領《だいりょう》外従六位小屋県主宮手《おやのあがたぬしみやて》の「妻」とされている。非常に裕福で宝も多く、馬牛、奴婢《ぬひ》、稲、田畠がある富豪女性として描かれる。ただし彼女は貪欲な高利貸しで、取り立ては容赦がなかった。因果応報とはこのことをいうのだろう。彼女が病気になったとき、夢の中で地獄の閻魔大王《えんまだいおう》に召されて三つの仏罰を宣告された。三つの罪とは、三宝《さんぼう》を多く用いて報いない罪、酒を貸し付けるときには水を加えて暴利を貪《むさぼ》った罪、貸し付け用のはかりを誤魔化した罪、つまり貸し付けのときには少ないはかりで、取り立てのときには大きなはかりを用いて村人を欺いていた罪である。閻魔大王の宣告とおり、広虫女は死後七日目で異臭とともに上半身が牛の醜い姿で生き返るという罰を受けたが、夫らが東大寺に財産を入れたことで彼女の罪はゆるされ死を迎えた。

ここに史料分析の要諦がある。女性史研究者は、「妻」と、史料に記録されたことと、現代で通用している言葉の意味を切り離して理解する（関口　一九九六）。他の史料なども援用しながら、「妻」といえども広虫女自身が財産を有し、夫の経営の手助けではなく、独自に経済活動を営んでいた結果、罪を犯し因果を受けたとの考えに立つ。史料に見える「妻」と、生活共同体の一家の主婦的な役割を果たす「妻」とを等しいものとみなさず、古代の「妻」と現代の「妻」との間に、時代の相違と歴史的な変化を観る（義江　二〇一七）。そして、広虫女一人が仏罰を受けたことに注意を払う。

残念ながら研究史の上では、近代に成立した家族像（「明治民法」によるところが大きい）に基づく役割意識が無批判に投影されてきた。けれども、女性史研究者は、近代家族像をそのまま日本古代の史料に投影するのではなく、史料に即して、史料が描いた女性の姿そのままに理解するという方法を採る。これは冷徹な史料分析をみずからに課すことになる（義江　二〇〇七）。つまり研究史整理の段階から、自覚的に、先行研究や史料を読みこみ、書かれた内容に先入観がないかをあらゆる角度から吟味し、はたまた自分自身にも問いかけ、史料に描かれた実像に近い状態にまでその姿を復元する。その徹底を繰り返す。ただそれだけなのである。しかしながら、それを行うことがとても難しい。

家族と婚姻　たとえば、先の『日本霊異記』の説話は、予断や偏見を手放し、家父長制家族の未成立との前提に立った上ではじめて理解が可能なのではなかろうか。家父長制家族とは、曲がりなりにも日本国憲法で男女平等が謳《うた》われ（その実態は多くは男女不均衡に近いが）、恋愛結婚が主流な現代的な感覚からすると、いささか古くさく、なかなか理解しづらいかもしれない。この用語を現代的に言い換えるとするならば、夫婦単位による婚姻形態の未成熟との語で言い表すことができようか。それでも分かりづらければ、女の性関係が「夫」に限定されない、非常に曖昧で緩やかな性関係を前提とした社会関係とでも表現できよう。もっと大胆に表現すれば、女の多夫性原理とでもいえよう（義江　二〇〇四）。

日本の古代社会は、「通い婚」（研究者は「対偶婚《たいぐうこん》」といい表す）の時代であり、男が通って来なくなると、その男との性関係は断絶状態となり（「夜離《よが》れ」「床去《とこさ》り」という）、女は新しい男を迎えることができた。古代では性関係にあるカップルは互いに「ツマ」と呼びあう。女にとっての「夫」はツマであり、男にとって「妻」もツマである（義江　二〇〇七）。性関係を意味づける言葉が、音声言語の世界では双方から同じ音で「ツマ」と呼び習わされていることに注目する。漢語の表記と発声された言葉（音）との間に違いがあることを重視する。

性と生殖　なお多夫とは、穏便に表現すれば、女性の性関係が閉じられていない状態といえよう（関口　二〇一八）。つまり、女にとっても男にとっても「ツマ」はしばしば入れ替わるのである（義江　二〇〇四）。多夫性の問題は、とりもなおさず女の性が、子の生物学的な父の独占的排他的な一元的把握が未成熟であることを示す（関口　二〇一八）。そもそもが、女性の出産時および乳幼児の死亡率が非常に高く、生存には共同体的な結合が要請される社会なのである（西野　二〇〇九）。あらかじめ自明のものとされているような概念ですら、いつどのようにして、分析の対象とする認識や関係が成立したのか、問い直しが必要なのである。

さらに、女の性と生殖の問題は、生まれた子どもの帰属先の問題とも関わる。古代家族のあり方としては、「母子＋夫」という、妻と夫の結びつきが弱くきわめて流動的な形態が想定されている（義江　二〇〇七・二〇一七）。この関係は律令制が導入された時期から奈良時代を通して、ひいては九世紀頃までの社会に広く存在していた。かつて高群は、この問題を「子は男につく」「女は家につく」と表現した（高群　一九六三）。「母子＋夫」の母子密着型の関係は、生まれた子どもの父親が「夫」であることを示す指標とならず、むしろ『延喜式』に規定されたようなインセスト・タブー（いわゆる国津罪《くにつつみ》のなかの「母と子と犯せる罪」「子と母と犯せる罪」）が生まれてくる背景ともなっている（義江　二〇一七）。日本古代では生まれた子どもは、父と母の双方の血筋をたどることができる双系的な社会関係のなかで存在していると理解されている（吉田　一九八三、義江　二〇〇七）。この点は女性史研究者の多くに支持され、基本的な合意事項となっている。

六四五年に子の父系帰属を定めた「男女の法《おのこめのこののり》」（『日本書紀』大化元年八月庚子条）によって父系秩序の導入が試みられるも、女は血縁を中心とした生活共同体に属しているため夫婦同居の婚姻形態が成熟せず、父系秩序は緩やかにしか浸透しない（高群　一九六三）。そして、その定着は人生儀礼などから一〇世紀後半以降と理解する（服藤　二〇〇四）。父系秩序の浸潤と、年齢（長幼の別）および父権によって家族を強権的に支配する父親像とを分離して考える。なお父系秩序の定着には、儀式婚の成立が大きな役割を果たしているとされる（関口　一九九三）。この点は正妻制の未確立と相まって家父長制の形成や成立時期の確定と関わることから（義江　二〇一七）、儀式婚の実相を具体化するための検討が慎重に進められている（服藤　二〇一五）。

性と権力　現在もっとも分析が盛んに行われているのが、摂関期の母后の権力行使に関わる問題である（服藤　二〇一九）。この点は、藤原兼家《かねいえ》以後の摂関が天皇のミウチとなり天皇との結束を固めていく摂関の質的変化とも関わるため（吉川　一九九八）、古代・中世の女性史研究者らによって研究が進められている（東海林　二〇一八、伴瀬　二〇一九）。その分析の主眼は、母后あるいは女院《にょいん》の地位に付随する問題を「性と権能」「生殖と権力」の諸問題にまで掘り下げ、男性貴族が公的に著した日記（古記録）のなかに女性の権力・権能のあり方を見いだす点に求められる。この天皇のミウチと構成員のあり方については、天皇の「家」と職位継承を「王家」の問題として読み解くのか、「天皇家」の問題として読み解くのか、用語選択の態度と、その背後にある現代的な課題との対峙方法の違いとして顕現している（高松　二〇一一）。

制度と女と古代国家―後宮・内裏・女官―　したがって、日本古代女性史研究は、研究者自身の歴史感覚と自己認識が、これまで以上に問われる研究領域となっている。たとえば、天皇の生活空間においては、男官だけでなく女官も出仕し、天皇の日常生活を支えていた（吉川　一九九八）。史料の少なさから平安前期・中期の女房・女官の制度、とくに下級女官の勤務実態についてはまだよく分からないことが多い。けれども、古代国家形成期においては、女官制度が国家機構に組みこまれ、官僚制度の一つの柱として制度化されてきた過程が明らかにされつつある（伊集院　二〇一六）。また、空間構成としての後宮《こうきゅう》の成立やその制度的な意味なども考察されている（東海林　二〇一八）。

しかしながら、分析がほぼ手つかずのものも多い。内裏《だいり》に出仕した女性たちの勤務形態（永島　二〇一七）や、祖母—母—娘の女系でつながる女官奉仕のありよう（史料用語では「切杭《きりくい》」という）、さらには聖俗二元論と切り離した女性と祭祀の関わりのうち、女使の問題などは、もっと掘り下げて分析されるべきであろう。

いずれにしても、天皇を核として同心円状にひろがる女の配置とその実態については、解明すべき課題が非常に多い。

三 やまとなでしこは変化する

このほかにも性暴力や性搾取の問題については、それが、女性蔑視の思想を根拠に日常の延長線上や社会慣行のなかで発生する支配—権力関係であることが重視されている（服藤 二〇〇五、関口 二〇一八）。この視点は、未だ解決しえない差別構造と、あらゆる人間集団のなかに潜む権力関係に対しての異議申し立てを意味する。別の言い方をするならば、それは「わたし」だったかもしれないとの観点から、他人の痛みをわが事のように感得し、歴史分析に生かす手法である。繰り返しになるが、方法論的には、日本古代女性史研究は、単純になぜを問うものから、いかにそれを支える構造ができあがっているのか、どのような変遷を経てさまざまな現象が立ち現れているのかなどを鋭敏に問い始めている。したがって、一人の歴史研究者の中で、歴史理論と歴史実践が激しく衝突し溶け合っているなかで、日本古代女性史研究の成果が、つぎつぎと生み出されているといえる。

以上、ここまでは、ある自覚のもと、男の視点と男の言葉で思考することを拒否し、自分の言葉の獲得をめざして分析が行われたであろう近年の論考を中心に紹介した。ここからは、間口を広げ、いま女性史研究に求められていることについてふれておきたい。そもそも日本古代女性史研究は人を選ばない。分析対象すらも選ばないといったら大げさだろうか。現在では、男だけの世界を検討しても、女性史研究になる状況にある。逆をいえば、女のことを取り扱っているからといって、女性史ではないということにもなろう。つまり、視点の置き方が重要なのである（栗山　二〇一九）。

史料には声なき声が溢れている。その声に耳を澄ませ、名も無き人びとの微かな命の律動を拾い上げ、欠片としてつなぎ合わせる。その作業の繰り返しが、歴史学な手続きであり、営みではなかったか。日本古代女性史として基本的な営みは同じである。学問的な手続きをふまえた上で、史料に基づき分析を行っている。おそらくは、史料や先行研究を読みこむ視点と地点の設定に、ほんの少しだけ、鋭い感覚や豊かな感受性が必要とされるだけなのだ。

わたしたちは、多くのことが見えているようで見えていない。気をつけていても気づかないことの方が多い。それらに対してほんの少し小さな気遣いをするだけで、あらゆるものが日本古代女性史の研究対象として立ちあがる。史料に残された僅かな痕跡をたどり、あるかないか分からない小さな欠片をたぐり寄せる。それがとても大切なことなのである。日本古代女性史研究にとって必要なことは、それだけなのだ。もしかしたら、これまで誰にも見向きもされなかった名も無き人びとの声が、史料のなかに埋もれているかもしれない。誰にも気づかれなかった声が、現在の地平に向かって放たれているかもしれない。それを掴み別の誰かの手にそっと渡す。その営みのなかで日本古代の女性史研究は進められている。よって、あらゆる方位に意識を向け、常に見落としがないか、自分自身をも問い返す。その上で、史料の世界をじっとみつめて静けさのなかに身を浸す。これが出発点となる。意志を持ち、鼻をあげ、瞳をひらき、耳をそばだて、命の源泉である水音を探す旅に出るすべての人の、水先案内人たらんとすることが、現代における日本古代女性史の役割であると考える。

月は満ちた。さあ、おいでませ！　日本古代女性の世界へ。

参考文献

関口裕子『処女墓（おとめづか）伝説歌考―複数の夫をもった美女の悲劇―』吉川弘文館、一九九六年
・『万葉集』の伝説歌から、ふたりの男に求婚された美女の悲劇を、言葉が持つ意味と絡めて読み解くスリリングな論考。日本語の成立や、言葉の変化、文学が生まれてくる背景など、ひとびとの認識が歴史的に変化する過程を追うことができる一冊。
服藤早苗『藤原彰子』吉川弘文館、二〇一九年
・藤原道長の女（むすめ）である藤原彰子を通して、国母の政治力・公権力について論じている。女の腹は借り腹的どころか、主体的に天皇家の家長として行動する意志のある藤原彰子像を描く。院政を準備することにもなった摂関期の女性の立ち位置は、平安時代の女性たちが権力の中心にいたことを実感できる一冊。
義江明子『古代女性史への招待―〈妹の力〉を超えて―』吉川弘文館、二〇〇四年
・エッセイ風の短文で、抑えるべき日本古代女性史の問題と結論だけが凝縮して分かりやすく論じられている。女性史だってこんなことができるのだ、と理解できるお勧めの入門書！　悩める女性たちにとっては、自分たちの力を信じることができる一冊。
伊集院葉子『日本古代女官の研究』吉川弘文館、二〇一六年
栗山圭子「女性からみた中世天皇制」『歴史評論』八三六、二〇一九年
東海林亜矢子『平安時代の后と王権』吉川弘文館、二〇一八年
関口裕子『日本古代婚姻史の研究』上・下、塙書房、一九九三年
関口裕子『日本古代女性史の研究』塙書房、二〇一八年
高松百香「〈王家〉をめぐる学説史」『歴史評論』七三六、二〇一一年
高群逸枝『日本婚姻史』至文堂、一九六三年
永島朋子「天皇の沐浴に見る摂関期の奉仕形態の特質」服藤早苗編『平安朝の女性と政治文化―宮廷・生活・ジェンダー―』明石書店、二〇一七年
西野悠紀子「古代における人口政策と子ども」『比較家族史研究』二四、二〇〇九年

伴瀬明美「『新迎』『新迎え』について」『日本史研究』六八〇、二〇一九年
服藤早苗『平安王朝の子どもたち―王権と家・童―』吉川弘文館、二〇〇四年
服藤早苗『平安王朝社会のジェンダー―家・王権・性愛―』校倉書房、二〇〇五年
服藤早苗『平安王朝の五節舞姫・童女―天皇と大嘗祭・新嘗祭―』塙書房、二〇一五年
義江明子『つくられた卑弥呼―〈女〉の創出と国家―』筑摩書房、初刊二〇〇五年・二〇一八年再刊
義江明子『日本古代女性史論』吉川弘文館、二〇〇七年
義江明子『日本古代女帝論』塙書房、二〇一七年
吉川真司『律令官僚制の研究』塙書房、一九九八年
吉田　孝『律令国家と古代の社会』岩波書店、一九八三年

II

古代の宗教と文化

1　仏教伝来から国家仏教へ

中林隆之

一　仏教と東アジア世界

中国における仏教の受容と発展　日本列島社会が仏教を受容したことを、一般に「仏教伝来」と称している。そもそも仏教は北インド地方においてバラモン教の異端として生まれ、以後アジア地域一帯に普及していった〈世界宗教〉である。その性格は時代と空間によってさまざまに変容するが、日本列島社会が受け取った仏教は、インドから複数の経路を通じて中国大陸にもたらされ、その場で変容しつつ展開したものを、さらに朝鮮半島での受容を経てそこから伝えられたものであった。中国大陸での仏教の受容は、古く漢代にさかのぼる。しかし本格的な興隆は、四世紀に西晋《せいしん》を滅ぼして華北《かほく》へ侵入して打ち立てた非漢族（五胡《ごこ》）地域政権や、それに対抗する東《とう》晋《しん》以後の江南《こうなん》の漢族政権（南朝）による、西域出身のエリート僧などの相次ぐ政治・文化的顧問としての招請、仏舎利をはじめとした聖遺物や仏典類の多様な経路による将来などによって、波状的・累積的に中国大陸にもたらされたことに始まったといえよう。とりわけ、仏典の将来や各地を移動した訳業僧《やくぎょうそう》らによる仏典漢訳事業、およびその漢訳仏典の普及は、仏教の中国的受容と展開にとって大きな意義をもった。その過程を通じて仏教は、中国の在来の思想と一方で緊張関係もちながらも他方で習合しアレンジされながら広範な信仰者を獲得し、多くの寺院・蘭若《らんにゃ》を持つ諸「都市」や諸「山」を拠点に巨大な宗教的社会勢力として発展し、大枠としては南北朝から隋・唐時代にいたる多くの皇帝や地域権力らの庇護を受けながら大いに繁栄していったのである（石井　二〇一九）。

朝鮮半島から日本へ　また、そうした中で高句麗《こうくり》・百済《くだら》・新羅《しらぎ》などの朝鮮半島諸国も、王権ないし中央権力を主軸に中国仏教を積極的に受け入れた。倭国は、そうした仏教を、六世半ばに朝鮮半島を通じて受容し、六世紀後半以降には倭国―日本では仏教興隆を一貫して推進していく。以下、そのことの持つ大枠的な意義について考えてみたい。その際に重要な視角をあらかじめ提示すると、仏教の「伝来」や興隆の問題を、それについて語る史料の扱い方を含めて、単なる文化の移動現象ととらえるのではなく、重層的な地域世界（東部ユーラシア・東アジア・韓倭地域）の中での、非対称性をもった権力的な国際関係を背景とした〈政治―文化〉上の動向の一環として把握しようとする見方である。以下、そうした観点をふまえながら具体的にみていこう。

二　仏教の「公伝」

「公伝」の年次にどう迫るか　倭国の仏教は、初期的にはおそらくは渡来人などによって受容・信仰されていたと思われるが、その後の倭国における仏教興隆の方向性を規定したのは、王権間の交渉を通じた中央権力による公的な受容、いわゆる仏教「公伝」である。

　百済王からの倭国の仏教の公的授受については、『上宮聖徳法王帝説《じょうぐうしょうとくほうおうていせつ》』および『元興寺伽藍縁起《がんごうじがらんえんぎ》并《ならびに》流記《るき》資財《しざい》帳《ちょう》』（や最澄の『顕戒論《けんかいろん》』巻上に引用された、最澄を批判するための僧綱《そうごう》の主張の素材となった「元興縁起」）などでは戊午年（五三八）、『日本書紀』では欽明天皇十三年（五五二）＝壬申年とされている。古くから知られるこれらの史料をめぐっては、膨大な検討・史料批判が積み重ねられている。しかし、これらの史料の性格や、記載内容の史実性をめぐっては、未だ見解が大きく分かれているのが現状といわざるをえない（近年では、吉田　二〇一二、東野　二〇一三など）。

率直に言って「公伝」年次の問題は、これらの史料の内在的検討という手法だけでは、かえって実相に迫りにくいと思われる。むしろ求められるのは、『日本書紀』中の継体紀～欽明紀にみられる実録的な外交関係記事や、『三国史記《さんごくしき》』からうかがえる半島諸国の動向の推移を重ね合わせて検討することで、百済から倭国に対する仏教の公的な授受問題を当該期の地域的世界の政治情勢の中に的確に位置づけるという視点であろう。

朝鮮半島情勢からみた「公伝」　四五七年に高句麗の攻撃によって漢城《かんじょう》とその周辺を失陥した百済は、都を熊津《ゆうしん》さらには泗沘《しび》へと南遷し、以来、一方では漢城周辺の旧領の回復をめざして高句麗と断続的・慢性的に戦うともに、南進策も進めて加耶《かや》諸国や新羅との交渉や戦争を繰り返していた。そうした中で百済は、六世紀初め以降、倭国に対して断続的に軍事援助を求め、その見返りとして、最新の知識を有した人物を倭国に送りこみ、数年の倭国での滞在の後、次の者に交代させるという方式の人材派遣（上番《じょうばん》）の方策をとっている。『日本書紀』では、五一三年・五一六年（継体紀七年六月条・同紀十年九月条）と五四七年・五五四年（欽明紀八年四月条・同紀十五年二月条）に、具体的な身分と人名をともなう人材の派遣・交代に関する実録的な記事を確認することができる。そのうち五五四年の記事には、「前番」の道深《どうじん》ら七名の僧に代えて、曇慧《どんえ》ら九人の僧が派遣されたとある。同じ記事中で東城子莫古《とうじょうしまくこ》に交代された「前番」の東城子言《とうじょうしごん》は、五四七年の派遣記事に名がみえるので、省略されているものの、実際には僧の道深ら七名もこの東城子言と同じく五四七年に来倭したと考えられる。百済と倭の王権間の交渉を前提とした仏教の専修スタッフである僧の派遣という点を重視するならば、これこそが「公伝」とみなしてよいのではないか。

なお百済は、五四一年に南朝梁《りょう》に朝貢し、孟子博士とともに『涅槃経義《ねはんぎょうのぎ》』、工匠《こうしょう》・画師《えし》などの下賜を要請し、許可されている（『梁書』巻五十四諸夷百済伝、『三国史記』百済本紀第四聖王十九年条）。五四七年の百済による倭国への僧七名の派遣は、こうした最新の梁仏教の知識・技術を提供する意図のもとになされたとみるべきであろう。

三　法興寺と倭国の仏教興隆

法興寺の建立　倭国における仏教の主体的な導入政策は、その後、法興王《ほうこうおう》から真興王《しんこうおう》代の君主主導による仏教興隆を前提に躍進した新羅の動向への対峙を外的契機としつつ実行されたようである。五七七年に大別王《おおわけのおおきみ》・小《お》黒吉士《ぐろのきし》が使者となって百済に仏教を求めたのを皮切りとした導入政策は、五五八年の大臣蘇我馬子《そがのうまこ》の主導による法興寺《ほうこうじ》（飛鳥寺《あすかでら》）の建立開始に結実する（崇峻紀元年是年条・『元興寺伽藍縁起并流記資財帳』）。瓦葺き礎石《そせき》建物の壮大な伽藍《がらん》を有した法興寺は、百済からの寺工《じこう》・瓦博士《かわらのはかせ》・露盤博士《ろばんのはかせ》・画工《がこう》などの援助のもとに建立されたものであり、実際に発掘された軒平《のきひら》・軒丸《のきまる》瓦の文様も、百済のそれに近似するという。

ただし、その「一塔三金堂」方式の伽藍配置プランは、高句麗平壌《へいじょう》の清岩里廃寺《せいがんりはいじ》に類似する。また推古十三年（六〇五）の金銅丈六仏の造立に際しては、高句麗嬰陽王《えいようおう》（大興王）から鍍金《ときん》用の黄金が送られたという（推古紀十三年四月朔日条・『元興寺伽藍縁起并流記資財帳』）。さらに法興寺には、その後、百済僧慧聡《えそう》とともに高句麗僧慧《え》慈《じ》が「三宝の棟梁」として配置された（推古紀三年是年条）。したがって、倭国の仏教導入には、百済のみならず、新羅の躍進や中国を統一した隋の脅威を契機として倭国に接近した高句麗の援助もあったことがわかる。

法興寺が建立されたのち、飛鳥地域ではその法興寺の周辺域に大王宮や王族の宮・有力氏族の邸宅・寺院群などが相ついで建てられ、しだいに飛鳥地域は法興寺を中核とした宗教的（仏教的）都市へと展開していく。その中で寺院は、飛鳥地域を中心に、推古三十二年（六二四）までに四六所の寺院が建立され、八一六人の僧・五六九人の尼がいたという（推古紀三十二年九月丙子条）。

これらの寺院は、「君親之恩」のために臣連らが競って建てた仏舎であるとされる（推古紀二年二月朔条）。七世紀代の金石文にも仏教的な「恩」にまつわる表現の銘文がみられるものがいくつも確認されているので、中央支配層（臣連ら）の仏教受容と寺院建立の契機に、この「君親」（君主と氏の祖先）に対する報「恩」観念があるとみるのは自然であろう。世代を超えて継承される瓦葺き礎石建物たる寺院の建立は、かつての古墳に代わって、中央支配層を構成する王族・氏族構成員の「死」（仏教では「四苦」の一つとされる）にともなう諸権益の永続的で安定的な世代継承と、君主への報「恩」を、「普遍」宗教たる仏教の理念によりながら裏づける象徴的建造物であったわけである。

仏教儀礼の盛行　推古十四年（六〇六）の四月八日（仏誕日）に挙行された法興寺の丈六仏の開眼供養会《かいげんくようえ》に関する『日本書紀』の記事には、この年以降、寺ごとに四月八日と七月十五日に設斎《せっさい》することが恒例化したとみえる。七月十五日の斎会《さいえ》は追善と報恩を目的とした盂蘭盆会《うらぼんえ》であり、まさしく「君親之恩」のために造営された仏舎たる寺院を象徴する儀礼といえよう。また四月の斎会は仏誕を祝う儀式で、仏教そのものの興隆を象徴するものだが、それにも追善《ついぜん》儀礼の意味があるとされる（中林　二〇〇七、古市　二〇〇九）。

さらに大化三年（六四七）の冠位十三階制定記事（大化紀三年是年条）に、この冠位が「大会《たいえ》」（元日朝賀などの公的儀礼）と「饗客《きょうきゃく》」（外国使節の接迎儀礼）および四月と七月の斎会に着すると記されていることが重要である。このことは、朝廷の恒例・臨時の公的儀礼と四月・七月の斎会がセットでなされていたこと、加えて、中央支配層の朝廷内での序列を可視化する冠位制度自体が、毎年の仏教儀礼の遂行と連動していたことをも示している。

その関係の成立は、上記した六〇六年四月の飛鳥寺丈六仏開眼供養会に先立つ六〇三年十二月に制定され、翌年正月より施行された冠位十二階までさかのぼるとみてよいだろう（中林　二〇〇七）。なお、仏教が支配層統合に果たした意義としては、こうした冠位制と恒例の追善法会などとの連動の他に、仏教のもつ僧伽《そうぎゃ》理念と戒律《かいりつ》による規範化意識が中央支配層の共同性と結束を担保したという見解もある（上川　二〇〇七）。

仏典の将来と文字文化の発達　倭国の仏教導入の意義としては、仏典の将来とその学習（読経・講経）にともなう文字文化の体系的受容という側面も忘れてはならない。『隋書《ずいしょ》』倭国伝には、「文字なし、ただ木を刻み縄を結ぶのみ、仏法を敬す。百済において仏経を求得し、始めて文字あり」とあり、倭国は百済から「仏経」つまり漢訳仏典を求めることによって初めて文字を得たという。無論、刀剣銘によって五世紀代に文字が使用されていることがわかるので、これはやや不正確な表現といわざるをえない。しかし、倭国の支配層・知識層が体系的な書記言語を習得しその使用に習熟するに際して、来倭し上番した百済僧（や七世紀後半以降の新羅僧）などの教示を通じた、倭語と文法構造を異にする難解な漢訳仏典の読解（およびその際の訓読技法）と書写の過程が、多大な影響を与えたことは疑いがたいのではなかろうか。その意味では上記の『隋書』の記載は、おおむね妥当と判断してよいだろう（東野　二〇〇五）。

僧のネットワークと外交　そして仏教の導入は、当然のことながら、テキストたる仏典を読解・学習・普及し、仏事を主導するための独自の専門スタッフとしての僧尼身分も誕生させた。はじめは蘇我氏の配下の渡来系諸氏や蘇我氏と密接する大伴氏など出身の尼が百済に留学して出家者としての修学を行ったが、しだいに僧尼は倭国自身で生み出されるようになり、上記したように推古三十二年（六二四）には、八一六人の僧・五六九人の尼となり、その後白雉二年（六五一）年には二一〇〇人余りの僧が味経宮《あじふのみや》に招請され「一切経」を読経したとあるので（孝徳紀白雉二年十二月晦日条）、急速に僧尼身分が増大していったことがわかる。

なお中華帝国を基軸とする東アジア地域世界の中で、隋は、外交官司であった鴻臚寺《こうろじ》などで学徳の深い中国僧に蛮夷《ばんい》の僧らを教導させる政策を精力的に実施した（河上　二〇一九）。それに呼応し、多数の周辺諸国の僧らが中国で修学したが、倭国も『隋書』倭国伝に「聞く、海西の菩薩天子、重ねて仏法を興すと。故に朝拝に遣わし、兼ねて沙門数十人、来たりて仏法を学ばん」とあるように、外交上の公的使者とともに多数の留学《るがく》・請益僧《しょうやくそう》を派遣し求法させた。倭国の場合、その後、唐への留学僧・請益僧の派遣はもちろん、百済・高句麗・新羅らへも頻繁に学問僧を派遣している。学問僧らは、そうした国際交流の過程を経て、国家権力間の政策・交渉に連動しながらも、世俗権力単位の枠組みとは相対的に異なる独自の「師友」「同学」とよばれる仏教者同士の国際的ネットワークも形成し、相互に仏教をはじめとした諸学業の研鑽や修道に励んだ。なお、彼らのネットワークは、国家間の外交交渉を仲介しその緊張をやわらげるなど、独自の外交上のサブチャンネルとしても機能する場合があった（中林　二〇一一）。またそうした留学僧の中には、たとえば旻《みん》・南淵請安《みなぶちのしょうあん》のごとく、帰国後、権力中枢の政策顧問となる場合もみられた。

四　律令制的仏教（国家仏教）の誕生

官大寺の建立と護国法会　蘇我本宗家が滅亡したのちの大化元年（六四五）八月には、孝徳天皇（大王）が「大寺」に使者を派遣して、蘇我以来の仏法興隆策を大王が引き継ぎ、「天皇から伴造《とものみやつこ》に至るまでの寺」に君主権力が助成することを宣言している（大化紀元年八月癸卯条）。これがその後の律令制下の王権主導のいわゆる「国家仏教」推進の先駆けとなり、七世紀後半から勅願の官大寺の建立が相ついだ。勅願の大寺は基本的に天皇とその親族の追善を目的とする。舒明朝の百済大寺《くだらのおおでら》は、その後、律令体制の整備による都城の建設・移転にともない、高市大寺《たけちのおおでら》、大官大寺《だいかんだいじ》として移築されて建立が続けられた。この寺は以後の皇統の祖となった舒明の追善とその系統を引く天皇家のための寺であろう。皇極の川原宮《かわらのみや》をもとにした川原寺は、皇極（斉明）の追善のために建立され、薬師寺は天武・持統両天皇の追福祈念の寺となった。これ以降も官大寺は、都城の整備とも連動する形で、国家の造寺官司によって建立・維持され、莫大な封戸《ふこ》・寺田・山野などの所有を公認され、周忌斎や国忌《こっき》といった天皇らへの国家的追善儀礼の開催される場となった。

同時に官大寺は、宮中と一体となって『仁王般若経《にんのうはんにゃきょう》』や『金光明経《こんこうみょうきょう》』（のち『金光明最勝王経』）といった護国経典を講読する空間ともなり、王権や律令国家体制の護持を目的とする、鎮護国家のための寺院としても位置づけられ、そこで僧尼らによって護国が祈念された。ちなみに護国経典の講読は、国庁や、その後国別に建立されることになる国分二寺など諸国でも実施されていった。

地方寺院と豪族　その他の地方寺院も、上記した大化の国家的助成の詔《みことのり》以降、地方豪族層を主たる主体として造営が進められた。その際重視すべきは、地方豪族の官人としての組織化と寺院造営とが連動していたことであろう。最大の画期は、天武十四年（六八五）三月の「諸国、家ごとに仏舎を作れ」の詔（天武紀十四年三月壬申条）とその直前の同年一月の冠位制度の大幅拡充（諸王以上一二階・諸臣四八階）である。このときの官位制度の大幅な拡大は、天武四年（六七五）の諸氏の部曲《かきべ》の廃止（＝部民制の最終的廃止　天武紀四年二月己丑条）を受け、それまで各氏族の配下で部曲を現地管理していた旧地方伴造層をも含めた広範な地方豪族を、中央政府—国司・評（郡）の管轄下で一元的に序列化・統率することで、地方官人として登用していくための措置とみられる。二ヵ月後の「家ごとに仏舎を造れ」との詔は、そうした地方豪族（地方官人母胎氏族）への造寺の推奨とそれへの国家的な助成宣言である。その結果、持統六年（六九二）までには、寺院は全国で五四五寺にのぼることになり（『扶桑略記』持統六年九月条）、近年の考古学上の発掘成果でも、それに匹敵ないし上回る数の白鳳期前後の廃寺遺構が確認できるとされる。これらの地方豪族層を主体とした寺院の建立とそれへの国家的助成は、国家による地方支配を支える官道などの整備や地方官衙（国衙・評〈郡〉家など）の造営とも密接していた。

なお、律令制下の僧尼は、国家的な審査によって得度《とくど》を官許され、僧尼令によって統制され、中央では僧綱や大寺の三綱《さんごう》、地方では中央から派遣された国師《こくし》の指導の下、国家的要請に応じたさまざまな仏事を行う特殊身分であった。彼らは日常的には寺院に住みつつ、国家の要請に応じて国家・王権の安寧や追福を祈念する諸法会を寺院・宮中で実行し、仏教教義の研鑽・普及にも励んだ。また官大寺の僧は、地方豪族の要請に応じて彼らが檀《だん》越《おつ》となった地方寺院に出向き、豪族層の祖先の追福などの仏事を行うなどの活動を行うこともあった（鈴木　一九九四）。そして、こうした官大寺僧や国師らによる中央と諸地域の寺院との往還による文化交流の積み重ねが、のちに中央で『日本霊異記』という日本初の仏教説話集を生み出すにいたるのである（三舟　二〇一六）。

参考文献

石井公成『東アジア仏教史』岩波書店、二〇一九年
・東アジア地域における仏教の受容と発展について、広域的な仏教伝播の歴史の多方向性、インド由来の仏教の中国での変容、漢訳仏教のもつ意義、および周辺諸国の動向などについて、僧尼の活動や仏典の訳業・偽経の作成・教学研究と多様な流派（宗）の特徴を含め概観しており、有益である。

東野治之校注『上宮聖徳法王帝説』岩波書店、二〇一三年
・東野の校注では、「上宮聖徳法王帝説」の史料的検討をふまえ、戊午年「伝来」説を肯定する。

吉田一彦『仏教伝来の研究』吉川弘文館、二〇一二年
・本書で吉田は『日本書紀』と「元興寺伽藍縁起幷流記資財帳」などの史料批判をもとに、壬申説・戊午説いずれの「伝来」も否定し（ないし不可知とみなし）、法興寺（飛鳥寺）建立に際しての百済の援助（五八八）年を「伝来」の画期とみなす。

上川通夫「ヤマト国家時代の仏教」『日本中世仏教形成史論』校倉書房、二〇〇七年所収、初出一九九四年
河上麻由子『古代日中関係史―倭の五王から遣唐使以降まで―』中央公論新社、二〇一九年
鈴木景二「都鄙間交通と在地秩序」『日本史研究』三七九、一九九四年
東野治之「古代日本の文字文化」国立歴史民俗博物館・平川南編『古代日本　文字の来た道―古代中国・朝鮮から列島へ―』大修館書店、二〇〇五年
中林隆之「古代国家の形成と仏教導入」『日本古代国家の仏教編成』塙書房、二〇〇七年
中林隆之「東アジア〈政治―宗教〉世界の形成と日本古代国家」『歴史学研究』八八五、二〇一一年
古市　晃「四月・七月斎会の史的意義」『日本古代王権の支配論理』塙書房、二〇〇九年、所収、初出二〇〇七年
三舟隆之『『日本霊異記』説話の地域史的研究』法蔵館、二〇一六年

2　地方寺院の成立と国分寺建立

三舟隆之

一　地方寺院の成立

仏教の伝播と地方寺院の成立　仏教伝来後、約半世紀たって本格的寺院である飛鳥寺《あすかでら》が建立された後、法隆寺《ほうりゅうじ》や四天王寺《してんのうじ》をはじめ、畿内地域を中心に各地で豪族層の氏寺《うじでら》として寺院の建立が開始された。推古朝には仏教興隆の詔《みことのり》が出され、『日本書紀』推古三十六年（六二四）には四六寺を数えるとある。蘇我《そが》氏を滅ぼして仏教の主導権を掌握した王権は、大化元年（六四五）八月に仏教擁護の姿勢を表明し、寺院の建立を援助する方針を明らかにした。

さらに天武十四年（六八五）には、諸国に対し「家毎《ごと》に仏舎を作って、仏像及び経典を置いて礼拝《らいはい》供養せよ」という詔が発せられた。七世紀後半の段階では王権側も寺院の建立を奨励し、また地方豪族層も評督《こおりのかみ》・郡領《ぐんりょう》となって在地支配権を確保するという政治的思惑もあって、仏教は従来の在地祭祀を超越した新たなイデオロギーとして受容され、地方寺院は急激に増加した。『扶桑略記《ふそうりゃっき》』持統六年（六九二）条には全国で五四五寺を数えるとあり、考古学的に見るとこの時期の寺院遺跡数はさらに多い。

郡司層による地方寺院の建立とその実態　地方寺院が郡司層によって建立された例では、『日本霊異記《にほんりょういき》』上巻七縁に、備後国三谷郡大領《びんごのくにみたにぐんだいりょう》の先祖が白村江《はくそんこう》の戦いに従軍して百済僧弘済《ぐさい》とともに無事帰国し「三谷寺」を建立した、という説話がある。また発掘調査の結果明らかになった例では、岐阜県関市弥勒寺《みろくじ》跡は塔・金堂・講堂跡などが検出され、法起寺式伽藍《ほっきじしきがらん》配置をとることが判明した。弥勒寺跡の東には弥勒寺東遺跡（美濃国武儀郡衙《むぎぐんが》跡）が存在しているところから、郡衙遺跡と近接する寺院を「郡寺《ぐんでら》」や「郡衙周辺寺院」として、官寺的な性格が付加されていたとする説もあるが（奈良文化財研究所　二〇〇五）、一方では鎮護国家的な仏教行事が地方寺院でも行われていたことは文献史料上では見いだすことができないので、郡領層の「氏寺」と考えるのが妥当であるという説もある（三舟　二〇一三）。

地方寺院の実態を示す文献史料は少ないが、『出雲国風土記《いずものくにふどき》』新造院《しんぞういん》条には「塔」「厳堂《ごんどう》」の建造物があり、僧の有無が記されていることから地方寺院と考えられ、飯石郡少領出雲臣弟山《いいしぐんしょうりょういずものおみおとやま》をはじめ郡司層のほか、神門臣《かんどのおみ》や樋伊郷人樋印支知麻呂《ひのいなきちまろ》などの地方豪族が建立した、とある。考古学的な事例では、鳥取県米子市上淀廃寺《かみよどはいじ》は発掘調査の結果金堂と南北三塔が検出され、経蔵や政所《まんどころ》などと想定される掘立柱《ほったてばしら》建物跡も検出され、中心伽藍だけでなく寺院の全体像が判明した。上淀廃寺から出土する遺物は創建年代と考えられる「癸未《きび》年」（六八三年か）の文字瓦のほか、神将《しんしょう》像などの金堂壁画片が発見され、地方の仏教文化を考える上でも重要である。同様に千葉県印旛郡龍角寺《りゅうかくじ》は、付近に東国最大の方墳である岩屋《いわや》古墳や埴生《はにゅう》郡衙跡と考えられる大畑《おおはたけ》I遺跡が存在し、龍角寺には白鳳仏の薬師如来像が伝わる。最近では文字瓦の整理検討から、その造営集団の範囲も明らかになりつつある。

寺院併合令　七世紀後半以後、地方寺院が寺田《じでん》獲得を目的として急増し、荒廃した寺院の修理を行っていない様子が『続日本紀』霊亀二年（七一六）五月に発令された寺院併合令に見える。この寺院併合令は、草堂《そうどう》のような寺院や未完の寺院などの荒廃している寺院を併合し修造を命じているが、寺院併合がどこまで有効であったかを実証することは難しい。地方豪族による寺物の盗用は『日本霊異記』の説話でも見られるので、寺院に対する不当な経済活動が存在したことは事実であろう。したがってこの段階になって、地方寺院の造営についても律令制国家の統制政策がはじめて行われたと考えられるが、この寺院併合令は天平七年（七三五）には撤回されるのでその効果については疑問であり（三舟　二〇〇三）、その後律令制国家による地方寺院政策は、全国の国分寺建立という方向に転換することになる。

二　国分僧寺・尼寺の建立

国分寺建立の詔　地方の官寺では、戒壇《かいだん》が置かれた下野薬師寺《しもつけやくしじ》や筑前観世音寺《ちくぜんかんぜおんじ》や、陸奥多賀城《むつたがじょう》廃寺《はいじ》などの城柵《じょうさく》と関係する官寺の例が存在するが、全国的な疫病の発生や飢饉《ききん》、さらに新羅《しらぎ》との対外的な緊張関係の中で、天平十三年（七四一）に聖武天皇によって国家鎮護の祈願のために国分寺建立の詔が出され、各地に国分寺が造営された。このような全国官寺制は、隋や唐の影響を受けた所産と指摘されるが、唐の大雲寺《だいうんじ》制と異なるのは、中国では既存の寺院をそのまま利用したのに対し、日本では新たに官費で国分寺を造営した点である。また唐の制度では尼寺は存在しないので、国分寺・国分尼寺は日本独自な制度とも考えられる。

国分寺の建立については、その建立構想がいつ開始されたのかという問題がある。天武十四年三月壬申条の「諸国の家毎《ごと》に仏舎を作れ」という詔を国分寺の成立とする説もあったが、現在では否定されている。聖武朝でも、疫病が大流行した天平九年（七三七）に国ごとに『大般若経』書写と釈迦像と脇侍菩薩像を造ることを命じたところ、天候も順調で五穀豊穣であったと建立の詔にはあり、また天平十二年（七四〇）には国ごとに『法華経』書写と七重塔建立の詔が発せられている。しかしこの年に九州で藤原広嗣《ひろつぐ》の乱が起きると、翌十三年二月に国分寺建立の詔が出されて僧寺・尼寺の建立が命ぜられているので、いくつかの段階をへて最終的に国分寺建立の詔に達したと考えられる。

天平十三年二月十四日勅（『類聚三代格《るいじゆうさんだいきやく》』）では、国分寺建立の本文の後に寺名と僧尼の員数・行事などの規定から、神祇信仰とともに国家鎮護を願い、皇統の祖先信仰から藤原氏を含む王権の加護を祈念している八ヵ条が続いている。この祈願内容から国分寺の果たす機能は氏寺の仏教における機能と同様であり、見方によっては国分寺は、「支配者共同の氏寺」（「国家」的氏寺）であったともいえる。

国分寺で行われた法会《ほうえ》は、『延喜式《えんぎしき》』によれば毎年正月八日から十四日まで『金光明最勝王経《こんこうみようさいしようおうぎよう》』を転読する法会と、四月十五日から七月十五日まで行われる安居会《あんごえ》がある。その他『梵網経《ぼんもうきよう》』や『金剛般若経《こんごうはんにやきよう》』を転読したことが、『続日本紀』や『類聚三代格』などに見え、在地での国分寺の仏教的性格を知ることができる。

しかし、国分寺が地方豪族の建立した寺院と大きく異なるのは、国分寺の造営費用である。天平十六年には諸国の正税《しようぜい》から四万束を割いて国分寺料稲《りようとう》とし、その出挙《すいこ》の利息を造営料に充てるように命じているが、実際には各地の国分寺の造営はいっこうに進まず、この国営式は頓挫する。そのかわりに早くも天平十九年（七四七）には国司に国分寺造営を督促し、郡司層を中心とする地方有力者による財物寄進方式に改め、寄進を行った有力者に叙位を行う方式に転換した。天平十三年に発せられた国分寺建立事業は、さらに天平勝宝八歳（七五六）には聖武天皇一周忌までに国分寺造営を終えるように命じられており神護景雲元年（七六七）頃にはかなりの国分寺が完成していたと考えられているが、すでに国分寺建立の詔から二〇年近くの歳月を要している。このように諸国の国分寺の造営には困難がともない、進行状況ははかばかしくなかった。それは、各地の国分寺跡の発掘調査からも裏づけることができる。

国分寺・尼寺の研究史　国分寺の研究では考古学からの研究が中心で、戦前では角田文衞が全国の国分寺の伽藍や礎石・古瓦について『國分寺の研究』上・下巻（考古学研究会、一九三八年）を刊行し、国分寺研究における重要な課題を提示した。戦後は各地の国分僧寺・国分尼寺について発掘調査が行われ、常陸《ひたち》・遠江《とおとうみ》・讃岐《さぬき》などの国分寺が国の特別史跡となり、史跡としての国分寺の重要性が認められ、角田文衞が多くの研究者とともに最新の調査成果をまとめて『新修国分寺の研究』七巻（吉川弘文館、一九八六〜九七年）を刊行している。文献史学では、国分寺天武朝造営説を否定した井上薫の『奈良朝仏教史の研究』（吉川弘文館、一九六六年）の研究も重要である。

近年では、関東の国分寺についての調査結果をまとめた、関東古瓦研究会編『聖武天皇と国分寺―在地から見た関東国分寺の造営―』（雄山閣出版、一九九八年）が刊行され、『季刊考古学』一二九号の特集も近年の各地の国分寺の調査例のほか、文献史学や建築史から国分寺を検討しており有益である。さらに須田勉・佐藤信編『国分寺の創建　思想・制度編』、『組織・技術編』（吉川弘文館、二〇一一・一三年）では、国分寺の創建について文献史学や考古学・建築史などのさまざまな分野から検討が加えられており、国分寺研究では必見の書である。

発掘された国分寺　遠江や上総《かずさ》国分寺跡の発掘調査からは、国分寺の造営はまず最初に簡単な掘立柱建物が造営されて、その後本格的な伽藍が造営されたことが判明している。国分寺建立に際してはまず七重塔の造営が命ぜられているが、武蔵国分寺跡では塔の造営が始まるのと寺域が確定するのが最初で、その後金堂などの主要伽藍が造営され、一般的な国分寺式伽藍配置をとり、さらに寺域が拡張されていたことが発掘調査の結果判明している。武蔵国分寺の造営過程を知る上で重要なのは、武蔵国二一郡中新羅郡を除く二〇郡の文字瓦が出土しているが、このことから武蔵国分寺は新羅郡が建郡された天平宝字二年（七五八）の前に造営されたことを示している。また寺跡の北西台地上の武蔵台《むさしだい》遺跡から天平勝宝九年（七五七）の「具注暦《ぐちゅうれき》」（漆紙《うるしがみ》文書）が出土し、創建年代を推定する史料となっている。郡名瓦は下野《しもつけ》国分寺跡からも出土しているが、これらの文字瓦から郡を単位ととして造営負担が課せられていたことがわかる。これらの国分寺から出土した文字瓦は、調庸《ちょうよう》と同様に個人を負担単位とする律令制税制体系の一環として瓦の生産が行われたものと指摘する説もあれば（大川　二〇〇二）、信仰を主とする知識結《ちしきゆい》とする説もある（上原　二〇〇二）。

国分寺の発掘調査の結果で明らかになったのは、伽藍配置の相違である。総国分寺である東大寺は、金堂と中門を結ぶ回廊の外に東西両塔を置く伽藍配置であるが、一般的な国分寺式伽藍配置は、同様に中門と金堂を結ぶ回廊の東南外または西南外に塔を置く例が最も多い。塔を東南外に配置した例は下野・播磨・備前などの国分寺であり、塔を西南外に配置した国分寺式伽藍配置をとる例に、遠江や上野・三河などの国分寺がある。この形式が諸国に頒《わか》ち下された国分寺図であったとも考えられるが、なかには上総国分寺などのように金堂と中門を結ぶ回廊の中に塔を置く大官大寺式伽藍配置の例もあり、これは七世紀後半から続く回廊の中に塔を置く伝統形式を重んじたと見られる。国分寺の伽藍配置は多様であり、不明な点が多い。

さらには七世紀後半の地方寺院に多く見られる法起寺式・法隆寺式伽藍配置をとる備後・相模・下総などの国分寺もあり、国分寺造営が地方の伝統的な造寺意識のなかで行われたことを物語っている。また国分寺で用いられた軒丸《のきまる》・軒平瓦《のきひらがわら》の瓦当《がとう》文様も、平城宮式の瓦当文様と在地で独自に発展した瓦当文様を持つものとに分かれ、上野・武蔵国分寺などは後者の典型的な例である。このように国家鎮護祈願のために全国官寺体制をとった国分寺制であるが、造営に当たっては有力地方豪族層の協力なくしては完成できなかったのである。

国分尼寺のすがた　国分寺建立詔には、僧寺は「金光明四天王護国之寺」といい、定員二〇僧、封戸《ふこ》五〇と水田一〇町が施入され、いっぽう国分尼寺は「法華滅罪之寺」といい、一〇人の尼の定員で水田一〇町が施入され、僧寺と尼寺の往来は「僧尼令」で禁じられていた。国分尼寺の伽藍配置は中門・金堂・講堂が一直線上に並び、塔が存在しないところに特徴がある。最近までに発掘調査が行われた国分尼寺の例には、下野・上野・常陸・上総・下総・武蔵・三河・備中・伯耆《ほうき》・阿波《あわ》などがあるが、僧寺と違い尼寺の所在地が不明な国も多い。近年の上野国分尼寺の調査では、尼坊跡・回廊跡が検出されている。

国分寺の瓦　国分寺から出土する軒瓦の文様は、在地で独自の文様を発達させたものがある。上野上植木廃寺《かみうえきはいじ》の軒丸瓦を祖型とする武蔵国分寺跡や、東畑廃寺《ひがしばたはいじ》の軒丸瓦を祖型とした尾張国分寺跡などは、在地色の強い軒丸瓦を使用しており、これらの国分寺は在地の工人を動員して、瓦笵を製作したと考えられる。

その一方で、上総国分寺跡からは平城宮で使用された重圏文《じゅうけんもん》軒丸瓦や均整唐草文《きんせいからくさもん》軒平瓦が出土しており、駿河国分寺跡（片山廃寺）からは平城宮第二次朝堂院で使用された軒瓦に極似した軒平瓦が出土している。また信濃国分寺跡から出土する軒丸瓦には東大寺式軒丸瓦があり、これらの国分寺の軒瓦に平城宮などの中央の軒瓦の影響があることが指摘されているが、中央の技術の導入が必要であったこともうかがえる。

興味深いのは、畿内系の軒瓦の文様が出土する国分寺の地域には、国分寺造営のため有能な国司が送られていたようである。たとえば百済王敬福《くだらのこにきしきょうふく》は陸奥国守在任中に東大寺大仏の塗金の黄金を発見したが、この百済王敬福が国守として在任した国の国分寺には平城宮系の軒瓦が使用されている。また国分寺の造営に協力したのは郡司層を中心とする地方豪族で、国分寺造営に協力してみずからの私寺の補修瓦に国分寺で使用した軒瓦を使用した寺院も存在する。これらの国分寺瓦の生産とその造瓦組織については、梶原義実の研究（梶原　二〇一〇）に詳しい。

国分寺跡からの出土木簡　最近の調査から、遺構だけでなく遺物からも国分寺のすがたが判明するものが出土している。但馬《たじま》国分寺跡では寺域を区画する溝から木簡が全国の国分寺で初めて発見され、「醤殿」「西倉」「北倉」「鋳所」などいった施設名が記された木簡から、神護景雲二年（七六八）頃にはこれらの施設が完備されたことが知られる。また安芸国分寺では南門・中門・塔・金堂・講堂などの主要伽藍が明らかになった。主要伽藍の完成時期を推定させる「天平勝宝二年四月廿九日帳佐伯マ（部）足島」と記された木簡や「安居」「講院」「斎会」などの法会の存在をうかがわせる墨書土器などが出土しており、国分寺のすがたが明らかになりつつある。

三　国分寺史研究の課題と展望

山岳寺院との関係　山岳寺院の機能は明らかではないが、山林修行の場と考えられている。『正倉院文書』には「山沙弥所」「山林師所」という語が見えるところから、官僧が山林修行を行っていたことがうかがえ、そのため「僧尼令」禅行条には、山林修行の際の届け出の義務が規定されている。古代人の意識では山は「浄処」と考えられ、そこで修行した僧は呪術を身につけ、病気平癒などの現世利益をもたらすと考えられていた。最近では下野国分寺と大慈寺《だいじじ》のように、国分寺のような平地寺院と山寺とのネットワークを指摘する説もあり（上原　二〇〇二）、国分寺僧の在地での活動が注目される。

発掘された村落寺院　八世紀後半になると地方寺院の建立は減少してくるが、一方では集落内で「村落寺院」と称される仏堂的な小規模寺院が出現する。村落寺院の構造は四面廂付《しめんびさしつき》掘立柱建物という集落遺跡内では珍しい建物で、正堂と考えられる掘立柱建物のほかに礼堂がともなう双堂《そうどう》建物の例も見られる。これらの遺構が仏教的施設であると見なされるのは、出土遺物に「寺」字などの墨書土器や瓦塔《がとう》などの仏教的な遺物をともなうところにある。千葉県郷部《ごうぶ》遺跡では「忍保寺」などの寺名を推測できる墨書土器が出土し、鐘つき堂遺跡では「釈迦寺」、茨城県寺畑《てらはた》遺跡では「千手寺」、栃木県東林北《ひがしばやしきた》遺跡では「阿称（弥カ）寺」などの本尊を推測させる墨書土器が出土している。千葉県山口《やまぐち》遺跡から「延忠」、作畑《さくはた》遺跡から「弘貫」などの僧名と考えられる墨書土器も出土し、「弘貫」は同じく久我台《くがだい》遺跡からも出土しており、村々を移動する僧侶のすがたが浮かび上がる。このように八世紀末から九世紀前半にかけて、国分寺や地方豪族の寺院とは規模も隔絶しながら村落にも寺院が造られ、在地社会への仏教の浸透を示している。また民間の私度僧《しどそう》と思われる僧侶も村落を移動した可能性があり、『日本霊異記』に見られるような仏教形態が存在していたことが推測される（三舟　二〇一六）。今後国分寺を中心とした、地方寺院・山岳寺院・村落寺院のネットワークの解明も重要であろう。

今後の展望　国分寺は「金光明四天王護国之寺」とあるように国家鎮護のための寺院であり、国家仏教の中心寺院であった。しかしその造営には何段階かあり、近年の発掘調査の結果では各地の国分寺の伽藍配置などもさまざまであることが明らかになりつつある。また国分寺では『金光明最勝王経』が重視され、「四天王護国品《ごこくほん》」に基づくものと解釈されてきたが、天平七年からの天然痘《てんねんとう》流行が背景となって建立が命じられたとすると、むしろ『最勝王経』の「除病品」などの影響も見直す必要もある。川尻秋生は国分寺に王権の除病延命や追福の機能が求められていることを指摘しているが（川尻　二〇一三）、これはそもそも寺院の一般的な機能である。国分寺を国家鎮護の象徴という一面的な視点だけではなく、建立過程や在地との関係、国分寺の機能など、今後さまざまな視点から検討していく必要がある。

参考文献

須田　勉『国分寺の誕生―古代日本の国家プロジェクト―』吉川弘文館、二〇一六年
・国分寺の造営について、その構想から各地の国分寺の造営過程までを解説した基本的な概説書。
三舟隆之『日本古代地方寺院の成立』吉川弘文館、二〇〇三年
・古代地方寺院の成立と展開について、文献史料と考古学成果から検討を行う。
森　郁夫『日本古代寺院造営の研究』法政大学出版局、一九九八年

・国分寺造営の問題だけでなく、古代寺院の諸問題についてふれている。

上原真人「国分寺と山林寺院」須田勉・佐藤信編『国分寺の創建―思想・制度編―』吉川弘文館、二〇一一年
大川　清『古代造瓦組織の研究』日本窯業史研究所、二〇〇二年
岡本東三『古代寺院の成立と展開』山川出版社、二〇〇二年
梶原義実『国分寺瓦の研究―考古学からみた律令期生産組織の地方的展開―』名古屋大学出版会、二〇一〇年
梶原義実『古代地方寺院の造営と景観』吉川弘文館、二〇一七年
川尻秋生「国分寺造営の諸段階」須田勉・佐藤信編『国分寺の創建―組織・技術編―』吉川弘文館、二〇一三年
久保智康編『日本の古代山寺』高志書院、二〇一六年
奈良文化財研究所『地方郡衙と寺院―郡衙周辺寺院を中心として―』二〇〇五年
菱田哲郎・吉川真司編『古代寺院史の研究』思文閣出版、二〇一九年
三舟隆之『日本古代の王権と寺院』名著刊行会、二〇一三年
三舟隆之『『日本霊異記』説話の地域史的研究』法蔵館、二〇一六年
吉村武彦・吉川真司・川尻秋生編『シリーズ古代史をひらく　古代寺院』岩波書店、二〇一九年

3　東大寺と大仏造立

佐藤　信

一　大仏造立以前

大寺院と歴史資料　古代の歴史資料を今日まで大量に伝えてくれているのが、「南都七大寺」など奈良・京都に多い古代以来の国家的な大寺院である。建造物や仏像などの遺産が、災害・火災・戦災を乗り越えて一〇〇〇年以上を超えて伝えられてきたのはきわめて有り難いことといえる。奈良時代の文物や古文書を代表する正倉院宝物や正倉院文書も、東大寺に伝えられてきたものであった。また発掘調査によって各寺院の当時の姿が明らかになってきたことも、古代史像を構成する上で大きな役割をはたしてくれている。こうした古代の歴史資料の遺存をめぐる特徴は、古代の大寺院が古代の国家や社会においてはたした位置づけの大きさに負うところがあるだろう。ここでは、東大寺の本尊である大仏の造立をめぐる列島の古代史像について、みてみたい。

奈良時代前半の政治過程　平城京を都とした奈良時代（七一〇〜七八四年）の、大仏造立にいたる前半の政治史を、簡明にふり返ろう。

和銅三年（七一〇）の平城遷都《せんと》を主導して律令国家の確立に力を発揮した藤原不比等《ふひと》が養老四年（七二〇）に

なくなると、長屋王《ながやおう》政権となる。藤原不比等はそれを見越して娘を長屋王に嫁がせており、四人の息子たち（四兄弟）が力をつけるまで長屋王政権となることをふまえていた。長屋王は、自身が皇位に近い尊貴な皇族であり、その存在の大きさは、平城京左京三条二坊で発掘調査された長屋王邸宅や長屋王家木簡からもうかがえる。

天平元年（七二九）の長屋王の変によって長屋王を滅ぼすと、光明子《こうみようし》の皇后立后《りつこう》を実現した藤原不比等の四子—武智麻呂《むちまろ》（南家）・房前《ふささき》（北家）・宇合《うまかい》（式家）・麻呂《まろ》（京家）による藤原四兄弟の政権となった。しかし、天平九年（七三七）に疫病流行により四兄弟が一年の間に病没してしまうと、皇族出身の橘諸兄《たちばなのもろえ》政権となる。聖武天皇は唐から帰国した玄昉《げんぼう》・吉備真備《きびのまきび》を重用したが、天平十二年（七四〇）には、式家藤原宇合の長子である藤原広嗣《ひろつぐ》が、玄昉・吉備真備の排除を求めて西海道で大規模な反乱を起こす。

仏教による社会の安定化への志向　広嗣の乱は派遣された大規模な中央政府軍によって収束するが、乱と時を同じくして、聖武天皇は東国行幸をはじめ、恭仁京《くにきよう》、難波宮《なにわのみや》、紫香楽宮《しがらきのみや》へと遷都を行って、天平十七年（七四五）の平城還都までの間の「彷徨《ほうこう》の時代」を迎える。この天平時代の背景としては、貴族たちの間での政争・反乱という政治状況や、疫病・天候不順により全国的な民衆の困窮という社会状況が存在した。こうした国家・社会の混乱に対して、聖武天皇・光明皇后は、信仰する国家仏教によってその安定化をめざそうとした。たとえば、護国経典とされる『金光明最勝王経《こんこうみようさいしようおうぎよう》』には、この経典を護持する国王のもとには四天王たちが現れて国を守護すると説かれており、聖武天皇みずから書写の金字の金光明最勝王経が諸国国分寺の塔に安置することとされた。

仏教によって政治的・社会的な安定をめざす政策として、天平十三年（七四一）には諸国に大規模な国分寺を建てようとする国分寺建立《こんりゆう》の詔《みことのり》が出され、つづいて天平十五年（七四三）には近江《おうみ》の紫香楽宮において巨大な盧舎那仏《るしやなぶつ》を造ろうとする大仏造立《ぞうりゆう》の詔が出された。大仏造立の事業は、天平十七年の平城京還都とともに紫香楽の地から平城京東郊の山地に移され、東大寺の造営と重ねて、造東大寺司《ぞうとうだいじし》による国家的な造営事業が展開することとなった。

大仏と河内国知識寺・宇佐八幡宮　聖武天皇（七〇一〜七五六）が大仏造立を思いたったのは、天平十二年（七四〇）に河内国大県《おおあがた》郡の知識寺《ちしきじ》（大阪府柏原市）で盧舎那仏《るしゃなぶつ》を礼拝《らいはい》した時の感動にはじまる。渡来系氏族が多く社会的・経済的に安定したこの地域の人々が、盧舎那仏への信仰を共有する「知識」として協力して寺を営んでいた様子が、貴族間の抗争が絶えず民衆が飢饉に苦しむ不安定な天平年間の国家・社会に苦慮する聖武天皇に感動をもたらしたのではないか。

また大仏造立を決意する際には、豊後《ぶんご》国の宇佐《うさ》八幡神《はちまんしん》（大分県宇佐市）が聖武天皇に協力を申し出たことが前提となった。宇佐八幡宮とその神官集団も、大仏造立に深いかかわりをもつ。のち宇佐八幡神は平城京に上京して大仏に対面し、東大寺に手向山《たむけやま》八幡宮として勧請《かんじょう》されることになる。

なお、大仏の発想には、唐の高宗《こうそう》皇帝が皇后の則天《そくてん》武后《ぶこう》とともに営んだ、洛陽《らくよう》の南に位置する竜門《りゅうもん》石窟《せっくつ》の中の奉先寺《ほうせんじ》盧舎那仏大仏（六七五年完成）の影響が考えられる（瀧川　一九六七）。

二　大仏造立の詔と行基・国中連公麻呂

大仏造立の詔　天平十五年十月、聖武天皇は近江の紫香楽宮（滋賀県甲賀市）で大仏造立の詔を発した（『続日本紀』同月辛巳条）。

（前略）ここに天平十五年歳《ほし》癸未に次《やど》る十月十五日を以て菩薩の大願を発《おこ》して、盧舎那仏の金銅像一躯を造り奉る。国の銅《あかがね》を尽して象《かたち》を鎔《い》、大山を削りて堂を構へ、広く法界に及して朕が智識とす。（中略）夫《そ》れ、天下の富を有《たも》つは朕なり。天下の勢を有つは朕なり。この富と勢とを以てこの尊き像を造らむ。事成り易く、心至り難し。但恐るらくは、徒《いたずら》に人を労すことのみ有りて能《よ》く聖に感《かま》くること無く、或は誹謗《ひぼう》を生して反《かえ》りて罪辜《ざいこ》に堕《おと》さむことを。是の故《ゆえ》に智識に預かる者は懇《ねんごろ》に至れる誠を発し、各介《おのおのおおき》なる福を招きて、日毎に三たび盧舎那仏を拝むべし。自ら念を存して各盧舎那仏を造るべし。如《も》し更に人有りて一枚の草一把の土を持ちて像を助け造らむと情《こころ》に願はば、恣《ほしいまま》に聴《ゆる》せ。（後略）

聖武天皇の民衆の知識への期待に応えるように、行基《ぎようき》（六六八〜七四九）とその集団が大仏造立に協力した。行基は、社会事業を行いながら平城京周辺の民衆への布教につとめ、都市民衆から絶大な支持を集めていた。

行基集団と紫香楽宮での造立　行基集団は、造橋・築堤などの土木事業を進める能力を備えていた。律令政府は、霊亀《れいき》三年（七一七）四月には「小僧行基」と指弾《しだん》して僧尼令《そうにりよう》に従わない行基たちを弾圧したが、天平三年（七三一）には行基にしたがう優婆塞《うばそく》・優婆夷《うばい》の一部に得度《とくど》が許される。天平十七年（七四五）正月には行基が僧綱《そうごう》トップの大僧正に抜擢される。背景には、大仏造立への協力を期待したものとみられる。こうして、行基とその弟子・民衆たちの「知識」の力を動員して、紫香楽宮において大仏造立が進められた。

紫香楽宮跡は、発掘調査によって中枢部の朝堂《ちようどう》の宮殿建築や南に延びる「朱雀路」の存在が明らかになり、同年代の木簡《ちゆうこん》や柱根が出土している（小笠原　二〇〇二）。この紫香楽宮を、聖武天皇は「仏都」と位置づけようとしたという説もある（『天平の都紫香楽』刊行委員会　一九九七、栄原　二〇一四）。この紫香楽で始められた『華厳《けごん》経《きよう》』にもとづく金銅の盧舎那仏造立事業は、天平十七年に平城京（奈良市）に還都すると、平城京東郊にあった東大寺前身の金鐘寺《こんしゆじ》（大和国金光明寺）の地に移された。金鐘寺は、大仏造立・東大寺造営に活躍しのち東大寺別当となった良弁《ろうべん》（六八九〜七七三）のいた寺院である。造像事業は、国家機関である造東大寺司の手で行われることとなる。具体的には、大仏本体は天平十九年（七四七）九月から天平勝宝元年（七四九）十月にいたる三年間に八回に分けた鋳継《いつ》ぎを行なって鋳造された（『東大寺要録《とうだいじようろく》』）。

技術的官人・国君麻呂　大仏造立に技術的官人としてたずさわったのが、国君麻呂《くにのきみまろ》（国中連公麻呂、～七七四）である。『続日本紀』宝亀《ほうき》五年（七七四）十月己巳条の卒伝《そつでん》では、「天平年中、聖武皇帝弘願《ぐがん》を発して盧舎那銅像を造らしむ。その長五丈なり。当時の鋳工、敢へて手を加ふる者無し。公麻呂、頗《すこぶ》る巧思《こうし》有り。竟《つい》にその功を成す。労を以て遂に四位を授く」とする。国君麻呂は、天平十八・十九年（七四六・七）頃に「造仏長官」とみえ、東大寺法華堂《ほっけどう》（三月堂）の不空羂索観音像《ふくうけんじゃくかんのんぞう》の造仏にもかかわったが、天平勝宝元年の聖武天皇の東大寺大仏殿行幸に際して大鋳師とともに叙位されたのは大仏造立の功によろう。天平宝字五年（七六一）には造東大寺司次官となる。国君麻呂の祖父は、白村江《はくそんこう》の敗戦があった天智二年（六六三）に百済《くだら》から亡命してきた貴族で、徳率《とくそつ》（百済官位の四等）の官位をもつ国骨富《こくこつふ》であり、百済系渡来人の技術が大仏造立に用いられたといえる。

三　大仏と銅

律令国家と銅　律令国家は、金属資源に対する官採主義をとっていた。産出する金属は、まず官が採掘の優先権をもつとされた（雑令《ぞうりょう》9国内条「凡《およ》そ国内に銅鉄出す処《ところ》有らむ、官採らずは、百姓私に採ること聴《ゆる》せ」）。国産の銅への関心の高さは、武蔵国秩父郡で和銅が出たことを祝って、和銅元年（七〇八）に和銅改元が行われたことに象徴される。そして、天武天皇時代の富本銭《ふほんせん》に続いて唐にならった銅銭「和同開珎《わどうかいちん》」が鋳造された。

律令国家の金属資源への関心の高さは、和銅六年（七一三）の風土記撰進の詔にもみることができる。風土記に記載が求められた各地の物産のはじめに、郡内産出の銀・銅があげられている。

大仏の銅　天平十五年十月に近江の紫香楽宮で発せられた聖武天皇の大仏造立の詔中の文にあるように、「国の銅を尽して」大仏は造られた。天平十七年の平城京還都ののち、奈良の東大寺に場所を移して進められた大仏造立において用いられた膨大な銅の量は、『東大寺要録』によって知られる。

奉鋳用銅四十萬一千九百十一斤　熟銅卅九萬一千卅八両　白鑞《ろう》一萬七百廿二斤

一両八箇度所用合四十萬二千九百斤両（始天平十九年九月廿九日、迄勝宝元年十月廿四日、合八箇度所用）二萬三千七百十八斤十一両（自勝宝二年正月、迄七歳正月、奉鋳加所用也）

右、奉鋳尊像御躰所用鋳銅并白鑞《ろう》如前

御螺髻（略）用生銅九千三百廿四斤十二両（箇別九斤十両）

御座（略）

且宛銅廿二萬四千九百廿九斤九両、白銅一百八十四斤十三両

また、正倉院文書（丹裹《につつみ》文書）の「造東大寺司牒《ちょう》」からも、長門国司から大量の銅が瀬戸内海の船運を使って造東大寺司へと送られていたことが知られていた。

東大寺大仏殿回廊西地区の発掘調査　東大寺大仏殿回廊西《かいろうにし》地区の発掘調査では、大仏鋳造に関係する鋳銅施設の遺構が見つかるとともに、溶解炉《ようかいろ》の破片や溶銅塊《かい》・鞴羽口《ふいごはぐち》など多くの鋳銅遺物が出土し、あわせて大仏鋳造関係の木簡が出土した（中井・和田　一九八九）。そして、ヒ素をふくんだ銅の成分分析の結果から山口県美祢市にある長登《ながのぼり》銅山が大仏に用いられた銅の産地であることが判明するとともに、出土した木簡から、大仏鋳造現場宛てに大量の銅が貢進されたこと、その中に光明皇后の皇后宮から大量の良質の銅が施入されていたことが明らかになった。

自宮請上吹銅一万一千二百廿二斤

□宮宿□〔舞カ〕□□丘□〔百カ〕足宮□人［　］百□

縦（二一八）×横三二×厚二ミリ　〇一九型式

これは、東大寺の大仏鋳造現場が、光明皇后の皇后宮から大量の原料銅を受け取ったことを示す木簡である。製錬された上質の銅（熟銅）が一満一二二二斤（約七・六トン）も光明皇后のもとから送られたことは、大仏造営に光明皇后が深くかかわっていたことを示す。

（表）右二竈卅一斤　投一度

（裏）□□一日

縦一三九×横三八×厚五ミリ　〇三二型式

こうした木簡は、大仏鋳造のため鋳型に銅を溶かして注ぎこむ溶解炉である竈《かま》（いっせいに液状の銅を注ぐために多くの竈が並べられ、「右二」「右四」「五」「七」などと名付けられた）に、銅原料を投げこんだ記録である。

長登銅山跡　長登銅山跡は、鋳銭《じゆせん》や東大寺大仏に銅を提供するために古代長門《ながと》国美禰《みね》郡に置かれた銅の生産遺跡であり、八世紀初頭から一〇世紀代まで機能した地方官衙《かんが》遺跡でもある（池田　二〇一五）。古代の遺構としては、銅鉱石の採掘跡（露天掘り・狸掘《たぬきぼ》りの坑道など）・選鉱《せんこう》作業場（銅の純度を高めるための選鉱用に石臼・石槌を用いる）・焼窯跡（製錬前に鉱石を酸化させる焼鉱工程を行う）・製錬《せいれん》作業場（炉を中心とした作業単位で製錬する）・炉《ろ》跡・粘土《ねんど》採掘跡などからなる銅生産の総合的な遺跡である。この長登銅山において、銅の採鉱から選鉱・焙焼《ばいしよう》・製錬に至る銅生産が行われたのであった。

長登銅山跡では、わずかな調査区から約八〇〇点の天平初期の木簡が出土した。木簡には、銅生産関係の木簡や、官衙関係の文書木簡や貢進物荷札《こうしんもつにふだ》木簡などがあった。その中で、製銅付札木簡や配分宛先木簡は、長登銅山で生産された銅がどこに送られて利用されたかが知られる、重要な史料である。製銅付札木簡は、製銅インゴッドの付け札であり、製錬技術者名（銅工集団）・製銅出来高（斤数・枚数）・製作月（「□月功」）・提出月日・製銅宛先などが記されている。

太政大臣□□首大□　上□
五十三斤枚三
縦一六三×横二九×厚八ミリ　〇三二型式

この木簡にみえる天平期の「太政大臣」は「故太政大臣藤原不比等家」であり、実態としては不比等の財産を受け継いだ光明皇后に宛てて長登銅山から銅の貢上があったことを物語る。先にみた、光明皇后の皇后宮から大仏鋳造現場に良質の銅が大量に寄進された木簡と、長登銅山から光明皇后宛てに上質の銅が送られたというこの木簡の内容が接続するのであり、化学分析だけでなく出土文字資料からも、長登銅山の銅が大仏造立に用いられたことが証明された。

長登銅山に置かれた役所は、のちに「採長門国銅使」・「長門国採銅所」と呼ばれる官司であり、長門国府の出先機関として、国家的な銅生産に関わる多様な機能を果たした。木簡や史料からは、長門国司をはじめ長門鋳銭《じゆせん》司《し》・美祢郡司・富豪浪人・民衆・大津郡・阿武郡と関係をもつだけでなく、中央政府・周防《すおう》国司・周防鋳銭司・豊前《ぶぜん》国司・門司《もじ》・備中国司などとも交流していたことがわかる。『延喜式』の条文からは、本朝銭の鋳銭に際して長門国の銅が重要な役割を果たしており、長登銅山はその中で大きな位置を占めている。また『延喜式』からは、大津・阿武両郡の浮浪人の調が採銅料に宛てられるなど、郡域を超えて長登銅山に物資が集められており、じっさい周防国の調塩《ちようえん》が長門の長登銅山に国境を超えてもたらされたことが貢進物荷札木簡からわかる。律令国家が、周防国から都に運ぶべき調庸物を、都とは逆方向の長門国の長登銅山に運ばせており、長登銅山は長門国に限らず律令国家的な規模で位置づけられていたのである。

『延喜式』では、長門国は豊前国とともに鋳銭のための銅原料を主要に支える国であったが、豊前の銅の増産のために長門から技術的支援が行われた史料があるので、それ以前の奈良時代には長門の長登銅山が占める位置は、大きなものであったとみられる。長登銅山は、大仏造立だけでなく鋳銭という律令国家の重要事業を支える重要な存在であった。また、銅の貢進にあたっては、光明皇后とも密接な関係をもっていた。日本列島各地域の歴史が、中央や他地域の歴史と深く関わりながら多様な交流のなかで展開したことを示す、格好な遺跡といえよう。

陸奥の「天平産金」　大仏がほぼ完成する頃の天平勝宝元年二月に、聖武天皇の信任篤い陸奥守《むつのかみ》百済王《くだらのこにきし》教福《きょうふく》が、管内の小田《おだ》郡に産した金を塗金用に献上した。黄金山産金《こがねやまさんきん》遺跡（宮城県遠田《とおだ》郡涌谷《わくや》町）がその遺跡であり、百済系渡来人の金属技術を利用して、金の生産が行われたと考えられる。

『続日本紀』天平勝宝元年二月丁巳条に「陸奥国、始めて黄金を貢る」とあり、同年四月乙卯条には「陸奥守従三位百済王敬福、黄金九百両（一三キロ）を貢る」とみえる。同じ四月にも、国内ではこれまで産出しなかった金が東北陸奥の地から出現したことを、聖武天皇は格別に喜んでいる（『続日本紀』同年四月朔条）。聖武天皇が「三宝《さんぼう》の奴《やっこ》」すなわち仏教の奴隷とみずからを位置づけたことは、国家仏教を理解する上でも興味深い。一方、為政者が金属に深い関心を持ち続けたことも、この宣命からうかがえる。元号が「天平」から「天平感宝《かんぽう》」に改元された（この年七月に聖武天皇は娘の孝謙天皇に譲位してさらに「天平勝宝《しょうほう》」となる）のも産金によるもので、神仏が大仏のために黄金を表出してくれたとして、産金は中央政界に大きな影響をもたらした。

この時の産金の遺跡が黄金山産金遺跡であり、砂金が採れる黄金沢《こがねざわ》に面して小金山神社が位置する。発掘調査によって、奈良時代の六角形建物跡が検出され、「天平」のヘラ書き文字が記された瓦製宝珠《ほうじゅ》などが出土した（伊東　一九六〇）。産金を記念した仏堂的施設が想定されている。陸奥国からの産金に関する鉱業技術は、陸奥守の百済王敬福のもとで、百済系渡来人の技術が発揮されたのであろう。

『続日本紀』天平神護《じんご》二年（七六六）六月壬子条の薨伝《こうでん》では、刑部《ぎょうぶ》卿《きょう》従三位《じゅさんみ》で亡くなった百済王敬福は、最後の百済王となった義慈王《ぎじおう》の末裔で、聖武天皇から厚く信任された官人であり、陸奥の地から、大仏塗金用の黄金を本邦初の産出例として献上する劇的な出来事を演出し、従三位に特進したのであった。

聖武天皇は、天平産金を喜び大仏造立への協力を諸氏族に求める詔書を諸国に送付した。この詔書を受けて、越中守《えつちゆうのかみ》として任国に赴任していた大伴家持《おおとものやかもち》が、「陸奥国より金を出せる詔書を賀く歌」（『万葉集』巻一八―四〇九四）を詠んだことはよく知られる。

越中国府（富山県高岡市）に赴任中の越中守大伴家持は、大伴氏への信頼をもこめたこの詔に感激し、『万葉集』に和歌を残した。それは、天平産金を賀すとともに、大伴氏をひきいて聖武天皇に仕奉する気持ちを表明する内容の和歌であった。

このように大仏造立をめぐっては、河内国大県郡の知識寺、豊後国の宇佐八幡宮、長門国美禰郡の長登銅山、陸奥国少田郡の黄金山産金遺跡などの諸地域の歴史が深くかかわっていた。また、国司としてそれぞれ赴任していた陸奥国司の百済王敬福や越中国司の大伴家持などの人々も、大仏造立をめぐって都と地方を結ぶ役割を果たしていた。

大仏開眼供養会　大仏がようやく完成を迎えたのは、大仏造立の詔（七四三年）から九年たった天平勝宝四年（七五二）のことであった。この年四月九日、ついに東大寺で開眼供養会《かいげんくようえ》が行われる。この儀は、『続日本紀』天平勝宝四年四月乙酉条に、

盧舎那大仏の像成りて、始めて開眼す。是の日、東大寺に行幸《みゆき》したまふ。天皇、親《みずか》ら文武の百官を率いて、設斎大会《せつさいだいえ》したまふ。その儀、一《もは》ら元日に同じ。五位已上は礼服《らいぶく》を着る。六位已下は当色《とうじき》。僧一万人を請ふ。既にして雅楽寮と諸寺との種々の音楽、並びにことごとく来たり集まる。また、王臣諸氏の五節《ごせち》・久米儛《くめまい》・楯伏《たてふし》・蹋歌《とうか》・袍袴《ほうこ》等の歌儛《かぶ》有り。東西より声を発し、庭を分けて奏る。作《な》すことの奇《くす》しく偉《とうと》きこと、勝《あ》げて

記すべからず。仏法東に帰《いた》りてより、斎会《さいえ》の儀、嘗《かつ》て此の如く盛《さかり》なるは有らず。

とみえるように、仏教の東方流伝を記念する大規模な儀式であった。この記事では、聖武太上天皇・光明皇太后・孝謙天皇をはじめ百官が並んだほか、僧が一万も集められたという。『東大寺要録』では、集められた僧の数は「請僧千廿六口」「衆僧沙弥尼《しゆうそうしやみに》并九千七百九十人」とある。開眼師は僧正《そうじよう》でインド僧の菩提僊那《ぼだいせんな》、呪願師《じゆがんし》は唐僧の道璿律師《どうせんりつし》と、国際色豊かな儀式であった。

正倉院宝物の中には、菩提僧正が大仏の眼を点じた開眼用の儀器的な筆や、その筆から延びて参会者たちが手をそえた縷《る》（ヒモ）など、開眼供養会で用いられた品々が多く伝えられており、「天平勝宝四年四月九日」の日付が記された寄進物も多い（松嶋　一九七八）。

また、正倉院文書の中の塵芥《じんかい》文書に付属して「蝋燭《ろうそく》文書」と呼ばれていた文書群の調査によって、『続日本紀』などが伝える開眼供養に奉仕した僧侶一万の数がけっして誇張ではなかったことが知られた。「蝋燭文書」は、湿気によって巻子本二一巻が巻物のまま固まって伝来したもので、和蝋燭に似る形状からそう呼ばれている。その調査により、膨大な数の僧侶名を列記した文書（「僧交名《そうきようみよう》」）の巻物が一五巻ほどあり、なかには大仏開眼供養会で開眼導師や呪願師という大役を果たした菩提や道璿の名も記されていた（杉本　二〇〇一）。この文書の僧名記載法と巻数から推定して、「蝋燭文書」は、開眼供養会に参列した一万の僧尼のリストであったのである。天平の時代に、一万の僧尼が東大寺に集まったのであった。大仏開眼供養会は、聖武天皇がめざした仏教による国家・社会の安定を象徴する盛大なイベントであったとともに、天平時代の仏教の広がりの大きさを示している。

四　大仏造立と列島の古代史

破格の規模で進められた大仏造立や東大寺造営は、それを通して国家と社会の安定を図ろうとする聖武天皇・光明皇后の意図のもとに進められ、律令国家が税制などを整えて中央集権的な地方諸国統治を確立したことを受けて完成したといえよう。大仏造立は、陸奥の金や長門の銅をはじめ、広範な諸国とその民衆の負担による国家的基盤の上に完成したといえるが、一方で、逆に大仏造立の事業を通して、はじめて諸国から富を集中する集権的な国家組織が整えられる面があったと考えられる。この大事業を通して、諸氏族や民衆の結集を図ろうとするもくろみも、行基集団や大伴家持や渡来系氏族などの例にみられるように、一定の成果をあげたものといえよう。それは、政治的・社会的な不安定という天平の時代背景のもとで、大宝律令が完成（七〇一年）してほぼ半世紀を経て実現できた出来事であったのである。

大仏造立は、列島各地の地域の歴史や東アジアとの国際関係など多様な交流のもとで進められていった。各地域の歴史は、さまざまなかたちで大仏造立と関係することによって、日本列島の古代史を構成していたといってよいのではないだろうか。

しかし、大仏の完成によって、必ずしも奈良時代の社会や民衆に安定と平和がもたらされたわけではなかった。巨大な宗教的モニュメントは、むしろ背景として現実に存在する国家的・社会的な不安定と共存するものでもあった。

平安時代の文人貴族三善清行《みよしきよゆき》は延喜十四年（九一四）四月の『意見十二箇条《いけんじゆうにかじょう》』で、華麗・巨大な大仏や東大寺の造営を、その破格の規模による国家財政への負担の大きさゆえに、厳しく批判している。

もっとも、誰がみても仰ぎ見るほどの、膨大な労力を注いだ破格の規模をもつ宗教的な文化遺産であることから、大仏や東大寺は、中世以降の歴史の中でも僧侶や天皇・貴族だけではない多くの人々の力によって存続していったし、規模を縮小しながらもその維持をめざす努力が続けられていった。

東大寺と大仏造立をめぐる遺跡や出土文字資料の発見によってみえてきた諸地域の古代史からは、列島諸地域が決して個々に分散した閉ざされた世界であったわけではなく、さまざまな境界を越えて中央・他地域そして海外とも深い交流を相互に展開していたことが明らかになってきている。こうした地域間交流を特徴とする諸地域の古代史と律令国家の古代史とを総合することによって、より多元的・立体的で豊かな日本列島の古代史像が見えてくるのではないだろうか。

参考文献

池田善文『長登銅山跡―長門に眠る日本最古の古代銅山―』同成社、二〇一五年
・山口県美祢市の長登銅山跡の発掘調査成果を簡明に紹介し、古代官営工房の銅生産の様相を明らかにする。
栄原永遠男『聖武天皇と紫香楽宮』敬文舎、二〇一四年
・聖武天皇が大仏造立事業をはじめた紫香楽宮の実像にせまった研究。
佐藤　信『出土史料の古代史』東京大学出版会、二〇〇二年
・律令国家の歴史を、列島各地域の古代史とその地域間交流の展開から総体的に見通そうと努めた。
伊東信雄『天平産金遺跡』涌谷町、一九六〇年
小笠原好彦『聖武天皇と紫香楽宮の時代』新日本出版社、二〇〇二年
佐藤　信「大仏造立の歴史的背景」あたらしい古代史の会編『王権と信仰の古代史』吉川弘文館、二〇〇五年
佐藤　信『日本古代の歴史六　列島の古代』吉川弘文館、二〇一九年

佐藤信編『日本の時代史四　律令国家と天平文化』吉川弘文館、二〇〇二年
杉本一樹「蝋燭文書と塵芥雑張―東大寺盧舎那仏開眼供養供奉僧名帳の発見―」『日本古代文書の研究』吉川弘文館、二〇〇一年、初出一九九六年
瀧川政次郎「恭仁京と河漢崇拝」『京制並びに都城制の研究』角川書店、一九六七年
寺崎保広『聖武天皇』山川出版社、二〇二〇年
［天平の都紫香楽］刊行委員会編『天平の都紫香楽―その実像を求めて―』信楽町、一九九七年
中井一夫・和田萃「奈良・東大寺大仏殿廻廊西地区」『木簡研究』一一、一九八九年
林　陸朗『光明皇后』吉川弘文館、一九八六年
松嶋順正編『正倉院宝物銘文集成』吉川弘文館、一九七八年

4　神道の成立

佐藤雄一

一　「神道」とは何か

「神道」の初見　「神道」という語の史料上の初見は、『日本書紀』である。そこでは以下のようにみえる。①天皇は仏法を信じ、神道を尊ぶ。（用明即位前紀）②天皇は仏法を尊び、神道を軽んず。（孝徳即位前紀）③惟神《かむながら》〈惟神は神道に随《したが》ふを謂ふ。亦、自《おの》づからに神道有るを謂ふ〉（大化三年〈六四七〉四月壬午条）。

ここにみえる「神道」が現在の認識と同じなのかが問題となるわけだが、かつて津田左右吉は歴史用語としての「神道」を以下のように定義している。①古くから伝えられてきた日本の民族的風習としての宗教（呪術も含めていう）的信仰。②神の権威、力、はたらき、しわざ、神としての地位、神であること、もしくは神そのもの。③民族的風習としての宗教に何らかの思想的解釈を加えたもの。④特定神社の宣伝的な教説。⑤日本に特殊な政治もしくは道徳の規範としての「神の道」。⑥宗派神道。

津田によれば、古代における意味は①②のみであり、それ以外は中世以降に現れるという。確かに「神道」の語が多用されるのは中世神道諸説の流布においてであり、院政期以降に頻出する。今日、我々が漠然とイメージしている「神道」は①に近い。しかし、『日本書紀』にはみえた「神道」だが、この語は同時期に編纂された他の文献（『古事記』『万葉集』や各国風土記）にはみえない。「神道」は当時中国で使用されていた語の借用であった。中国では、当初「霊妙なる理法」を意味し、そののち道教や仏教経典に取り入れられ、道・仏それ自体を指して使われてもいる。また、より一般的には、神祇・神霊やその祭祀・呪法を意味する。日本古代において「神道」は主に②の意味で用いられており、自然信仰に立脚する「カミ」そのものやその有り様を指している用語であると理解される。

「神道」はいつ成立したか　「神道」について、稲作が開始されて以来の「日本特有の伝統的信仰」とする見方は現在でも巷間にみることがある。しかし、上記のことをふまえれば、直接的な連続性を認めることは難しい。

「神道」成立をどの時期に求めるか、その諸説については（岡田　二〇一〇）によって四つに大別されている。①七世紀後半から八世紀初頭の官社制成立期。②平安時代初期の律令祭祀制から平安祭祀制への転換期。③二十二社奉幣《ほうべい》と諸国一宮制が成立し、中世神話や神国意識が地域社会へ浸透した、一一・一二世紀の院政期。④顕密《けんみつ》体制が崩壊するなか、顕密仏教の一部であった神祇が自立し、吉田神道が創出された一五世紀。

①〜④の諸説では約八〇〇年の開きがあるが、①②は祭祀制度の成立・転換期を重視し画期を認める立場で、③④は語義解釈を厳密にする立場から「神道」の成立を求めている。

「神道」の成立については、以上のような問題があることを承知する必要はあるものの、律令祭祀制度が成立した①の時期は、神祇祭祀の画期として認められる。律令祭祀制度が古代社会において必ずしも十全に機能していた訳ではないが、国家的祭祀体制とその体系が整備された点は重要であろう。

本章では、「神道」の成立について律令祭祀制度が整備された七世紀後半から八世紀初頭に画期を認め、それ以前の祭祀との断絶、もしくは連続性について、文献史学以外に隣接諸学の成果も参考に紹介する。また、カミが坐《ま》す神殿である「神社」の成立は、本章が対象とする「神道」とは不可分の関係である。これについては古代国家において重要な位置を占めた三輪、伊勢、出雲を事例として紹介したい。

二　国家祭祀の起源——王権のマツリから律令祭祀へ——

三輪山の祭祀　神々へのマツリと、その舞台となる神社の起源がいつまで遡るのか。この問いについては、神社と結びついた祭祀遺跡が雄弁に物語る。そのような、神社と祭祀遺跡の代表的な例の一つとして、大神《おおみわ》神社（奈良県桜井市）と三輪山山麓に広がる祭祀遺跡群がある。大神神社は『古事記』『日本書紀』において皇祖神や天皇との密接な関係が語られる古社である。また、三輪山周辺には祭祀遺跡と豊富な考古資料の存在が知られているが、その祭祀の起源と変遷については考古学的手法から明らかにされてきている。

三輪山は奈良盆地南東部にあり、その円錐形のカンナビ的山容から信仰の対象とされてきた。麓の大神神社は本殿を持たず、拝殿奥の三ツ鳥居を通し神体山である三輪山を拝する様式を取る。三輪山の周辺である桜井には、纏向《まきむく》遺跡など初期ヤマト王権の拠点と目される遺跡が所在しており、この頃の王権と三輪山とに何らかの関係を見出す見解もある。

三輪山とその祭神である大物主神《おおものぬしのかみ》（大三輪の神）は、たびたび記紀に登場するが、三輪山の祭祀にまつわる伝承の中でも知られるのは、『日本書紀』崇神七年から八年条にかけての大田田根子《おおたたねこ》と三輪君の出自に関わる伝承である。

崇神七年二月条では、疫病などの災いが多いことを愁《うれ》える天皇の夢に大物主神が現れ、国が治まらないのは大物主神の意思であること、吾が児大田田根子に自分を祭らせることで国は平らかになることを告げる。そこで天皇が茅渟県《ちぬのあがたすえのむら》の陶邑にいた大田田根子を探し出し、大物主神を祭らせたところ、疫病は息み、五穀が実り百姓はにぎわったという。

ここでは、三輪山に鎮まる大物主神は「倭国の域内」の神であり、正しく祭ることにより王権を守護する神とされる。また、『古事記』国作り段においては、みずからを御諸山（三輪山）に祭ることを条件に大国主神の国作りへ協力する。これらはヤマト王権における三輪山とその祭神の位置づけを示唆している。また、『古事記』神武段や『日本書紀』崇神十年九月条の神婚譚で、三輪山の神は丹塗矢《にぬりや》もしくは蛇体として描かれており、水分《みくまり》の神としての性格も想起される。

さて、三輪山には多数の磐座《いわくら》が散在しており、山全体が浄域で、山麓には祭祀遺跡が点在し、祭祀に用いられた豊富な品々が出土、もしくは採集されている。なかでも、初期のものは四世紀代に遡るとみられるが、このような祭祀遺跡と先の伝承には関係があるのだろうか。

三輪山の祭祀遺跡において最も著名なのは大正七年（一九一八）に発見された山の神遺跡であろう。磐座と目される巨石を開墾のため動かしたところ、銅鏡、勾玉《まがたま》などの玉類、滑石製《かっせきせい》模造品、須恵器《すえき》、土師器《はじき》といった大量の祭祀遺物が出土した。また、農具を表現した土製模造品も検出されているが、これらは『延喜式《えんぎしき》』の諸祭祭料の醸造具と品目が一致することから、酒造りの道具を表現したものとする説もある。遺物の年代は、四世紀後半から六世紀代と考えられている。

古墳時代にはじまる三輪山山麓での祭祀は当初、数ヵ所に点在しており固定されていないが、五世紀以降の代表的な祭祀遺跡は三輪山から流れる小河川に面して立地しており、祭祀の対象として河川や水との関係が指摘されている。また、六世紀後半頃になると禁足地周辺に祭祀の中心的な場が収斂《しゅうれん》されていく。水田耕作に欠かせない河川と、その源である三輪山の水利に関する王権と有力豪族の関与が想定される。崇神紀に記された三輪君による三輪山祭祀の開始は架上されたものであり、欽明期に求める説が有力である。

天皇を守護した伊勢神宮　お伊勢さんとしても知られる「伊勢神宮」。古代では「神宮」や「大神宮」などとも称されたが、現在の正式名称は「神宮」である。ここでは便宜上伊勢神宮とも表記するが、現在の神宮は一社によるのではなく、内宮《ないくう》（天照大神を祭る皇大神宮）と外宮《げくう》（豊受大御神を祭る豊受大神宮）、及びそれぞれの別宮・摂社・末社・所管社といったさまざまな宮社から構成され、その地域は多気《たけ》・度会《わたらい》・志摩《しま》の三郡にわたる。別宮以下の構成数については歴史的な変遷を経ているが、現在では別宮一四、摂社四三、末社二四、所管社四二があり、これら一二五の宮社の総体が「神宮」である。

さて、伊勢神宮というとお伊勢参りが連想されるが、これは近世以降の伊勢信仰によるところが大きく、庶民にも知られた「お伊勢さん」と古代の伊勢神宮とはまったく異なる。古代の伊勢神宮は、天皇を守護する社であり、一般に開かれたものではなかった。また、延暦二十三年（八〇四）成立の『皇太神宮儀式帳《こうたいじんぐうぎしきちょう》』『止由気宮《とゆけぐう》儀式帳』（総称して『儀式帳』とも）には神宮の宮域が記されており、このころの皇太神宮（内宮）の神堺は豊受大神宮（外宮）を包括していたようだ。外宮の四至が設定されたのは延長四年（九二六）のこととされる（『神宮雑例集』）。『延喜式』巻四伊勢大神宮1大神宮条・3度会宮条によると、大神宮（内宮）が伊勢国度会郡宇治郷の五《い》十鈴川《すずがわ》のほとりに、度会宮（外宮）が同郡沼木郷の山田原にあり、それぞれ天照大神と豊受大神とを祭っていた。

伊勢神宮の創祀をめぐって　神宮の創祀伝承は『日本書紀』に記されているので、以下紹介しよう。国譲りの後、天照大神は瓊瓊杵尊《ににぎのみこと》降臨にあたり宝鏡を授け「床を同じくし殿を共にして、齋鏡とすべし」と指示する（神代下第九段一書第二）。ここでは、宮中に天照大神とみなされる神聖な鏡が祭られたことを語っている。しかし、崇神六年には、それまで宮中殿内に祭っていた鏡を、豊鍬入姫命《とよすきいりひめのみこと》に託して大和の笠縫邑《かさぬいのむら》に祭らせ、さらに垂仁二十五年三月には改めて倭姫命《やまとひめのみこと》に託し鎮祭すべきところを求めたところ、天照大神の意思により伊勢の五十鈴川のほとりに斎宮を建てて祭ったとされる。なお、『儀式帳』においても『日本書紀』と同様の展開をみせるが、より詳細に記されている。

こうした記述にどこまで史実性を読み取るかが問題であり、神宮成立についてはさまざまな説が出されている。『日本書紀』や『儀式帳』の創祀伝承を支持する立場としては、田中卓の研究がある（田中　一九八五）。田中は崇神・垂仁朝を三世紀半ば～四世紀前半に比定し、神宮の成立については当該時期における東国支配の進展と関連づけ、畿内から東国へ進出する王権の「皇威の宣布」であったとした。一方、直木孝次郎は垂仁紀の鎮座伝承とは距離を置く（直木　一九六四）。直木は、元来伊勢神宮は太陽神を祭る地方有力社であったが、五世紀後半の雄略朝頃の東方進出にともなって王権と関係を有するに至ったとする。また、岡田精司も垂仁紀の鎮座伝承を疑う立場から、王権が伸張した五世紀段階に大和の太陽神を伊勢に移したとし、その背景として、伊勢の度会地域がもともと太陽神を祭る地であったこと、東国経営の要衝であったことを指摘する（岡田　一九七〇）。内宮境内の荒祭宮《あらまつりのみや》付近では五～六世紀の祭祀遺物も表採されていて、何らかの祭祀が行われていたことは確かであり、この頃に画期を求める岡田説は今なお有力である。

だが、そうした祭祀のあり方は、遷宮によって常設の建物が維持されていくという神宮のあり方とは異なるため、これが現在の神宮に直接結びつくかについては、一考を要するだろう。近年では、天武・持統朝の段階的な祭祀制度の整備を経て、八世紀初頭までに国家的な神社である伊勢太神宮が成立したとする榎村説が注目される（榎村　二〇一二）。

出雲大社の創建伝承　現在、出雲大社（明治以前は基本的に杵築《きづき》大社とみえるが、ここでは便宜的に出雲大社と呼称する）には寛文度造営に際して東方約二〇〇㍍にある命主社《いのちぬしのやしろ》から出土したとされる弥生時代の銅戈《どうか》とヒスイ製勾玉が伝来している。このことが出雲大社の直接的な起源につながるわけではないが、弥生時代から大社周辺が特別な場所として認識されていたことがうかがえる。

　出雲大社の創始は、いわゆる国譲りの場面で神話的に表現されている。『古事記』や『日本書紀』本文では明確に示されてはいないが、『日本書紀』神代下第九段一書第二に「天日隅宮」として祭神である大己貴神の鎮まる場所が記されている。このように国譲り神話と密接に関わり、神社の創始が記紀に直接神話として語られているのはまれな事例であるといえる。

　次に『古事記』垂仁段では、いわゆるホムチワケ伝承にみえ、出雲大神の祟りと出雲国造の祖による奉祭、皇子が言葉を発したことに対する宮の造営が語られる。また『日本書紀』崇神六十年七月己酉条の神宝検校《けんぎょう》伝承では、武日照命《たけひなてるのみこと》が天から持ち帰った神宝を納めている「出雲大神宮」として記される。

　以上は神話伝承としての出雲大社に関する記載であり、歴史的に見て最初の造営記事であると考えられているのは、『日本書紀』斉明五年（六五九）是歳条である。ここでは出雲国造に命じて神の宮を修厳させている。この神の宮については意宇《おう》郡《ぐん》熊野《くまの》大社《たいしゃ》をあてる説もあるが、王権にとっての重要性から出雲大社（もしくは両社）を指すとする見解が多い。

出雲大社境内遺跡がもたらした知見　出雲大社境内遺跡の平成十二年度発掘調査では、四世紀後半のめのう製勾玉・滑石製臼玉《うすだま》等からなる祭祀遺物や、一三世紀頃の三本の杉の巨木をまとめ赤彩した巨大な柱が発見された。滑石製玉類を使用する祭祀の進展と大量生産にはヤマト王権の関与が想定されており、古墳時代前期末はその初期段階にあたる。これは、出雲大社境内地内での祭祀が古墳時代前期に溯る可能性を示しているのみならず、三輪山の祭祀と同様、初期段階での国家的祭祀の要素が見出されている点で注目される。紙幅の都合もあり詳述は避けるが、同様の様相は宗像沖《むなかたおき》ノ島《しま》における祭祀の初期段階（岩上祭祀）でも想定されており、王権初期の祭祀が広域交通上の要地に展開する様子をみることができる。

巨大柱は宝治二年（一二四八）造営時の柱根とみられ、これによって巨大な社殿建築の存在が確認された。出雲大社を描いた「出雲大社并神郷図」は鎌倉時代の作とされるが、ここでの本殿柱も朱塗りで描かれている。当社を形容する「八百丹杵築宮」（『延喜式』巻八祝詞36神寿詞条）、「夜本爾余志伊岐豆岐能美夜《やほによしいきづきのみや》」（『古事記』雄略段）なども、この巨大な赤彩された柱に由来する「枕詞」であるとする説もある。

『出雲国風土記』出雲郡山野条の出雲御埼山《みさきやま》では、西の麓に所造天下大神の社（出雲大社）が鎮座していたことが記されている。出雲御埼山とは、現在の出雲大社後方に広がる北山山系のうち、弥山《みせん》や八雲山、あるいはこれらを含む山塊の総称であるとみられており、その西の麓は確かに現在の出雲大社にあたる。出雲大社境内において八世紀の神社遺構はいまだ確認されていないが、現拝殿の南調査区では七世紀後半の須恵器類も出土しており、この頃の出雲大社境内で何らかの活動があったことは確かである。したがって、『出雲国風土記』が編纂された段階ですでに現在の境内地に社殿が建っていた可能性はあり、先の斉明五年条にみえる「神の宮」修厳記事の蓋然性も認められよう。斉明に続く天智天皇の頃（六六二〜六七一）には、鹿島《かしま》神宮でも「神の宮」が造営されている（『常陸国風土記』香島郡条）。両社に象徴されるように、記紀神話の最終的な整理がなされたと考えられる七世紀後半に、国家的に重要な神を祭るための神社が整備されたことは無関係ではあるまい。

以上、「神道の成立」というタイトルから逸脱した感もあるが、古代の祭祀や神社の様相については、文献史学的知見と発掘調査による考古学的知見との双方から検証され、しだいに明らかにされつつある。確かに、必ずしも整合的な結果が出るわけはないが、それもまた重要な発見である。安易な「活用」は相互に慎まなければならないが、協業によるクロスチェックは今後の地域史研究において求められる要素の一つとなるだろう。

参考文献

岡田莊司編『日本神道史』吉川弘文館、二〇一〇年
・神道の基本的性質、また神道の歴史について、神道史学者を中心にまとめられた一冊。古代から現代に至るまでを各時代を専門にする研究者によって概説する。
笹生　衛『神と死者の考古学—古代のまつりと信仰—』吉川弘文館、二〇一六年
・祭祀遺跡や古墳から出土する遺物を分析し、古代国家の祭祀について述べる。また古代から中世にかけての自然観や信仰の変化について、著者の研究に基づいて通覧した書。
椙山林継・岡田莊司・牟禮仁・錦田剛志・松尾充晶『古代出雲大社の祭儀と神殿』学生社、二〇〇五年
・平成十三年に出雲大社で開催されたシンポジウムの記録集。冒頭の調査報告は、出雲大社境内遺跡の評価について発掘調査報告書以外では最もまとめられているものの一つ。
伊藤　聡『神道とは何か—神と仏の日本史—』中央公論新社、二〇一二年
井上寛司『日本の神社と「神道」』校倉書房、二〇〇六年
上田正昭「古代出雲の魅力」京都国立博物館・島根県立古代出雲歴史博物館編『特別展覧会　大出雲展』、二〇一二年
榎村寛之『伊勢神宮と古代王権』筑摩書房、二〇一二年
岡田精司「伊勢神宮の起源」「古代王権と太陽神」『古代王権の祭祀と神話』塙書房、一九七〇年
岡田精司『新編　神社の古代史』学生社、二〇一一年
荻原千鶴『出雲国風土記　全訳註』講談社、一九九九年
笹生　衛「祭祀遺跡からみた古代の出雲—杵築大社成立の背景—」島根県古代文化センター編『古代祭祀と地域社会』、二〇一六年
高取正男『神道の成立』平凡社、一九九三年、初出一九七九年
田中　卓「神宮の創祀と発展」『伊勢神宮の創祀と発展』国書刊行会、一九八五年、初出一九五九年
津田左右吉『日本の神道』岩波書店、一九四九年、『津田左右吉全集　第九巻』所収

直木孝次郎「天照大神と伊勢神宮の起源」『日本古代の氏族と天皇』塙書房、一九六四年、初出一九五一年
林　一馬「記紀にみる神社の創立伝承と出雲の特殊性」浅川滋男・島根県古代文化センター編『出雲大社の建築考古学』同成社、二〇一〇年
穂積裕昌『伊勢神宮の考古学』雄山閣、二〇一三年
和田萃編『大神と石上―神体山と禁足地―』筑摩書房、一九八八年

5　古代の神仏習合

三舟隆之

一　神仏習合とは——神と仏——

神祇信仰の成立　われわれは困ったことに直面にしたときに救いを求める言葉として、よく「神サマ、仏サマ」と唱えてお願いすることがある。また正月でも初詣に神社ではなく、平然とお寺に詣でて一年の無事を祈り、あげくの果てに絵馬を奉じお札やお守りを購入し、お神籤まで引いてくる。このように現代のわれわれは、日常生活や行事において神仏を混同している例は多々ある。このような現象の起源は、どこにあるのであろうか。

神は祀る対象であるが、日本では古くから山や川などの自然を対象にした信仰（アニミズム）が存在した。それは神社が成立する以前から縄文時代や弥生時代にかけて存在し、さらに弥生時代から古墳時代にかけて、磐座《いわくら》などの巨石祭祀遺跡や鏡・剣・玉などの依代《よりしろ》が出現し、それを司る巫女《みこ》（シャーマン）が出現する。そして古墳時代後期になると、自然を対象とした信仰からみずからの氏族を守護する祖先神が発生し、神社が造営されるようになる。このように、古代の日本では仏教伝来以前にいわゆる固有信仰（神祇信仰）が存在していたが、欽明朝に外来宗教である仏教が伝来したことにより、仏像を崇拝し経典から教理を学び、そしてそれを執り行う場として寺院が造営された。ここから神と仏の二つの信仰が同時に併存したのである。そしてこの神と仏の両者の接触・融合が、「神仏習合」である。

仏教伝来と神祇信仰—崇仏と排仏—　いうまでもなく仏教はインドで発生し、その後アジアの各地に伝播して中国・朝鮮半島を経て日本に伝来するが、その基本的な性格は多神教である。仏教の中でも仏教を守護する四天王や、現世利益《げんぜりやく》をもたらす吉祥天《きっしょうてん》や弁財天《べんざいてん》などの諸天はもともとインド固有の神々であり、また妙見菩薩《みょうけんぼさつ》は中国の道教の北辰《ほくしん》（北極星）信仰と習合したものである。このように仏教自体が、さまざまな神々を取りいれた宗教であることを忘れてはならない。

『日本書紀』欽明十三年（五五二）五月条では排仏派が仏教を「蕃神」、すなわち外来の神として捉えており、神祇信仰の「国神」と同列に認識しているが、仏教信仰では仏像が存在し、それを安置する寺院が造営される。それは従来の神祇信仰にはなかった形態であった。

しかし、『日本書紀』皇極元年（六四二）七月条でも蘇我蝦夷《そがのえみし》が百済大寺《くだらのおおでら》で祈雨祈願を行っており、また『日本霊異記』上巻七縁では三谷郡《みたにぐん》の大領《だいりょう》の先祖が白村江《はくそんこう》の戦いに従軍し、無事帰還した際には造寺を行うことを神祇に誓っている。さらに群馬県金井沢碑文《かないざわひぶん》でも、仏教的な知識結《ちしきゆい》を天地に誓願するなど現世利益的な祈願が中心で、神と仏の区別がついていない。

仏教受容後、蘇我氏が飛鳥寺を造営して以来各地で寺院が造営されるようになり、舒明天皇も王権の寺院として百済大寺を発願・造営すると、七世紀後半以後全国各地で各氏族が氏寺《うじでら》としての寺院を造営するようになった。すなわち各氏族は氏神を祀るとともに、「七世父母」に代表される祖先信仰のもとに仏教的追善《ついぜん》供養を行い、現世と来世の安穏を祈願する。このように東アジアの仏教は、祖先信仰による現世利益を追究する宗教として展開したが、その背景には氏族の祖先信仰が受容基盤として存在していたため、神と仏は対立することなく信仰されたのである。

神宮寺の成立　では神仏習合は、どのような形態を採るのであろうか。その典型的な例は、神宮寺の出現であろう。神宮寺とは、神も仏法を尊ぶようになったため神社の境内に建てられた寺院のことである。神宮寺が現れるようになるのは八世紀前半で、代表的な神宮寺には宇佐《うさ》八幡《はちまん》神宮寺や多度《たど》神宮寺などがある。このうち『多度神宮寺伽藍縁起并流記資財帳』には、天平宝字七年（七六三）に多度神宮寺にいた満願《まんがん》禅師が、罪を懺悔《ざんげ》し「神身《しんじん》離脱《りだつ》」を願う多度神のお告げを受けて多度神宮寺を建立した、とある。このように神が「神身離脱」を願って仏教を信仰するために神宮寺を建てた例は、他にも越前・気比《けひ》神宮寺、若狭《わかさ》神願寺《しんがんじ》などがある。また『日本霊異記』下巻二十四縁では、近江国野洲郡《やすぐん》御上《みかみ》嶺にいた陁我《たが》大神が大安寺僧に、「神身離脱」を願うために『法華経《ほけきょう》』を読むことを命じている。このような「神前読経」も、典型的な神仏習合である。こうして「神身離脱」を果たした神は、仏法を守護する「護法善神《ごほうぜんしん》」となるのである。

宇佐八幡神の登場　さらに天平十五年（七四三）に大仏造立の詔《みことのり》が出されると、宇佐弥勒寺《みろくじ》では三重塔が造営され、同十七年（七四五）には八幡神から東大寺造営の費用が寄進された。それによって聖武天皇は八幡神に三位を叙し、大仏造立のために八幡神に祈願するようになる。その後陸奥《むつ》の産金があり大仏が完成すると、天平勝宝元年（七四九）には宇佐八幡神が上京し、東大寺の中に鎮守として八幡宮が建てられた。そしてこのような神宮寺や鎮守八幡宮では、僧形《そうぎょう》をした八幡神像が造られるようになるとともに、八幡神は「八幡大菩薩」という菩薩号を称するようになる。

二　神仏習合の研究史

神仏習合は日本で自然に発生した？　八世紀に入り国家が仏教を保護するようになると、神と仏の融合が進むようになる。神仏習合の研究は膨大であるが、まず取り上げなければならないのは辻善之助の研究であろう。辻は、神仏習合と本地垂迹説《ほんちすいじゃくせつ》の発生時期が異なると論じた。本地垂迹説とは、仏や菩薩が衆生《しゅじょう》（人々）を救うために神となって現れるという説であるが、辻はこれらの神仏習合思想が日本で自然発生したものと考えた。家永三郎も仏教受容が伝統的な神祇信仰に影響を与え、聖武天皇の仏教興隆策が仏教を主とする神仏習合を進めたとする。原田敏明も家永説を継承し、神仏間の葛藤から神仏習合が生じ、神を仏に従属させたとする。さらに田村圓澄は、「神身離脱」を願ったのは地方神であり、「護法善神」は中央の国家の神であるとした。このように神仏習合が地方で発生し、それが中央にも及ぶという説には、下出積與や逵日出典の説がある。さらに高取正男は排仏意識が神道の成立につながり、その対応として本地垂迹説が仏教側から出されたとする。

このように神仏習合は、日本で発生した固有信仰の神祇信仰と外来宗教である仏教が融合していく中で発生した思想であるというのが通説であった。ところが神仏習合が日本で自然発生したことに最初に疑問を呈したのは、津田左右吉である。津田は「神身離脱」が仏教側の説であるとして古来の神祇信仰とは無関係であるとし、中国仏教の思想の影響を受けたものとした。この説は当時はほとんど顧みられなかったが、その後吉田一彦が中国の『高僧伝』や『続高僧伝』などから、それまで典型的な日本固有の信仰と考えられていた「神身離脱」「護法善神」という思想や「神前読経」が中国では一般的な思想であることを指摘し、辻以来の神仏習合説を否定した。

神仏習合思想は中国の思想？　吉田は『続高僧伝』法聡伝を検討し、神道の「業障」《ごうしょう》が苦悩であり、『涅槃経』《ねはんぎょう》

の講説によってそれから脱することができたという内容が、日本古代の神仏習合思想と同じであることを指摘した。このような内容の説話は『高僧伝』にも多く見え、求那跋陀羅《ぐなばつだら》伝では「護寺善神」という表現が見え、「護法善神」もまた中国仏教の思想であることを指摘した。さらに『多度神宮寺伽藍縁起并流記資財帳』に見える「神御像」も『続高僧伝』に「神像」とあり、日本の神像も中国の影響を受けたものとした。以上から吉田は、日本古代の神仏習合に見られる「神身離脱」・「護法善神」の思想や神宮寺建立、「神前読経」や神像が、中国仏教の習合思想をほぼそのまま直接に受容したものと指摘した。このように神仏習合の成立についてはさまざまな説があり、まだ研究の余地がある。

山岳信仰と「山寺」　吉田が指摘したもう一つの中国仏教の性質に、山岳仏教がある。中国には「名山大川」に対する祭祀が仏教受容以前からあり、道教の神仙思想とも関係していた。そして、そのような名山での修行する修行者が存在していた。日本においても三輪山祭祀遺跡のように、弥生時代から山岳に対する信仰は存在し、記紀神話でも三輪山の大物主神《おおものぬしのかみ》は雷神として蛇にすがたを変えて現れる。そのため山岳は浄行の人のみが登山を許され、仏教の世界でも『日本霊異記』下巻三十九縁では、伊予《いよ》の石槌山《いしづちさん》ではその山で修行した僧に寂仙《じゃくせん》という僧が登場する。

奈良時代の僧侶たちが山中で呪術力を高めるために修行していたことは、『正倉院文書』の中に「山沙弥所」「山林師所」という山林での修行の場があり、官僧は日常的に山中で修行していた。そのため「山寺」(山岳寺院)は奈良時代から存在し、とくに吉野比蘇山寺《ひそやまでら》を中心として形成されていた「自然智宗《じねんちしゅう》」が存在し、神叡《しんえい》・護命《ごみょう》・道璿《どうせん》などの高僧が「求聞持法《ぐもんじほう》」のために、山林修行を行っていた。近年では国分寺の周辺にある山岳寺院も、同様な性格であることが指摘されている。

山岳信仰遺跡の出現　山岳信仰の遺跡が出現するのは、日光男体山《なんたいさん》の場合、出土する土器の年代は八世紀末である。男体山を山岳信仰の霊場として開き神宮寺を建立した勝道《しょうどう》は、『補陀洛山建立修行日記《ふだらくさんこんりゅうしゅぎょうにっき》』によれば下野国芳賀郡高岡《はがぐんたかおか》の人で、天平勝宝六年（七五四）に修行を始め下野薬師寺で僧となり、具足戒《ぐそくかい》を受けて官僧となり勝道と名を改めた。この勝道に関しては同時代人の空海《くうかい》も注目し、『性霊集《しょうりょうしゅう》』に収められる「沙門勝道歴山水宝玄珠碑并序」で勝道を絶賛している。

神仏習合の地方的展開と受容　また『多度神宮寺伽藍縁起并流記資財帳』に登場する満願禅師も箱根山を開山したり、鹿島《かしま》神宮寺の建立に関係しており、諸国を遊行して神仏を祀り神宮寺を建立している。神仏習合思想は地方で発生し中央にもたらされたものとする説と、中央からもたらされたとする説が存在するが、箱根山や鹿島神宮寺の満願禅師や日光の勝道上人のように、諸国で活躍する地方の修行僧が存在したことは事実である。たとえ神仏習合思想が中央からもたらされたものであっても、受容する在地側に習合思想的な基盤がなければ成立しない。

三　神仏習合研究の課題とその後の展開

本地垂迹説と権現思想の成立　本地垂迹説とは仏を主、神を従とする説で、仏や菩薩が衆生を救うという本地垂迹の結果、仏が仮に化身して日本の神々となって現れた（権現《ごんげん》）という考えである。そしてそれぞれの神はどの仏かということが決められ（本地仏）、宇佐八幡神の場合は釈迦三尊、春日大社では鹿島神は不空羂索《ふくうけんじゃく》観音・香取神は薬師如来、というように決まっていく。

修験道の成立　神仏習合思想が山岳信仰と結びついていくと、山岳での仏教修行者が現れる。最澄や空海によって密教がもたらされると、平安時代に入って修験道《しゅげんどう》が発生するが、その拠点が熊野《くまの》と金峯山《きんぷせん》であった。金峯山では蔵王《ざおう》菩薩が本尊として崇められ、さらに蔵王権現に変化する。熊野では本宮《ほんぐう》・新宮《しんぐう》・那智《なち》の三山によって構成され、『日本霊異記』下巻一縁にも見られるように修行の地であった。熊野では十二所権現を中心にさまざまな本地仏が祀られ、九十九王子社の信仰を含め、平安時代には熊野参詣が盛んとなる。

神仏習合研究の課題　神宮寺の建立では、その建立主体は神を奉斎する氏族が中心であって、国家の関与が見られないことである。律令制国家は神郡の指定を行い、奉斎氏族の郡領《ぐんりょう》の連任を許すなどの他の郡領氏族にはない特典を与えているものの、神宮寺の建立には積極的ではない。それは、神祇信仰が在地との関係性（在地性）が強いことを示している。またそのような信仰が存在する地域で、満願禅師（万巻上人）のような僧侶が各地を遊行し、神宮寺を建立する背景はまだ解明されていない。神仏習合が中国仏教の影響を忠実に受けたとしても、中国では神宮寺のような寺院は存在せず、神宮寺が日本独自な寺院であるとするならば、神仏習合思想を受容した日本は、その後独自な信仰を展開させたともいえる。

　このように神仏習合とは、神祇信仰と仏教信仰が複雑に融合し、独自な信仰となったものである。神仏習合をめぐる問題は、まだまだ未解決な部分が多い。研究史で明らかなように、現在の研究では日本の神仏習合思想は中国の影響を色濃く受けたもので、中国のそれとあまり差異がないとされる。とすれば受容する神祇信仰についても大きな差異はないことにもなり、神祇信仰は「日本固有の信仰」ではなく、東アジアの一般的な信仰であることになる。このような視点からすれば、神仏習合の研究は日本・朝鮮・中国を含めた東アジアの思想や信仰形態を解明するスタートでもあるといえよう。神仏習合を研究することは、古代東アジアの民族思想研究につながるテーマになりつつある。

　しかしもう一方で現在までの神仏習合研究の問題は、神仏習合の研究が仏教側に重心を置き、本地垂迹説を核とした神仏習合論に依然として偏っていることである。霊亀二年（七一六）の寺院併合令に「神を敬い仏を尊ぶは、清浄を先と為す」とあるように、仏教が神祇から受けた影響もあるはずである。神仏習合の研究は古代から近代まで続くが、中世からの研究が集中していくせいか、古代での神仏習合の研究は吉田の研究以降、主だったものを見ない。その背景には、神仏習合の前提条件である神道＝固有信仰についても、実はその実態についてはあまり研究されていないという現状がある。

古代における神仏習合の研究は、その後の日本の宗教文化を考えていく上で非常に重要で基本的な論点であり、多様な分野での研究の可能性を秘めたテーマである。

参考文献

逵日出典『神仏習合』臨川書店、一九八六年
・神仏習合について、その発生から展開過程、さらに近現代までの歩みを解説した良書。
義江彰夫『神仏習合』岩波書店、一九九六年
・神仏習合思想の発生から展開を古代・中世に求め、宗教と社会の関わりを歴史学から論じた書。
曾根正人編『論集奈良仏教四　神々と奈良仏教』雄山閣、一九九五年
・神仏習合思想に関する研究史は、曾根正人「研究史の回顧と展望」に詳しく、また主要参考文献を掲げており有用。
家永三郎「飛鳥寧楽時代の神仏関係」『上代仏教思想史研究（新訂版）』法藏館、一九六六年、初出一九四二年
伊藤　聡「神仏習合の研究史」『国文学　解釈と鑑賞』六三―三、一九九八年
久保智康編『日本の古代山寺』高志書院、二〇一六年
下出積與「神仏習合の展開」『古代日本の庶民と信仰』弘文堂、一九八八年
高取正男『民間信仰史の研究』法藏館、一九八二年
田村圓澄「神仏関係の一考察」『史林』三七―二、一九五四年

辻善之助「本地垂迹の起源について」『日本仏教史　上世篇』岩波書店、一九四四年、初出一九〇七年
津田左右吉『日本の神道』岩波書店、一九六三年、初出
林　淳「神仏習合研究史ノート」『神道宗教』一一七、一九八四年
原田敏明『日本宗教交渉史論』中央公論社、一九四九年
吉田一彦「多度神宮寺と神仏習合―中国の神仏習合思想の受容をめぐって―」梅村喬編『古代王権と交流四　伊勢湾と古代の東海』名著出版、一九九六年
ルチア・ドルチェ、三橋正編『「神仏習合」再考』勉誠出版、二〇一三年

6　陰陽道の成立

山下克明

一　陰陽道とは

陰陽道の研究動向　陰陽道は新しい研究分野である。というのは数十年前までは、陰陽道とは陰陽五行説、易《えき》の思想であるとか、中国からそのまま伝来したものとされてきたが（齋藤　一九一五、村山　一九八一）、近年の研究では、陰陽道は古代律令制官衙《かんが》の陰陽寮から展開した学術・宗教で、平安時代に成立したとの見方が示され（小坂　一九八七、山下　一九九六）、それにより古代以降の陰陽師職務の自律的展開と社会との関わり、陰陽道祭祀の宗教性、東アジア各地域との比較検討の視点などが生まれてきたからである。また研究の活性化には、近年になり陰陽家安倍《あべ》氏（土御門家《つちみかどけ》）の貴重な史料が公開されたこと、社会的に小説・漫画・映画などサブカルチャーで陰陽師安倍晴明がブームになったことも少なからぬ影響があった。

陰陽道の源流、術数　陰陽道が平安時代に成立したものであるとはいえ、「陰陽」の名を冠するようにその源流は古代中国で成立した陰陽五行説にあることはいうまでもない。中国の戦国時代（前四〇三～前二二一）に成立した陰陽説・五行説は前漢の時代に結合して陰陽五行説となり、その生成・循環理論は中国で思想・学術の基盤をなしたが、最も影響を受けた分野がこれを応用して自然の変異を理解し未来を予測しようとする占術・暦・天文などの術数部門であった。それらは早くから官制に組みこまれ、隋・唐制では所管した太史局《たいしきょく》と太卜署《たいぼくしょ》で技術の行使と専門家の養成が行われた。この術数分野の学術が朝鮮半島などを経て日本に伝来し、占術・暦・天文を扱う官衙の陰陽寮から、やがて学術・宗教としての陰陽道が成立することになる。

その伝来は六・七世紀で、『日本書紀』推古天皇十年（六〇二）十月条には、百済僧《くだらそう》の観勒《かんろく》が来朝して暦・天文・地理・遁甲《とんこう》・方術《ほうじゅつ》の書をもたらし書生に教授したとある。それ以後暦や天文・占術は徐々に定着し、天武天皇四年（六七五）正月条には陰陽寮の名称が初見し、また「始めて占星台を興《た》つ」と天文台建設の記事があり、天武自身も即位前紀に「天文・遁甲に能《よ》し」とあり天文占と遁甲占の知識を有していた。

陰陽寮は大宝元年（七〇一）制定の大宝律令制で中務省《なかつかさしょう》の下に設置され、「職員令《しきいんりょう》」では頭《かみ》・助《すけ》以下の事務官僚と陰陽師、陰陽・暦・天文・漏刻《ろうこく》博士、学生《がくしょう》らが置かれた。その規定する陰陽師の職務は「占筮・相地」、すなわち占いと土地の吉凶を選定する技能であり、陰陽師・天文博士たちは朝廷や官庁のために、自然の変異発生の原因、未来の吉凶などを中国伝来の占術・天文占により判断していたと考えられる。『正倉院文書』の「官人考試帳」（『大日本古文書』第二四巻、五五二頁）には、慶雲・和銅年間（七〇四〜七一五）における陰陽師・陰陽博士らの勤務評価の対象となった個々の占術名が記されている。

陰陽道の成立　奈良時代の陰陽寮の職務はこのように占術技能を中心としたものであった。しかし平安時代に入ると、陰陽寮官人は占術だけでなく祓《はらえ》・反閇《へんばい》などの呪術や祭祀を行う宗教家として行動をとりはじめ、一〇世紀には官職名の陰陽師も一般的職種名となり、民間にも陰陽師が現れるのである。では占術技能から宗教分野への進展にはどのような要因があったのだろうか。

奈良時代末に皇位継承をめぐる陰謀事件で朝廷は混乱し、平安時代に入り律令支配体制は衰退して災害や疫病なども起こり、天皇や貴族は災害への不安感を増大させわざわいに過敏になる。これを背景に陰陽師はしきりに災害・怪異現象を占って、神や山陵《さんりょう》（天皇陵）・怨霊・鬼神などの祟りを指摘し、さらに道術を取りいれてわざわいや疫病を除く祓や祭祀を行うようになる。仁寿三年（八五三）十二月に、陰陽寮の奏言により『陰陽書』の法に基づき毎年害気《がいき》鎮《しず》めを行うこととし、貞観元年（八五九）八月には虫害を払い豊作を求めて祭祀（のちに高《こう》山祭《ざんさい》という）を行い、同九年（八六七）正月には疫病流行に備えて鬼気祭《ききさい》を行っている。

　このようにして九世紀後半には、占いにより災害・怪異の原因を明らかにし、祭祀により厄難を祓う呪術的宗教としての陰陽道が成立するのである。その中心となり活動したのは、のちに『今昔物語集』にも陰陽師としての説話が取り上げられる陰陽頭滋岳川人《しげおかのかわひと》・弓削是雄《ゆげのこれお》などであり、この時期に陰陽道の成立を認めることができる。

二　陰陽師の役割

陰陽師の職務　平安時代中期になると陰陽師の活動は貴族社会に定着し、朝廷・天皇のみならず貴族個々へも活動を広げ、賀茂保憲《かものやすのり》・光栄《みつよし》父子や安倍晴明らの著名な陰陽師を輩出した。その職務内容をまとめると、儀式などのさい日時・方角の吉凶を勘申すること、災害や怪異・病気の原因を占うこと、辟邪《へきじゃ》・息災《そくさい》の祓や祭祀を行うことの三点に分けることできる。

　①〈日時・方角の吉凶〉　朝廷の神事・仏事・宮中儀礼等の年中行事や、天皇の即位・行幸、内裏《だいり》修造など臨時の行事、さらに貴族たちの元服・任官・結婚などの私的な儀礼は先例とともに日時・方角の吉凶を陰陽師に調査させてから行うことが例で、これを日時勘申《にちじかんしん》といった。方角神には具注暦《ぐちゅうれき》に載る大将軍《たいしょうぐん》・天一《てんいち》・土公《どこう》などの

ほか太白《たいはく》・王相《おうそう》・八卦忌方《はっけのいみかた》（禍害《かがい》・絶命《ぜつみょう》・鬼吏《きり》など）があり、出行や遷居・造営などのさいは陰陽師にたずね、行動を慎む「方忌《かたい》み」や、方角神を避けて他所へ赴く「方違《かたたがえ》」も頻繁に行われた。陰陽師はこれらの禁忌について暦博士が作成する具注暦とともに、典拠として『陰陽書』『新撰陰陽書』など中国伝来の五行書を引用して説明した。

②〈怪異・病気の占い〉平安中期から陰陽師の占いはもっぱら式盤《しきばん》を用いる六壬式占《りくじんしきせん》が行われていた（小坂二〇〇四）。災害や怪異が発生し、また病気になると天皇・貴族はその原因を求め対処するためにしきりに陰陽師を呼び占いを行わせた。怪異は物怪（もっけ・もののさとし）とも呼ばれ、神霊的存在（「もの」と称した）の啓示であり、当事者が受ける厄難の内容とこれを避ける謹慎日が指定され、それが「物忌日《ものいみび》」となった。病気の発生は神・鬼神・土公神・竈神《そうじん》などの「もの」の祟りとされ、占いで祟りの主体が求められ、これを祓う祭祀や修《す》法《ほう》が行われ、陰陽師は鬼気祭・土公祭などの祭祀を修した。

③〈祓・祭祀〉陰陽道では身体の安穏と除災を目的として一定の作法をともなう河臨祓《かりんのはらえ》・七瀬祓や反閇《へんばい》などの呪術と、特定の神々を祀って祈願の内容を叶えようとするさまざまな祭祀が行われた。祭祀は虫害を祓う高山祭や年穀を祈願する雷公祭《らいこうさい》、天変地異・旱魃《かんばつ》・疫病流行などの災害を除く天地災変祭《てんちさいへんさい》・五龍祭《ごりゅうさい》・四角四界祭《しかくしかいさい》などの公的祭祀から、天皇や貴族個人の延命・息災・招福を目的とする泰山府君祭《たいざんふくんさい》・属星祭《ぞくしょうさい》・本命祭《ほんみょうさい》・防解火災《ぼうかいかさい》祭《さい》・代厄祭《だいやくさい》・土公祭《どこうさい》・玄宮北極祭《げんぐうほっきょくさい》・三万六千神祭・天曹地府祭《てんそうちふさい》など目的に応じてさまざまな祭祀が修され、時代とともにその種類は増加していった。室町時代に編纂された『諸祭文故実抄《しょさいもんこじつしょう》』（神宮文庫）、『祭文部類《さいもんぶるい》』（若杉家文書）には各種の祭文が収められており、また『小反閇作法《しょうへんばいさほう》并《ならびに》護身法《ごしんほう》』（若杉家文書、鎌倉時代後期の写本）により平安時代後期の反閇呪法の次第が知られる。

陰陽道の宗教性　陰陽師は占い師であるとともに宗教家へ展開したが、彼らが担う信仰はいかなるものであったのだろうか。陰陽道の代表的祭祀である泰山府君祭では個人の息災・除厄・延命などを祈願して、閻羅天子《えんらてんし》（仏教の閻魔天）、五道大神《ごどうたいじん》（冥官神）、泰山府君《たいざんふくん》（司命神）、天官・地官・水官（自然の神格化）、司命・司録（冥官神）、本命神《ほんみようしん》（北斗神）、開路将軍《かいろしようぐん》（道路神）、土地霊祇《とちれいぎ》（土地神）、家親丈人《かしんじようじん》（祖先神）の十二神を祀った。それらは道教で天地自然を神格化したものや冥官・星・土地神など多彩な神々であった。祭祀を行う場所も特徴的で、陰陽道では寺院や神社のように特定の宗教施設はなく、陰陽師は貴族の邸宅の庭や河原などの開放空間において臨時に祭壇を設けて、祭文を読み神々を勧請《かんじよう》して行われた。その時間は夕刻から未明で夜間に行われた。それもこれらの神々は夜間に活動する存在であり、これを祀る時間と場所は夜空の下、庭などが相応しいからである。ここに陰陽道祭祀の特質がある。

また葬送に際しても陰陽師は土地神を鎮めるために葬地の鎮祭は行うが、特定死者霊の祭祀に関与しなかったことも特徴であり、死者追善は仏教に委ねて、また陰陽師自身も老齢になると菩提を祈り出家するものが多かった。それは陰陽道が災害や怪異・病気などのさいに厄難を除去する現世利益を目的とした宗教で、来世観を持たない信仰であったことによる。

三　陰陽道と文献史料

賀茂氏・安倍氏の世襲化と家本　平安時代中期以降、朝廷の官職は特定の家による世襲化が始まるが、陰陽道でも高名な陰陽師賀茂忠行・保憲父子や安倍晴明などが出て朝廷・摂関貴族の信頼を集め、とくに保憲やその弟子晴明は陰陽師として高位の従四位に昇り子孫繁栄の基礎を築いた。一一世紀中頃からは賀茂・安倍両氏が陰陽寮の主要官職である陰陽頭・助、陰陽博士、さらに賀茂氏は暦博士、安倍氏は天文博士を独占して陰陽道・暦道・

天文道を家業として継承した。職務遂行のために両氏のもとにはさまざまな典籍・著作・勘文が集積されたが、その後賀茂氏の嫡流勘解由小路《かでのこうじ》家は室町時代末に絶えて家本の一部は安倍氏の嫡流土御門家に伝わった。また土御門家は近代まで続き、散逸をまぬがれた少なからぬ家本が幸い現在に伝えられている。

陰陽道の史料　その安倍氏の主要な史料群が、明治時代に宮内省に献納された現宮内庁書陵部土御門本と、江戸時代後期の家司若杉家を経て現京都府立京都学・歴彩館所蔵の若杉家文書である。中世以前に遡る史料として、前者には安倍氏の所領関係の文書や祭文・安倍氏の著作などがみられる。後者には前述の『祭文部類』『小反閇作法幷護身法』のほか多数の中世祭文、『反閇部類記』『文肝抄《ぶんかんしょう》』など陰陽道の呪術・祭祀の記録類があり、それらによりはじめて実態が明らかになったものも多い。日時・方角分野でも承元四年（一二一〇）の『陰陽博士安倍孝重勘進記』の原本があり、天文道分野では天平宝字元年（七五七）に陰陽寮天文生のテキストに指定された中国の星座書『三家簿讃《さんかぼさん》』や気象・彗星占書の鎌倉時代の写本が伝わる（山下　二〇一五）。これらの天文書は奈良時代に遣唐使らによって伝えられたものとみられ、現在中国にも伝存しない貴重な文献である。このような新資料を活用することによってさらに陰陽道の実体は明らかになるだろう。

　また陰陽道は密教とのかかわりが深く、寺院資料により側面から陰陽道の呪法に及ぶものがあり、最近の例では式神の実態は式盤の十二月将であることが、一〇世紀中頃の東寺所蔵資料『北斗護摩集《ほくとごましゅう》』から明確になっている（林他　二〇二〇）。このほかにも古代では中国の術数・呪符文化の影響を受けた墨書土器や呪符木簡が各地の遺跡から発掘されているが、その中には陰陽道で用いる呪符と同様なものがあり、術数・呪術文化の地域的展開を示すものとして重要であり、その観点から今後考古学との連携を図ることも課題である。これらの文化は中国から周辺の東アジア諸地域に広がり展開したものであり、その比較文化的な研究も有効であり、すでに術数文献を中心に検討は進められている。陰陽道はこのような視点からさらなる広がりが期待される研究テーマである。

参考文献

林淳他編『新陰陽道叢書』全五巻、名著出版、二〇二〇年刊行予定
・前『陰陽道叢書』刊行以降活性化した研究の動向を、近年の主要論稿及び新稿を以て展望・深化し、古代・中世・近世・民俗説話・特論に分け総論を付して刊行する。古代編に式神に関する論考を収録。
村山修一他編『陰陽道叢書』全四巻、名著出版、一九九一～九三年
・八〇年代までの陰陽道関連分野に関する論文を古代・中世・近世・特論に分けて掲載し、解説、研究論文目録を付す。それまでの研究の到達点を知ることができる。
山下克明『陰陽道の発見』日本放送出版協会、二〇一〇年
・陰陽道の成立から平安貴族社会における陰陽師の役割、陰陽道信仰の実体や安倍晴明の実像、伝承の展開を説く。
小坂眞二「陰陽道の成立と展開」『古代史研究の最前線』第四巻、雄山閣出版、一九八七年
小坂眞二『安倍晴明撰「占事略决」と陰陽道』汲古書院、二〇〇四年
斎藤英喜『安倍晴明―陰陽の達者なり―』ミネルヴァ書房、二〇〇四年
斎藤英喜・武田比呂男編『〈安倍晴明〉の文化学』新紀元社、二〇〇二年
齋藤　勵『王朝時代の陰陽道』郷土研究社、一九一五年、水口幹記解説復刊、名著刊行会、二〇〇七年
繁田信一『陰陽師と貴族社会』吉川弘文館、二〇〇四年
繁田信一『平安貴族と陰陽師―安倍晴明の歴史民俗学―』吉川弘文館、二〇〇五年
鈴木一馨『陰陽道―呪術と鬼神の世界―』講談社、二〇〇二年
詫間直樹・高田義人編著『陰陽道関係史料』汲古書院、二〇〇一年
中島和歌子「貴族の風俗と信仰」大津透・池田尚隆編『藤原道長辞典』思文閣出版、二〇一七年
中村璋八『日本陰陽道書の研究』汲古書院、一九八五年、増補版、二〇〇〇年
林淳・小池淳一編『陰陽道の講義』嵯峨野書院、二〇〇二年
ベルナール・フランク、斎藤広信訳『方忌みと方違え―平安時代の方角禁忌に関する研究―』岩波書店、一九八九年

水口幹記編『前近代東アジアにおける〈術数文化〉』（『アジア遊学』二四四）勉誠出版、二〇二〇年
村山修一『日本陰陽道史総説』塙書房、一九八一年
村山修一編『陰陽道基礎史料集成』東京美術、一九八七年
山下克明『平安時代の宗教文化と陰陽道』岩田書院、一九九六年
山下克明『平安時代陰陽道史研究』思文閣出版、二〇一五年

7 国風文化

浜田久美子

一 「国風文化」の問題意識

教科書にみえる国風文化は、一〇～一一世紀に平安貴族により、中国文化を吸収・消化して生みだされた優美で洗練された文化とされる。その象徴が和歌の隆盛であり、仮名文字・仮名文学であるが、浄土教《じょうどきょう》の流行や大和絵《やまとえ》などの美術分野も含まれる。

時期や文化の担い手が具体的なのに対し、国風文化の性格は、「優美」「洗練」「繊細」「日本の風土にあう」「日本人の考え方にあう」など抽象的な語で説明されてきた。なぜなら、「国風文化」の語が史料用語でなく、戦後歴史学の揺籃期に議論の俎上《そじょう》に載せられるようになった概念であるからだ。

「国風」の語は、「唐風」との対立構造や、民族文化としての理解を生み出してきた。このため、「国風文化」をめぐっては、日本文化にこめられたナショナリズムをいかに客観視できるかという本質的な問題が存在する。

近年では、平安貴族が好んだ中国文化がいつの時代の中国なのかをめぐる議論も活発である。そこで、あらためて「国風文化」の時期・担い手・性格について整理したい。

二　時　期

国風文化の時代は一〇～一一世紀の摂関期とされる。文化の始まりが一〇世紀とされるのは、最初の勅撰《ちょくせん》和歌集である『古今和歌集《こきんわかしゅう》』の編纂が延喜五年（九〇五）であるためだけではない。長い間、寛平六年（八九四）の菅原道真《すがわらのみちざね》の建議により遣唐使の派遣が停止され、延喜七年（九〇七）には唐が滅亡し、中国文化の流入が途絶えたことが、国風文化発生の背景と考えられていたためである。

しかし現在では、道真の建議は今回の派遣を見送るもので、遣唐使の制度的な廃止ではないことや（石井　二〇一八）、唐滅亡後も呉越《ごえつ》（九〇七―九七八）や宋《そう》（九六〇―一二七九）との交易や僧侶の渡航の諸相が明らかにされ（山内　二〇〇三）、一〇世紀初めの唐、渤海《ぼっかい》、新羅《しらぎ》のあいつぐ滅亡により文化の流入が断絶したという見解は修正されている。海を越えた「モノ・人・情報」の往来は、遣唐使が派遣されていた時期よりも増大したのである（森　二〇〇八）。

一方で、国風文化の終焉期については、一一世紀後半から一二世紀末の院政期文化を含むのか否かで十分な議論はなされていない。摂関期に発生した浄土教は、白河天皇の法勝寺《ほっしょうじ》や奥州平泉の中尊寺《ちゅうそんじ》金色堂などに代表される院政期の仏教世界との連続性で捉えるべきである。また、「天竺《てんじく》・震旦《しんたん》・本朝《ほんちょう》」という三国《さんごく》世界観をもつ院政期の説話集『今昔物語集』の成立を考える上でも国風文化の影響は無視できない。

律令制が崩壊し、地方政治が変質していく一〇・一一世紀は、古代から中世への移行期であり、国内外の変動期である。そのような時代の文化を「国風」の語で画一的に捉えることは難しく、むしろ多様であることを前提に検討すべきであろう。

三　文化の担い手

摂関期の貴族を文化の担い手と考えると、彼らが仮名文字や和歌、女房文学を生み出した背景を考えることが、当該期の文化の性格の解明につながると思われる。

一〇世紀初めの延喜年間には、醍醐《だいご》天皇の皇后穏子《おんし》近侍の女房による『太后御記《たいこうぎょき》』や歌人伊勢《いせ》による『亭子院《ていじいん》歌合日記』のような女性日記が見えはじめる。女性に仮託して紀貫之《きのつらゆき》が仮名で『土佐日記』を書いた承平五年（九三五）頃までに女性による仮名日記が宮廷社会に浸透していたとみられる。『土佐日記』は仮名散文という文学を生み出し、それが一一世紀前後に『枕草子』や『源氏物語』のような女流日記文学として開花するのである。

和歌については、嘉祥二年（八四九）三月に仁明天皇四十の算賀《さんが》で興福寺大法師らが奉献した万葉仮名の長歌が、「倭歌《やまとうた》が人の心を感動させるものであるため」に『続日本後紀』に採録されている。この大法師らを自邸に住まわせた右大臣藤原良房《よしふさ》は『続日本後紀』の編者の一人で、かつ『古今和歌集』収録の和歌の作者の一人でもあった。良房以降の藤原氏を和歌の庇護者とみる説があるが（川尻　二〇〇八）、良房の弟藤原良相《よしみ》の邸宅西三条第からは仮名文字の和歌が書かれた墨書土器が発見されており、良相も庇護者に加えられるのではないか。すなわち、摂関政治の開始による藤原北家の台頭を背景に、和歌は政治の表舞台に登場したのである。

為政者の和歌への傾倒は宇多・醍醐朝にもみられる。宇多天皇は近臣と歌合を頻繁に行い、醍醐天皇の延喜五年（九〇五）には勅撰の『古今和歌集』が編纂される。編者の一人紀貫之は『土佐日記』の作者でもある。紀貫之の庇護者堤《つつみ》中納言《ちゅうなごん》藤原《ふじわらの》兼輔《かねすけ》が、春宮《とうぐう》時代から仕えたのが醍醐天皇であるから、貫之を和歌の牽引役に成長させたのは醍醐天皇であろう。

以上、為政者の庇護により、和歌や仮名文学は当代を代表する文化に仕立てられたといえる。言い換えれば、和歌や仮名文学に代表される「国風文化」は、当時の文化のうち、政治的に表出された一部分にすぎないのである。

そこで、表出されなかった文化とその担い手への注目が重要であろう。「国風文化」と対峙される語に「唐風文化」がある。九世紀初めの嵯峨朝における漢詩文の隆盛を支えた文人層は、渤海との外交では漢詩文交流の役割を担ったが、多くは摂関期の支配構造の転換のなかで地位を低下させ、渤海滅亡により外交官としての活躍の場を失った（浜田　二〇一九）。この中・下級貴族の文人層に「本朝意識」が顕著であることは、国風文化の担い手を考えるにあたり重要である。次にこの点をみていきたい。

四　性　格

「優美」「洗練」「繊細」という表現は、細やかな感情を書き綴った女房文学や、蒔絵《まきえ》や螺鈿《らでん》などの美術品などを表現しているが、漢詩にも繊細な風景描写や感情表現はみられるし、天平文化の象徴である正倉院宝物にもこれらの表現を用いることが可能である。したがって、これらの語で国風文化固有の性格を表すには根拠が不足している。では、「日本風」「日本的」についてはどうであろうか。

「日本風」「日本的」には、対立概念としての異国（外国）が想定される。古代では中国、朝鮮諸国がそれに該当するであろう。確かにこれらの国には仮名文字はなく、和歌もない。その点で独自性は認められるが、それが「日本の風土にあった」「日本人の考え方にあった」ものなのかは、当該期における「日本の風土」「日本人」が何なのかを論じずには断言できない。

本朝意識　異国との対比による自国の把握は、「本朝意識」の語で説明されている。その根拠は、一〇世紀末から『扶桑集《ふそうしゅう》』『本朝麗藻《ほんちょうれいそう》』『本朝文粋《ほんちょうもんずい》』のような、「扶桑」「本朝」という日本を冠する書名をもつ漢詩文集が編まれたことである。初例とされる天暦年間（九四七―五六）成立の大江維時《おおえのこれとき》による『日観集《にっかんしゅう》』序文には、「漢家（中国）の詩が尊重され、日本の詩が軽視されていることから、嵯峨朝の勅撰漢詩集以後の承和から延喜年間の詩を編纂し、「扶桑」の名を取り「日観集」と命名した」と述べられている。これらは、民族的なアイデンティティの表出とみられ（川口　一九八一）、貞観年間（八五九―七六）末期の新羅海賊襲撃事件による排外意識の形成に遡るとの見方もある（木村　一九九七）。

本朝意識の成立も「国風文化」の一端とみれば、文化の担い手には文人層も含まれ、本朝意識のもとに編まれた漢詩文集も国風文化の産物になる。ここに、当時の文化を「国風文化」の語で表す不都合さの一端がうかがえる。

ただし、本朝意識の発生が、漢詩文が貴族社会にも存在するという中国との同質性の認識の上に成り立つとの指摘もあり（小原　一九八七）、中国との差別化の強調には慎重でありたい。舶来品である唐物《からもの》の需要増大にともなう私交易の容認や、年紀（中国商船の来朝年限）の無実化など、一〇世紀以後の外交体制の形骸化を背景に、本朝意識の前段として、あるがままに他国を捉える「異国意識」の発生を指摘する説もある（榎本　二〇〇八）。前代（漢詩文隆盛期）に比べ、中国文化が相対的に捉えられるようになったとみるべきであろう。

東部ユーラシア世界への視座　では、仮名文学のなかにも本朝意識は見えるのだろうか。『源氏物語』梅枝には、唐の紙、高麗の紙、紙屋院《かみやいん》（日本）の紙について、優劣ではなく、それぞれの特性に応じた書法が述べられ、他国と自国の対比が客観的に行われている（榎本　二〇〇八）。作品中には多くの唐物がみえるが、極上の唐物が光源氏の貴さを表現する場合もあれば、末摘花《すえつむはな》が使用する「黒貂の皮衣」（渤海からの交易品と推定）や「秘色《ひしょく》」（越州窯《えっしゅうよう》青磁と推定）が、時代遅れのものとして描かれる場面もあり（河添　二〇〇七）、唐物の価値も相対化されていることがわかる。

『源氏物語』に先行する『竹取物語』では、かぐや姫が求婚者に要求した品が、「仏の御石《みいし》の鉢《はち》」や「蓬莱《ほうらい》の玉の枝」「火鼠《ひねずみ》の皮衣《かわごろも》」など日本では手に入らないものばかりであり、これらの産地には天竺（インド）や大秦《だいしん》（ローマ帝国）も含む広域なユーラシア世界が想定されている。入手できないこれらのものは、「内」に対する「外の文化」を顕在化させているとの指摘もある（皆川　二〇一九）。

このように、『竹取物語』や『源氏物語』は、本朝意識よりも、東部ユーラシア世界を描く国際的な視野のもとに構成されたと考えられる。

ところで、寛弘五年（一〇〇八）権中納言　源《みなもとの》俊賢《としかた》は、入宋中の僧寂照《じゃくしょう》に宛てた書状のなかで、日本に伝来していない書籍を望んでも、海商が利益を重んじ「軽貨」ばかりを船載すると嘆いている（『参天台五臺山記《さんてんだいごだいさんき》』巻五・延久四年〈一〇七二〉十二月二十九日）。また、一一世紀前半に編纂された『和漢朗詠集《わかんろうえいしゅう》』に選ばれた中国の詩は唐詩であり、同時代の中国（五代や宋）の影響がみられないこと、「唐絵《からえ》」が宋代でなく唐代の様式に基づくことなどから、唐物の実態は多くが消費財であり、平安貴族が愛好したのは、すでに滅亡した唐の文化の産物だとする見解がある（佐藤　二〇一七）。

これに対しては、文化が受容し定着するまでのタイムラグや、五代・宋の漢籍受容の実証の不足などから反論も出され、議論が進行中である。この問題は、単に交易や文物受容の実態の究明だけでなく、「文化」がいかに形成されるのかという問題を示唆する。

鄙の文化　本来「国風」とはその国の風俗であり、中国古典の『詩経《しきょう》』には、地方諸国の歌を集めた「国風」の編目がある。これをもとに、国風文化には、質的には雅《みやび》に対置され、空間的には中央に対する地方（鄙《ひな》）の性格があり、風俗歌が都の貴族により、歌枕のような観念的な枕詞《まくらことば》として和歌に取りこまれることで、「国風」から「雅」に発展したとみる見解がある（村井　一九九一）。また、『土佐日記』にみえるように、各地の風俗が和歌に取りこまれることで、和歌が「我が国の風俗」（長元八年〈一〇三五〉五月十六日関白左大臣頼通《よりみち》歌合）になったという指摘もある（西村　二〇〇五）。

いずれも、鄙の文化の吸収から文化形成を読み解くものであり、地方への視点は、文化の地方伝播を特徴とする院政期文化とのつながりを考える際に重要となる。紫式部や『更級《さらしな》日記』の作者菅原孝標女《すがわらのたかすえのむすめ》らが、親族の受領《ずりょう》赴任にともない地方を見聞する機会をもつなど、文化の担い手の空間的移動もあり、異国と自国の交通だけでなく、国内の交通からも文化の性格を読み解くことができる。

五　摂関期の文化への課題

以上のように、「国風文化」の時期や担い手、性格をめぐる議論は多く、浄土教や美術分野については、本章では十分に触れられなかった。しかし、「国風文化」の語が摂関期の文化の一面しか語っていない点は理解いただけたのではないだろうか。今後の国風文化をめぐる議論は、摂関期の文化の解明に注がれるべきである。

文化史をめぐる新旧の様式間には、類似点と連続性が存在する（ピーター・バーク　二〇一〇）。日本の古代でも、和歌集であるはずの『万葉集』に山上憶良の「沈痾自哀文《ちんあじあいぶん》」のような長大な漢文が収録され、九世紀初めの漢詩文隆盛期の弘仁四年（八一三）四月に嵯峨天皇と藤原園人の和歌の唱和がみえる。和歌も漢詩も連続性をもって展開したのである（村井　一九九一）。

一方で、文化の担い手に注目すれば、連続性の中にも転機を見出せる。たとえば、寛平五年（八九三）の序をもつ『新撰万葉集』上巻は菅原道真の撰と考えられている。漢詩と和歌がパラレルに記述されるこの作品は、両者のイメージの対立・対比を楽しむ作品であり、両者が緊張関係をもつ時代ゆえ成立したという（渡辺 二〇一四）。道真があえて『万葉集』の継承作品を編み出したこと、そこに自身の存在意義である漢詩を対等に配置したことは、文人でありながら議政官《ぎせいかん》の地位を得た者として、文人貴族の没落という文化の潮流の変化を察しての警鐘であり、文化的・政治的な挑戦とも取れるだろう。

しかし、その後の『古今集』では真名序《まなじょ》が編纂に「至るまで」の天皇の徳を讃えるのに対し、仮名序では「編纂後」の聖代観を表し、和歌中心の新たな思想の創出が行われた（渡辺 二〇一四）。和漢の緊張関係の後に待っていたのは和歌の隆盛である。そして、『新撰万葉集』と『古今集』との間にあるのは、道真の死である。

国風と唐風、和歌と漢詩文、これらは併存しており、対立構造で捉えるべきではない。だが、文化の担い手への注目は、「国風」では語ることができない社会の重層性を浮き彫りにするのである。「国風文化」の語で象徴されない文化の多様性への追究が必要である。

参考文献

榎本淳一『唐王朝と古代日本』吉川弘文館、二〇〇八年
・中国文化の古代日本への流入とその影響を論じた一冊。収録論文のうち、「「国風文化」の成立」（初出は一九九七年）、「「蕃国」から「異国」へ」（初出は二〇〇一年）、「文化受容における朝貢と貿易」（初出は一九九二年）が国風文化を論じている。

河添房江『源氏物語と東アジア世界』日本放送出版協会、二〇〇七年
・国文学の分野から『源氏物語』に書かれた唐物を中心に、世界の広がりを論じた一冊。姉妹編として、『光源氏が愛した王朝ブランド品』（角川学芸出版、二〇〇八年）もある。

木村茂光『「国風文化」の時代』青木書店、一九九七年

・古代から中世への転換期に注目しながら、その時代の文化として国風文化を考える一冊。これまでの研究史がわかりやすくまとめられている。

石井正敏「いわゆる遣唐使の停止について―『日本紀略』停止記事の検討―」村井章介・榎本渉・河内春人編『石井正敏著作集二　遣唐使から巡礼僧へ』勉誠出版、二〇一八年、初出は一九九〇年
小原　仁「摂関・院政期における本朝意識の構造」佐伯有清編『日本古代中世史論考』吉川弘文館、一九八七年
川口久雄『平安朝の漢文学』吉川弘文館、一九八一年
川尻秋生『全集日本の歴史四　揺れ動く貴族社会』小学館、二〇〇八年
河内春人「国風文化と唐物の世界」佐藤信編『古代史講義』筑摩書房、二〇一八年
佐藤全敏「国風とは何か」鈴木靖民・金子修一・田中史生・李成市編『日本古代交流史入門』勉誠出版、二〇一七年
西村さとみ『平安京の空間と文学』吉川弘文館、二〇〇五年
西本昌弘「「唐風文化」から「国風文化」へ」『岩波講座日本歴史第五巻』岩波書店、二〇一五年
浜田久美子「古代国家の外交儀礼」『歴史学研究』九八九、二〇一九年
ピーター・バーク著、長谷川貴彦訳『文化史とは何か』増補改訂版第二版、法政大学出版局、二〇一九年
皆川雅樹「ユーラシアと「唐物」との関係からみた「文化」―『竹取物語』を題材として―」『横浜ユーラシア文化館紀要』七、二〇一九年
村井康彦『文芸の創成と展開』思文閣出版、一九九一年
森　克己『新編森克己著作集一　新訂日宋貿易の研究』勉誠出版、二〇〇八年、初出一九七五年
山内晋次『奈良平安期の日本とアジア』吉川弘文館、二〇〇三年
渡辺秀夫『和歌の詩学―平安朝文学と漢文世界―』勉誠出版、二〇一四年

8　改元と天皇制

中野渡俊治

一　年号の意義と創始

年号の意義　年号とは、紀年法（年を単位として、経過した時を年数をもって数える方法）の一種で元号ともいい、ある期間の年数の上につける名称のことである。年号の制定は詔によって君主が行うものであり、時刻を計る授《じゅ》時《じ》・暦を定めて頒布する頒暦《はんれき》とともに、天子が空間や人だけではなく、時間を支配するということを象徴する行為であった（鎌田　二〇〇六）。年号を改めることを改元といい、明治維新にあたって一世一元の制が定められるまでは、一代の天皇の間に改元が複数回行われることもあった。

改元が行われる理由として、①代始《だいはじめ》改元、②祥瑞《しょうずい》改元、③災異改元、④革命・革令改元が挙げられる（小倉二〇一九）。いずれも天皇の統治と関わる事柄であり、年号の制度が本格的に始まった奈良時代は、②の祥瑞（特異な動植物や自然現象のうち、天が王者の治政を称讃して出現させたと考えられるもの）による改元が主であるのに対して、平安時代以降は①の代始改元や、③の災異改元・④の革命・革令改元が主としてみられるようになる。

年号の創始　日本の年号制の起源は中国の制度に求められる。中国においては、前漢の武帝の時代、紀元前一四〇年にあたる年を建元《けんげん》元年とし、以下元光《げんこう》―元朔《げんさく》―元狩《げんしゅ》―元鼎《げんてい》と改元を重ねたことから、年号の制が始まったとされる。ただしこれらは元鼎四年（紀元前一一三）ごろに遡って定められたと考えられる（所　二〇一七）。

日本における年号使用の始まりは、「大化改新」時の「大化」であるとされる。それまでは稲荷山《いなりやま》古墳出土鉄剣銘に「辛亥《しんがい》年」と記されるように、干支《かんし》によって年紀を表記していた。それが『日本書紀』孝徳天皇即位前紀に「天豊財重日足姫天皇《あめとよたからいかしひたらしひめ》（皇極天皇）四年を改めて、大化元年とす」とあるように、政治変革の発生と孝徳天皇即位による新政の始まりにあたって、新たに年号を定めたとされる。「大化」とは「大いなる徳化」の意であり、天皇（大王）の徳が広く行き渡るという理念をこめたものと思われる。ただし「大化」は養老四年（七二〇）成立の『日本書紀』の記載以外には、「宇治橋断碑《うじばしだんぴ》」中の「大化二年」程度しか用例がなく、実際には「大化」は制定されず「改新詔《かいしんのみことのり》」と同様に、『日本書紀』編纂時に修飾された可能性もある。

また『日本書紀』によると、大化六年（六五〇）二月に穴戸国《あなとのくに》から白雉《はくち》が献上されたことをうけて、年号を白雉に改めたとある。白雉とは『延喜式《えんぎしき》』治部省《じぶしょう》の祥瑞一覧に「中瑞」としてみえる。『日本書紀』白雉元年二月戊寅条に白雉献上の記事があり、このとき孝徳天皇が白雉出現の意味を尋ねたのに対して、百済君《くだらのきみ》（余豊璋《よほうしょう》）や僧旻《みん》らが、中国や高句麗の先例を挙げながら、孝徳天皇の徳をたたえている。さらに二月甲申条では群臣が並ぶなかで、天皇へ白雉献上の儀式が行われ、大化から白雉へと改元が行われている。ここで『日本書紀』は「改元白雉」と表記しており、これが改元の始まりであるとともに、祥瑞出現による年号制定の始まりともなる。余豊璋らの上申の内容は、中国の『芸文類聚《げいもんるいじゅう》』に依拠した表現がみられ、これも『日本書紀』の修飾が入っている可能性があるものの、祥瑞出現による、天皇の徳をたたえての改元の始まりであるということになる。この年に改元が行われた直接の理由は明らかではない。しかし『日本書紀』による修飾があったとしても改元自体は行われたとすると、前年の大化五年（六四九）には左大臣阿倍内麻呂《あべのうちまろ》が没し、かつ右大臣蘇我倉山田石川麻呂《そがのくらやまだいしかわまろ》の「謀《む》反《ほん》」が発生しており、政権の動揺を刷新する意味があったとも考えられる。

しかし白雉以降の年号使用は定着せず、孝徳天皇に続く斉明天皇・天智天皇は年号を制定していない。また天武天皇も天武天皇十五年（六八六）に至って、新たに年号を建てて朱鳥（しゅちょう・あかみとり）元年としている（『日本書紀』朱鳥元年七月戊午条。ここでは「改元」と表記されている）。天武天皇の時期には、これまでも三度にわたって赤烏・朱雀の献上・出現が記録されている（天武天皇六年〈六七七〉十一月・九年七月・十年七月）。また『扶桑略記《ふそうりやつき》』天武天皇十五年丙戌条に「大倭国赤雉を進《たてまつ》る」とあり、『延喜式』では赤烏・赤雀ともに上瑞とされることから、朱鳥建元は祥瑞改元であるともいえる。ただし一方で、この朱鳥元年は天武天皇の病が重くなり、九月に没した年でもある。朱鳥改元と同日には、飛鳥浄御原宮号《あすかきよみはらのみやごう》の命名も行われており、この朱鳥改元（建元）と浄御原宮号命名は、ともに天武天皇の病気平癒のためであるとする指摘もある（今泉　二〇〇四）。なお天武天皇没後、朱鳥年号は用いられなくなり、持統天皇は新たな年号を定めることをしていない。

このように、飛鳥時代には七世紀半ば以降、断続的に年号が定められており、それらはいずれも天皇の徳をたたえること、あるいは天皇の病気平癒祈願を目的としたものであった。しかし継続的に年号を用いることはまだなく、また実際は干支表記が一般的であった。藤原宮出土木簡などでも、大宝律令制定以前の年紀記載を持つ木簡は、一様に干支表記となっている。なお「天豊財重日足姫天皇（皇極天皇）七年」などのように、天皇の在位年を単位とする即位紀年法は、持統天皇のころまでには成立していたと考えられる（鎌田　二〇〇六）。

二　奈良時代の年号と改元

「大宝」年号使用の開始　日本における本格的な年号の使用は、文武天皇の時代の「大宝《たいほう》」に始まる。『続日本《しょくにほん》紀《ぎ》』大宝元年（七〇一）三月甲午条に「対馬嶋《つしまのしま》、金を貢《たてまつ》る。元を建てて大宝元年とす」とあり、文武天皇五年に当たる年を、対馬嶋から金が献上されたことをうけて、大宝元年と改めている。大宝以降に年号を改めた場合は「元を改める」というような表記がみられるが、「大宝」制定の際は「建元」とあり、大化・白雉・朱鳥との連続性というよりは、ここから新たに始まる年号を定めたという認識がみえる。

この年に年号が制定されたのは、大宝律令施行と深い関係がある。この年の元日朝賀《がんじつちょうが》の儀は「文物の儀、是《ここ》に備われり」と『続日本紀』に記されたように、後の元日朝賀儀の基本となる儀式の始まりであった。そして何よりも大宝建元と同日に「始めて新令に依りて、官名・位号を改制す」とあり、大宝令による新たな制度運用が始まっている。つまり、元日朝賀儀の整備や大宝令施行のような、天皇を頂点とする新しい国家運営が始まるにあたって、大宝という年号が制定されたのである。

なお大宝建元の契機となった対馬嶋からの金献上は、後に「詐欺」（偽り）であったことが発覚したとあり（『続日本紀』大宝元年八月丁未条）、金献上という嘉瑞出現による建元は、演出されたものであったことになる。しかしそれは、本格的な年号使用開始を迎えるにあたっての、周到な準備が背景にあることをうかがわせるものでもある。

律令と年号　大宝建元と連動して施行された新令（大宝令）では、公文書の年紀記載には「年号」を使用するべきであることが定められていた。大宝令の条文そのものは現存していないものの、『令集解《りょうのしゅうげ》』所引の大宝令の注釈である「古記《こき》」に「年号を用いよ。謂《い》ふこころは「大宝」と記して「辛丑」と注せざるの類なり」とあり、養老令の儀制令《ぎせいりょう》公文条《くもんじょう》には「凡《およ》そ公文《くもん》に年記すべくは、皆年号用いよ」とあるように、大宝令施行後は干支ではなく年号表記が用いられるようになった（細井　二〇一九）。木簡の記載例をみても、七〇一年以降のものは前年までの干支表記に対して「大宝」などの年号表記が徹底されており（岸　一九八八）、また大宝二年の諸国戸籍や、奈良時代初期の写経識語《しきご》でも慶雲三年（七〇六）を最古として年号が用いられており（上代文献を読む会　二〇一六）、大宝以降現在に至るまで、継続的に年号が用いられることとなった。

祥瑞による改元　年号が継続的に使用されるということは、改元も継続して行われるということになる。奈良時代の改元は主に天皇の代替わりに際して、祥瑞が出現したことによって行われることが多い。順にみていくと、

①大宝《たいほう》（七〇一～七〇四）は対馬嶋からの金献上、
②慶雲《けいうん》（七〇四～七〇八）は備前国からの神馬《しんめ》献上と藤原宮西楼上の慶雲出現、
③和銅《わどう》（七〇八～七一五）は武蔵国からの和銅献上との関連、
④霊亀《れいき》（七一五～七一七）は左京職《さきょうしき》からの瑞亀献上、
⑤養老《ようろう》（七一七～七二四）は元正天皇の近江・美濃行幸に際しての美泉観覧、
⑥神亀《じんき》（七二四～七二九）は左京人からの白亀献上、
⑦天平《てんぴょう》（七二九～七四九）は左京職からの亀献上、
⑧天平感宝《てんぴょうかんぽう》（七四九）は陸奥国からの黄金献上、
⑨天平勝宝《てんぴょうしょうほう》（七四九～七五七）は、天平感宝の用字を引き継いだもの、
⑩天平宝字《てんぴょうほうじ》（七五七～七六五）は天皇の寝殿での「天下大平」四字出現と、駿河国からの蚕が生成した「五月八日開下帝釈標知天皇命百年息」字の献上、
⑪天平神護《てんぴょうじんご》（七六五～七六七）は改元の勅にある「神霊護国」によるか、
⑫神護景雲《じんごけいうん》（七六七～七七〇）は平城宮・伊勢神宮などでの景雲出現、
⑬宝亀《ほうき》（七七〇～七八一）は肥後国からの白亀献上、
⑭天応《てんおう》（七八一～七八二）は伊勢斎宮での美雲出現、

という具合である。③和銅・④霊亀・⑥神亀・⑨天平勝宝・⑬宝亀はいずれも新天皇即位にあたっての代始改元であり、⑦天平は長屋王《ながやおう》の変後の光明皇后立后《りっこう》との関係、⑩天平宝字は大炊王《おおいおう》（のちの淳仁天皇）立太子や、橘《たちばなの》奈良麻呂《ならまろ》の変の収束との関係、⑪天平神護は藤原仲麻呂の乱の収束と、孝謙太上天皇の重祚《ちょうそ》による代始改元の可能性、⑭天応は桓武天皇即位を予定しての正月辛酉朔日《しんゆうさくじつ》の改元の可能性がそれぞれ考えられ、これらも皇位継承と関連しての改元であったといえる。

このほかの事例も、②慶雲は大宝二年（七〇二）に没した持統太上天皇の葬儀関係諸行事が一段落したこととの関連が指摘され（小倉　二〇一九）、⑤養老は藤原不比等との関係や、近江・美濃国行幸ということから、壬申の乱関係の顕彰などが背景にあり、⑧天平感宝は聖武天皇が進めた東大寺大仏造立との関係、⑫神護景雲は景雲出現が直接の理由ではあるものの、この前後の時期は道鏡の法王任命があり、また称徳天皇の後継者をめぐって不穏な情勢であり、やはりいずれも天皇周辺をめぐる状況が、改元につながったということになる。

こうした改元は、いずれも天皇の徳をたたえる意味を持つ祥瑞の出現が契機となっている。これについては、皇位の継承を安定させる役割が祥瑞に期待されていたことや、それを出現させる天皇の神秘的権威の肯定が背景にあるとされる（東野　二〇一七）。しかしこのことは反面、祥瑞出現などに頼らなければ、皇位の正当性を主張できなかったことの表れでもある。奈良時代の天皇が発する宣命《せんみょう》には在来・外来さまざまな思想が混在しており、中国由来の天命思想は、天武・草壁直系を擁護し絶対化する論理として機能していたとされる（早川　二〇〇〇）。奈良時代の改元が皇位継承と密接な関係にあり、また祥瑞の出現に頼る傾向をもつのには、このような背景があったのである。

三　平安時代の改元

祥瑞由来から嘉字・嘉語へ　桓武天皇は、天応元年（七八一）四月に即位をしたが、それに先立つ正月一日に、宝亀十二年になる年が天応に改元されている。この年は辛酉の年であり、改元が行われた正月一日は、本来庚申《こうしん》の日であるところを、暦を操作して十二月に一日増やして辛酉の日としている。「天応」自体は瑞雲《ずいうん》出現によるものであるが、これによって辛酉年の辛酉日の改元ということにもなる。桓武天皇は天武天皇の子孫ではない自身の即位の正当性を示すにあたって、王朝交替とも関わる甲子革令《かっしかくれい》・辛酉革命《しんゆうかくめい》の思想を意識していた（川尻　二〇一二）。正月の天応改元の日はまだ光仁天皇在位中のことながら、光仁天皇は四月に病を理由に桓武天皇に譲位しており、この改元は来たるべき桓武天皇即位を正当化する意図があったと考えられる（小倉　二〇一九）。

また桓武天皇は、代始改元として天応二年（七八二）を延暦《えんりやく》元年に改め、以後在位中の年号として使い続けた。「延暦」年号は、それまでの年号とは異なり、祥瑞によらないものであった（漢籍などの出典は不詳）。これ以降年号に用いる文字は、祥瑞の現象にもとづく具体的事物ではなく、嘉字・嘉語を用いるようになる。平安時代初期の年号については、具体的な出典は不明であるものの、平城・嵯峨天皇の大同《だいどう》（八〇六～八一〇）、嵯峨・淳和天皇の弘仁《こうにん》（八一〇～八二四）、淳和・仁明天皇の天長《てんちょう》（八二四～八三四）、仁明天皇の承和《じょうわ》（八三四～八四八）と嘉字を用いた抽象的なものになっていく。

改元理由の変化と天皇　祥瑞出現による改元は、平安時代になると少なくなり、仁明天皇の嘉祥《かしょう》（八四八～八五一、白亀）、文徳天皇の仁寿《にんじゅ》（八五一～八五四、白亀と甘露《かんろ》）・斉衡《さいこう》（八五四～八五七、醴泉《れいせん》）、文徳天皇・清和天皇の天安《てんあん》（八五七～八五九、木連理《もくれんり》と白鹿）、陽成天皇・光孝天皇の元慶《がんぎょう》（八七七～八八五、白雉、木連理と白鹿）と続いて、以後はみえなくなる。またいずれの場合も、年号の文字は祥瑞そのものを表すというよりは、嘉字を用いるようになる。

さらにこの時期、天皇自身が祥瑞の出現に否定的な意志を示すようになる。一例を挙げると、『続日本後紀《しょくにほんこうき》』承和十五年（八四八）六月庚寅条には、公卿が白亀出現を賀して上表（君主に文書をたてまつること）したことがみえる。これに対して仁明天皇はみずからには徳が無いとし、また政治の理想を祥瑞出現ではなく道に求めて（宝祚の慶は、道に在りて神に在らず）、祥瑞出現の祝賀嘉納を拒んでいる。このときは、その後も公卿や式部省、僧綱《そうごう》からの上表が続き、仁明天皇はこの慶賀を拒みきれずに、承和十五年を嘉祥元年と改める詔を発した。このときの改元には在位一五年を迎え、承和の年号を使い続ける仁明天皇に対して、藤原良房《よしふさ》らの臣下が皇位継承に関わる祥瑞出現の嘉納と、改元を迫り、上表を繰り返すことによって天皇に受け入れさせたという背景があった（中野渡　二〇一七）。

このような祥瑞出現による改元は、陽成天皇が代始にあたって貞観《じょうがん》十九年（八七七）を元慶と改元した例を最後として終わりとなり、以後は代始改元のほかに、延喜《えんぎ》改元（九〇一）に始まる辛酉革命改元、延長《えんちょう》改元（九二三）に始まる災異改元、康保《こうほう》改元（九六四）に始まる甲子革令改元が行われるようになる。奈良時代とは異なり、天皇そのものの地位は安定するようになる。そのようななか、年号と改元にこめられる理念も、国家の安泰、災異予防の祈願へとすがたを変えていくのである。

参考文献

小倉慈司『事典　日本の年号』吉川弘文館、二〇一九年
・最新の日本年号に関する事典。大化から令和までの各年号について、改元の経緯や、判明している限りで年号用字の出典など

について解説を加える。また参考文献も近年の研究が多い。手堅い内容の事典として最適である。

所功編『日本年号史大事典』雄山閣、普及版二〇一七年

・大化から平成までの各年号について、出典とその章句、読み方の根拠、改元の経緯及び特記事項など詳細な総合解説を付す。また総論「日本年号の成立と展開」や明治以後の「年号関係研究評論文献目録」なども載せており、充実した内容となっている。なお編者の所氏には本書以前にも『日本の年号』(雄山閣出版、一九七七年)など年号関係の研究がある。

水上雅晴編『年号と東アジア—改元の思想と文化—』八木書店、二〇一九年

・日本だけではなく、書名通り中国、朝鮮、ベトナムの年号や改元をめぐる論文集。前二書が日本の年号を通覧するものであるのに対して、日本以外の諸国を含めての、年号に関する総合的な研究をみることができる。

今泉隆雄「飛鳥浄御原宮の宮号について」『東アジアの古代文化』一一八、二〇〇四年
鐘江宏之『全集日本の歴史三　律令国家と万葉びと』小学館、二〇〇八年
鎌田元一「暦と時間」上原真人・白石太一郎・吉川真司・吉村武彦編『列島の古代史七　信仰と世界観』岩波書店、二〇〇六年
川尻秋生『シリーズ日本古代史五　平安京遷都』岩波書店、二〇一一年
岸　俊男「木簡と大宝令」『日本古代文物の研究』塙書房、一九八八年、初出一九八〇年
上代文献を読む会編『上代写経識語注釈』勉誠出版、二〇一六年
東野治之「飛鳥奈良朝の祥瑞災異思想」『史料学遍歴』雄山閣、二〇一七年、初出一九六九年
中野渡俊治「古代日本における公卿上表と皇位」『古代太上天皇の研究』思文閣出版、二〇一七年、初出二〇一一年
早川庄八「律令国家・王朝国家における天皇」『天皇と古代国家』講談社、二〇〇〇年、初出一九八七年
細井浩志「日本の古代における年号制の成立について」水上雅晴編『年号と東アジア—改元の思想と文化—』八木書店、二〇一九年

III

古代の史料

1　「記紀」の成立

関根　淳

一　『古事記』の成立

編纂資料と史料批判　『古事記』はその序文によれば稗田阿礼《ひえだのあれ》と太安万侶《おおのやすまろ》によって元明天皇の和銅五年（七一二）に完成した現存最古の史書である。上巻でこの世界を創造した神々の物語をかたり、中巻でそれを統治する天皇家の誕生と正統性を打ちたて、下巻でこれにつらなる豪族たちとその支配の正当性を説いている。じつに完成度の高いストーリーである。それが天皇の代替わりを区切りとする王代記というスタイルで叙述されている。

しかし、そのようなストーリーは別として、本文をみるとそれが種々の文献資料によって成り立っていることが分かる。たとえば、漢字の音を読みに利用したことを示す「以音注」に統一性はなく、その施注や編纂作業には複数の編者がかかわった可能性が高い。また、その音韻に関しても複数の先行文献が混在していることが指摘されている。いっぽう書記法については和文と漢文の違いが大きく、複数の資料を継ぎはぎしたような箇所が見受けられる。『古事記』本文については音読法や施注法、書記法などのさまざまな面において編纂資料の複雑な重なりが認められるのである（犬飼　二〇〇五、小谷　二〇一八）。

ここで序文に記された編纂作業の内容をみると稗田阿礼が「誦習」した「帝紀《ていき》」・「旧辞《きゆうじ》」を太安万侶が「撰録」して本文が成立している。しかし、先にみた『古事記』の史料上の多様性はそれなりの統一性をもつはずの二人の作業をうかがわせるものではない。また、わずか四ヵ月の間に行われた太安万侶の「撰録」については天武朝に成立していた原型に序文を加えて音注・訓注を施したにすぎない、またはこれらの資料群を形式的に整理したにすぎない、と解釈するのが普通である。短期間での作業ならば先のような特徴もありうるということだろう。

しかし、それではなぜ原型となる記録や資料群が天武朝以来そのまま放置されたのか、そしてなぜそれが持統朝や文武朝でなく元明朝で完成にいたったのかが不明である。天武朝から文武朝にかけて文筆能力を有する人物が皆無だったとも思えず、また太安万侶の作業が先ほどのような簡易なものであれば彼以外でもこれを成しえたのではないか。つまり、序文の説く編纂作業は『古事記』本文の史料的な特徴とは一致しないのである。

言いかえれば、複数の文献資料によって成り立っている『古事記』本文が稗田阿礼と太安万侶という二人の個人技で完成したとみなすことはできない。この点については『古事記』を一つの史料として扱ったうえで十分な批判をおこなうことが必要だと思われる。

複数の〝古事記〟

あまり取り上げられることはないが『古事記』を考える材料として『日本書紀私記』という平安時代後期の史料がある。『日本書紀』の講読や研究をおこなう「講書《こうしょ》」に関する記録で甲本・乙本・丙本・丁本の四種類がある。『日本書紀』における難解な語句の読みかたや関連する事項の質疑応答を収録しており、乙本・丙本は不明だが甲本は弘仁度（八一二〜一三年）、丁本は承平度（九三六〜四三年）の講書のものと考えられている。

その『日本書紀私記』丁本では『日本書紀』を読むさいの参考文献として『先代旧事本紀《せんだいくじほんぎ》』と『上宮記《じょうぐうき》』に次いで『古事記』があげられている。『先代旧事本紀』は「記紀」を切り貼りして作成された九世紀初めの〝偽書〟

だが、当時においては推古朝に編纂された史書と信じられており、『上宮記』は上宮王家によって編纂された七世紀前半の〈聖徳太子〉系の帝紀である。『古事記』がこれら二つの史書のあとの三番目に位置づけられていることに注意したい。また、別の箇所では「古事記は誠に古語を注して載せるといえども文例は史書に似ず」という一文がある。『古事記』はよく古語を注記して載せてはいるがその文体は史書にふさわしくない、というのである。古代における『古事記』の評価は現代とはだいぶ異なっていた。

同じく『日本書紀私記』丁本では奈良時代のはじめには「古語仮名之書」が数十の家にあり、上古の間に「好事家」が著述した「古語之書」が数多くあるとも記されている。いっぽう平安時代初期の氏族目録である『新撰《しんせん》姓氏録《しょうじろく》』は朝廷の内外にある「古記」や「旧史」を資料にして作成されており、鎌倉時代後期の『日本書紀』の注釈書である『釈日本紀《しゃくにほんぎ》』には『大倭本紀《やまとほんぎ》』『仮名日本紀《かなにほんぎ》』という史書があったことが記されている。いずれの史料も信頼のおけるものであり、とくに『大倭本紀』『仮名日本紀』に関しては古代から中世にかけての史料にわずかながらもその逸文が残っている。

古代における『古事記』の価値は現代とは異なりそれほど高くなく、また類似の史書も多数あった。『古事記』はけっして特別な存在ではなかったのである。

本文と序文の成立　神話とその後の国家の歴史という同じ素材を扱いながらも『古事記』と『日本書紀』は書物として非常に対照的である。『古事記』全三巻は古語を用いて和文を中心に叙述された「倭」の王代記であり、いっぽうの『日本書紀』全三〇巻・系図一巻は「日本」という律令制国家の歴史を漢文・編年体で記述している。この両者については『古事記』が宮廷の私的な歴史書で『日本書紀』が国家の公的な歴史書であると分けて意義づけられ、さらに『古事記』＝氏族制と『日本書紀』＝律令制というダブル・スタンダードを設けることによって「記紀」として統一的に理解されてきた。しかし、普通に考えたら趣旨も形式も文体も違う二つの史書が同時進行で編纂されたことは不自然である。そもそも「記紀」が並立する史書であるならば先にみたように『古事記』の評価が低いことが疑問である。また『日本書紀』は古代を通じて講書されるのに、『古事記』はたったの一度もそれがない。

『古事記』本文が成立したのは古代人の発音を分析した音韻学の成果によると、七世紀後半である（橋本一九八〇）。これは『古事記』を序文どおりに信じる説も〝偽書〟とする説も共通して認めている。発音が変化するには数十年の移行期があるので『古事記』が奈良時代前期に成立したとしても矛盾はないという批判もあるが、ほぼ同時期の『日本書紀』にそれが認められないのでこの説をとるわけにはいかない。「記紀」が両立しないのではないかという先の立場にたつと、史料的、国語学的に成立の明らかな『古事記』本文に対して種々の問題をもつ序文が疑わしくなってくる。

このような考え方の背景となるのが『日本書紀私記』甲本に記される史書をめぐる当時の状況である。同書には「弘仁私記序」と呼ばれる弘仁度の講書に関する文章がおさめられている。そこには古代「史書」史概説とも言える内容が記されており、次のような一文がある。

馬を以て牛と為し、羊を以て犬と為す。たやすく有識の号を仮り、以て述者の名と為す。〈古人および当代人の名を借りることを謂う〉

世の中に流布する史書（系譜）は馬を牛、羊を犬とするような誤りや偽りを犯している。それらは簡単に有名な人の名を借りてその著者と偽る。というのである。そして、その著者に関しては古今の有名人の名を借用していたという注釈がつけられている。驚くべき内容だが「弘仁私記序」が右のような虚偽を捏造する理由は見あたらない。古代においても雑多な史書が存在しており、「記紀」の両立が困難であるという立場にたったとき、『古事記』もこの事例に当てはまるのではないかというのが筆者の考えである。つまり、本文が先にあってその後に何らかの理由で「序文」が追加されたという序偽作説である。

『古事記』の「序文」は九世紀の初め、弘仁度の講書で講師をつとめた多人長《おおのひとなが》（生没年不詳）によって偽作されたと思われる。そこで太安万侶を語ることによって多（太）氏の功績を強調して『日本書紀』の参考書として有用な〝古事記〟という史書を称揚する。これによって人長自身の権威や地位も向上するのである。七世紀後半に作成された本文がどのようにして伝わったかは不詳である。しかし、『土佐国風土記』の逸文《いつぶん》（『万葉集註釈』所収）に『多氏古事記』とみえるよう多氏に伝来したか、あるいは図書寮の倉庫に保管された帝紀の一本を人長が『古事記』に仕立て上げたかいずれかであろう。

稗田阿礼が暗誦していた「帝紀」・「旧辞」を奈良時代になって太安万侶が筆録した。一般的に『古事記』の成立はこのように語られる。冒頭でも述べたように「序文」を信頼すればその通りでよいと思う。しかし、ここではその「序文」が疑わしく、当時においていくつもの史書が存在し、そのなかに少なからず〝偽書〟が存在していたことを述べた。そして「史書」史全体の流れからみて『日本書紀』と『古事記』が両立しないことを説いたが、さて、実際はどうだろう。

『古事記』は古典文学として至高の価値をもつが、これを史料として見た場合にはまた別な角度からの批判と評価が必要である。また、「序文」が偽作であるからといって本文の価値やその世界観が損なわれるわけではない。この項では通例とは異なる『古事記』成立の理解を示したが、最後にこの二つだけは付言しておきたい。

二　『日本書紀』の成立

編纂過程と作業　『日本書紀』の完成は養老四年（七二〇）である。同書につづく第二の国史である『続日本紀』

には「是より先、一品舎人《とねり》親王、勅を奉《うけたまわ》りて『日本紀』を修《おさ》む。是にいたりて功成り、紀卅巻・系図一巻を奏上す」と記されている（同年五月癸酉条）。『日本書紀』は「日本」という国家と天皇の歴史的正当性を東アジア世界のなかで記述しており、これ以降、一〇世紀にいたるまで六国史の編纂は継続していく。

その起源は天武天皇が大極殿《だいごくでん》で川嶋《かわしま》皇子・刑部《おさかべ》親王以下一二人に下した「帝紀及び上古諸事」の「記定」作業にある（『日本書紀』天武天皇十年〈六八一〉三月丙戌条）。完成してまもない大極殿という公式な場で自身の皇子たちに下した史書編纂の命令はそれが大切な国家事業であることを示している。そこでは中臣連大嶋《なかとみのむらじおおしま》と平群《へぐりの》臣子首《おみこびと》が「親《みずか》ら筆を執りて以て録《しる》す」とあるので何らかの記録が残されたとみられる。その後も事業は継続され、持統朝には一八の氏族に「墓記」（氏族の由来や系譜を記したもの）の上進が命じられている（『日本書紀』持統天皇五年〈六九一〉八月辛亥条）。

しかし、編纂作業がそのまま順調に進んだわけではない。おりしも飛鳥浄御原令《あすかきよみはらりょう》（六八九年）や大宝律令（七〇一年）の編纂・施行の時期と重なっており、国制の整備を優先するなかで国史の編纂に注力できなかったのである。しかし、律令制国家の都城としての平城京に遷都し、近い将来における首《おびと》皇子（聖武天皇）の即位が現実味を帯びてきたとき、国家イデオロギーを正当化する史書の必要性はにわかに高まってきた。和銅七年（七一四）には紀清人《きのきよひと》と三宅藤麻呂《みやけのふじまろ》が「国史」を「撰す」という記事があり（『続日本紀』和銅七年二月戊戌条）、『日本書紀』の完成にむけてテコ入れがなされていることが分かる。

その前後には薩弘恪《さつこうかく》・続守言《しょくしゅげん》・山田御方《やまだのみかた》・陽胡真身《やこのまみ》（すべて生没年不詳）などが執筆メンバーに加わっていると推測される。彼らは漢語や音韻、儒教などに優れた能力をもっており、首皇子の教育係に任命されるなど王権側からの信頼も厚い。六国史の記事にはいくつかの錯簡がみられ、それらは薨伝《こうでん》など特定の分野に偏る傾向がある。この事実や作業効率、専門性の面などから考えると執筆者は得意分野や巻数などにもとづいて担当者制をとっていたと考えられる。監修者である舎人親王が示した全体の編纂方針のもと、彼らはそれぞれの専門知識を生かしつつジャンルごとに作業していたと推定される。

その編纂作業の基本となるのは天皇代ごとの記録の整理であった。すなわち、最初に時間軸となる系譜（天皇代）を確定させ、そこに種々の記録や物語をあてはめていき、最後に年紀を設定するのである。実際には文献、口承を問わず原資料から必要な部分を木簡《もっかん》に抜き書きし、これを天皇代、年代ごとに順次配列していく作業が基本となっていたと考えられる。木簡を使用する利点はエクセルの表のように挿入や入替え、削除が容易にできることである。『続日本紀』の編纂では「案牘《あんとく》」（牘は文字を記す木札。すなわち木簡）が用いられたことが分かっており（『類聚国史』巻一四七、文部・下）、飛鳥宮跡からは実際に作業に使用された可能性のある「辛巳年」と記された木簡が出土している（奈良県立橿原考古学研究所編『飛鳥宮跡出土木簡』）。それらがある程度集積された段階で紙媒体による稿本を作成するのである。『日本書紀』は最終的にはそれらの稿本を整理、統合して完成したと考えられる。

「一書」の意味　『日本書紀』より前には「帝紀」・「旧辞」（欽明朝以前）、「天皇記」・「国記」（推古朝）などの史書が編纂されている。先の編纂作業からも分かるように古代日本の史書は帝紀（系譜）が中心である。いっぽうの旧辞は王位継承に関係のないその他の歴史とするのが一般的である。しかし神代史を指すという説もあり筆者はむしろこちらを支持したい。旧辞の「旧」は人代よりさらに古い神の時代を指し、旧辞（むかしの話）とは神話を意味するという理解である（倉野　一九六三、西郷　一九六七）。

旧辞を中心に構成される神代史は『日本書紀』の第一・二巻に記述されている。そこには本文に対する異説を示す「一書」が本文の約三倍もの分量で注記されている。この「一書」は現行の『日本書紀』でこそ本文と同じ大きさの字だが、本来は細字の二行割書きで分注だった。また、その価値は本文のもとととなった資料と同等であり、編纂作業の上でお互いが入れ替わることがあったことも推定されている。この「一書」こそが先の「旧辞」であり、それらにはさまざまなバリエーションがあったのである。

神代史における「一書」の存在は『日本書紀』の本文が唯一絶対の権威だったことを示すものではなく、それに類似する諸史書が存在していた当時の状況を表している。『日本書紀』の神話とこれに表象される国家イデオロギーは各地の神話や祭祀の体系を無視して成り立つものではなく、むしろそれらに支えられてその価値を保証されていた。各地に伝わる神々の異名や異伝を語る「一書」はこれらを本文に接続する役割を担っているのである。種々の旧辞は「一書」として本文という国家秩序に取りこまれ、そうして中央と地方の神々はつながることになる。それが『日本書紀』神代巻における国家支配のしくみなのである。

『日本書紀』の「一書」は本文に収まらなかった異伝をやむを得ずに収録したものではなく、また篤実な編纂者の資料蒐集の成果でもない。『日本書紀』はそれまで断続的に作成されてきた「帝紀」・「旧辞」を選択して取りこむことによって修史事業の集大成となった。同時にそれは各地域、各豪族の歴史的な権力を抱合するものなのである。その意味で「一書」は『日本書紀』にとって必要不可欠な分注だった。そのような柔軟な構造は貴族制的要素の強い天皇制の政治的な特質を表したものであり、その意味で『日本書紀』は国家の成立を説明する六国史の劈頭《へきとう》をかざるのにふさわしい。後世における『日本書紀』の講書において神代史を中心に訓読や語彙《ごい》の研究がなされるのは右のような同書の特質にあるのである

稿本と写本・異本　『日本書紀』の分注には「或本」「一本」「別本」「旧本」などが引用されて本文に対する異伝や備考を付している。これらの諸本はそれまでの修史事業における稿本であるとみられる。天武紀以降の記述が少ないことを考えるとその多くは七世紀後半までに作成された可能性が高い。天武朝から元明朝までの約四〇年間、『日本書紀』は特定の原稿をベースにして推敲をくり返していたわけではない。当初の帝紀の「記定」作業

を起点にしてその後もいくつかの稿本が作成されたと推定される。『日本書紀』は先に検討した「一書」と同様に、それまでの修史事業の稿本も編纂資料として取りこんでいるのである。

また、『日本書紀』はその成立の直後から、さまざまな写本や異本が作られたと考えられる。『日本書紀』の正本は元明天皇に奏上され、その後は図書寮の倉庫に収納されたと推定される。しかし、奈良時代には図書寮の蔵書が親王から庶人にいたるまで無断で貸し出されており（『類聚三代格《るいじゅうさんだいきゃく》』巻十九「禁制事」、神亀五年〈七二八〉九月六日勅）、また諸司にも副本が配布されたと推定されている。それらの『日本書紀』から数々の写本、異本が派生的に作成されたことは想像にかたくない（長谷部　二〇二〇）。

実際に奈良時代後期に成立した『万葉集』の左注には一七例の「日本紀」が見出される。しかし、それは必ずしも現在に伝わる『日本書紀』と同一の文章をもつものではない。また、平安時代後期に六国史の抄録を中心にして作成された『日本紀略』にも現行の『日本書紀』とは異なる文が複数引用されている。さらに『古事記』の節でふれた『仮名日本紀』にも同様の状況はうかがえる。先に想定した状況は史料的にも確認できるのである。

これらはいずれも誤記や竄入《ざんにゅう》とみられることが多いようで、とくに問題として取り上げられることはない。しかし、現在のおもな活字本の底本は寛文九年板本（新訂増補国史大系・新編日本古典文学全集）、弘安本・兼右本（日本古典文学大系）であり、それらは鎌倉時代から室町時代、江戸時代にかけてのものである。年代的に言えば成立と同じ古代にまでさかのぼる先の諸史料をかえりみる必要は十分にあるだろう。

『日本書紀』は基本的には「帝紀」・「旧辞」や寺院の記録、朝廷の行政文書や事件記、個人の日記、そして口承資料などをもとに編纂されている。しかしそれらの原資料から直接『日本書紀』の本文が作成されたわけではなく、長い修史事業のなかではそれらを抄録、転写したメモ（木簡）があり、それをもとにして作成された稿本があった。神代巻の「一書」や各巻にみえる「或本」以下の諸本がそれらであり、それ自体を編纂資料として扱ったことにも十分留意する必要がある。また、完成した『日本書紀』はそれ一本のみで存在していたわけではなく、さまざまなルートによってその写本や異本が作成されていた。鎌倉時代には『日本書紀』の神話を自由に読みかえて創作をおこなう「中世日本紀」が登場するが、古代においても『日本書紀』の読みかたはじつに多様であったのである。

古代史書の世界は現代の私たちが想像するよりもはるかに豊かであり、『古事記』『日本書紀』はけっして孤高の存在ではない。その周辺にある史書に目を向けてこそ両書の成立の意義はより広くとらえることができるに違いない。

参考文献

遠藤慶太・河内春人・関根淳・細井浩志編『日本書紀の誕生―編纂と受容の歴史―』八木書店、二〇一八年

・その前史や編纂資料、暦日の設定、読書史など今年、成立一三〇〇年をむかえる『日本書紀』に関するさまざまな分野の論考が収められている。それぞれに新しい知見があり現時点における『日本書紀』の最良の入門書と言える。分厚い本だがそれぞれの論文は長くなく参考文献のガイドもついている。

関根　淳「「記紀」以外の古代史書―『仮名日本紀』と『大倭本紀』を中心に―」『ヒストリア』二七二号、二〇一九年

・「記紀」はけっしてそれのみで存在していたわけではない。現在は散逸してしまっているが古代にはじつに多くの史書があった。この項の本文でも述べたが、これから「記紀」研究を深化させるためには逆にそれ以外の史書を研究することが重要である。後世の史料もふくめてさまざまな視角から両書を分析してみよう。

三浦佑之『古事記のひみつ』吉川弘文館、二〇〇七年

・平成古事記ブームの立役者・三浦佑之氏の衝撃的な『古事記』偽書説。筆者はこれを支持しているが、三浦説に対する古代史学界からの反応はほとんどきかない。『古事記』の真偽を考えることはその成立を考えることにつながる。これまでの常識や権威にとらわれず自分の意見をもとう。

犬飼　隆『上代文字言語の研究』増補版、笠間書院、二〇〇五年
遠藤慶太『東アジアの日本書紀—歴史書の誕生—』吉川弘文館、二〇一二年
神野志隆光『古事記と日本書紀—「天皇」神話の歴史—』講談社、一九九九年
倉野憲司『古事記』岩波書店、一九六三年
小谷博泰「記紀の表記と上代文字資料」『木簡・金石文と記紀の研究』和泉書院、二〇一八年
西郷信綱『古事記の世界』岩波書店、一九六七年
斎藤英喜『古事記はいかに読まれてきたか—〈神話〉の変貌—』吉川弘文館、二〇一二年
関根　淳「成立前後の日本書紀」斎藤英喜・山下久夫編『日本書紀一三〇〇年史を問う』思文閣出版、二〇二〇年
橋本進吉『古代国語の音韻に就いて　他二篇』岩波書店、一九八〇年
長谷部将司「八世紀における『日本書紀』の受容」『日本古代の記憶と典籍』八木書店、二〇二〇年
松本直樹『神話で読みとく古代日本—古事記・日本書紀・風土記—』筑摩書房、二〇一六年
森　博達『日本書紀の謎を解く—述作者は誰か—』中央公論新社、一九九九年
矢嶋　泉『古事記の歴史認識』吉川弘文館、二〇〇八年

2 『万葉集』
—日本古代史の視点から—

中村友一

一 『万葉集』とは

『万葉集』の概略 二〇一九年四月に新元号「令和」が発表され、その出典が『万葉集』に記載されていたとのことで、にわかに注目を集めることになったのは耳目に新しいだろう。読者の皆さんは、『万葉集』の書名はもちろんのことながら、現存する日本最古の和歌集であるということも基礎知識としてもっていることだろう。

では、どの程度『万葉集』について知っているだろうか。そもそも書名の意味についても議論になっているところである。だが、すでに人口に膾炙《かいしゃ》し、学術用語としてはまちがいなく定着しているし、筆者は歴史用語としても「まんようしゅう」そのままの意味でよいと考えていることもあり、書名問題は本章ではおくことにする。

そこで、本章の主眼である日本古代史学から見た場合の『万葉集』が、歴史事実との関係性、同時期（本章では後代は除く）どのように編纂されたり、直後に利用、もしくは扱われたりしているかといったところはどの程度の知識を得ているだろうか。

ここで、まず基礎的な『万葉集』の定義から行なっておこう。すなわち、全二〇巻に四五四〇首（新編国歌大観の歌番号による）を収載する日本現存最古の和歌集である。だが意外なことに、所収の歌数は、写本間や異伝の数え方・重複など、研究者によってまちまちであり、四五〇〇余首程度が共通するが、定説を見ないという現状がある。

表記法・表現法と内容　表記については、「万葉仮名」といわれ著名なことからご存じの向きも多いとだろうが、漢字、万葉仮名で、かつ表音・表意の両様が用いられている。日本語の語順（返ったりせず読む順に）により、五音節・七音節を基本に記されている。基本的に、短歌（五七五七七）・長歌・旋頭歌《せどうか》の型式を取り、枕詞《まくらことば》・序詞・反復・対句が主として用いられる技法という特徴がある。

和歌という分野から、国文学・言語学的に重要であり、とりわけ防人《さきもり》歌などを含む東歌（巻一四）や、その他の雑歌《ぞうか》には方言も見られ、古代の方言についても史料的価値を持っている。

各巻の構成は、基とする歌集や内容などでまとめられ、巻の中でもいくつか区分されて年代順や国別・四季別（巻八）に配列される。

相聞歌《そうもんか》（男女間のやりとりが中心）・挽歌《ばんか》（人の死や使者を哀悼する内容）・雑歌（相聞歌・挽歌に該当しないもの）に部類され、表現様式については、寄物陳思《きぶつちんし》・正述心緒《せいじゅつしんちょ》・問答《もんどう》・詠物歌《えいぶつか》・譬喩歌《ひゆか》という内容でも部分的なまとまりをもっている。

後述するように、天皇・皇族、貴族から下級官人に加え、一般の民衆レベルまでの和歌を収めるが、とりわけ東歌とされる巻一四には、東国（古代において三関《さんげん》国より東を指すが、少々東に範囲が移動している）信濃・上野・下野・陸奥・遠江・駿河・伊豆・相模・武蔵・上総・下総・常陸国と国名不明の相聞往来歌・譬喩歌・防人歌

（巻二〇にも）・挽歌・戯咲歌《ぎしょうか》や雑歌などが収載されている。

このような東歌を、江戸時代の国学者賀茂真淵《かものまぶち》は「ますらをぶり」と評したように、地域色・方言が窺い知られるだけではなく、「防人歌」からは国府や郡家《ぐうけ》に関連する知の波及が想定されるほか（東城　二〇一六）、交通史や軍事史的な観点からも用いられる（岸　一九六六）など特徴的な意義を有している。

この他、「伝説歌謡」と呼ばれる後の昔話に影響を与えたり、モチーフとなった和歌も収載されている。たとえば、「菟原処女《うないおとめ》の伝説」「真間《まま》の手児奈《てこな》伝説」「水江浦島子《みずのえうらしまのこ》説話」「竹取翁《たけとりおきな》説話」があり、いずれも現在も著名な物語となっているが、説話文学研究においても『万葉集』は重要な研究対象となっているのである。

二　作歌者と編者

作歌者　作歌者は、名前の知られる者だけで四六〇名を数え、その内訳として天皇・皇族や貴族層をはじめ、中・下級官人や庶民層さらには乞食者（二首・芸能者とされる）にまで及んでいる。だが、詠み人知らず（作者不詳）の和歌も多く、二一〇〇首に及ぶが、畿内の下級官人層や庶民層の作歌と考えられる。

当然、知識階級から識字層、非識字層へと作歌という行為がなされていくとみられる。そこで、まず天皇・皇族の主な作歌者をおおよそ年代順に掲示すると、額田王《ぬかたのおおきみ》（七世紀後半）・弓削《ゆげ》皇子（?〜六九九）・持統《じとう》天皇（六四五〜七〇三）・志貴《しき》皇子（?〜七一六）・湯原《ゆはら》王（志貴の子・八世紀半ば頃）・市原《いちはら》王（八世紀半ば頃）らがあげられる。また、数は一首から数首だが、雄略天皇・舒明天皇（五九三〜六四一）・天智天皇（六二六〜七二）・天武天皇（?〜六八六）・斉明天皇（五九四〜六六一）なども含めて、多くの御製・御作歌が所収される。

ついで、貴族や官人層の主な作歌者としては、以下の人々があげられる。

柿本人麻呂《かきのもとのひとまろ》（六六〇頃～七二四）・長意吉麻呂《ながのおきまろ》（七・八世紀端境期）・高橋虫麻呂《むしまろ》（八世紀前半頃）・大伴旅人《おおとものたびと》（六六五～七三一）・大伴坂上郎女《さかのうえのいらつめ》（旅人の異母妹）・高市黒人《たけちのくろひと》（八世紀初頭）・藤原宇合《うまかい》（六九四～七三七）・山上憶良《おくら》（八世紀前半頃）・山部赤人《やまべのあかひと》（八世紀前半頃）・笠金村《かさのかなむら》（八世紀前半頃）・大伴池主《いけぬし》（?～七五七ヵ）・橘諸兄《たちばなのもろえ》（六八四～七五七）・中臣宅守《やかもり》（七四〇年頃）・狭野弟上娘子《さののおとがみのおとめ》・久米広縄《くめのひろただ》（八世紀半ば頃）・田辺福麻呂《たなべのさきまろ》（八世紀半ば頃）・忌部黒麻呂《いんべのくろまろ》（七五八年頃）・大伴家持《やかもち》（後述）らがあげられる。このうち柿本人麻呂と山部赤人は歌聖《かせい》と称揚されている（伊藤　一九七五、直木　二〇〇九など）。

さらに数は多くないが、藤原鎌足《かまたり》（六一四～六九）・長屋王《ながやのおう》（六七六ヵ～七二九）ら、政治の中枢に近い人々の歌もある。また、外交関連で遣新羅使人らの和歌が巻一五に集中して見える。

多数の作歌者は意外に少ないが、『類聚歌林《るいじゅうかりん》』（山上憶良編）・『田辺福麻呂歌集』・『高橋虫麻呂歌集』といった、個人歌集などからの再録も知られる。

ただし、額田王を主として、題詞《だいし》と左注《さちゅう》とで異なる作者を示す代作といった問題もある（廣瀬　二〇一七）。

編者と成立年代について　『万葉集』の成立については明確に記されておらず、大伴家持（七一八頃～七八五）が最終的に取りまとめたとする説が、ほぼ定説となっている。

他にも勅撰説や橘諸兄編纂説などもあるが、家持一人によってまとめられたのではなく、巻によって編者が異なる場合もあり、延暦二年（七八三）頃、最終的に二〇巻にまとめられたと考えられる。

たとえば、原万葉集とも呼ぶべき初期部分や、元明天皇が在位している時期を「現在」とする部分、最後の四巻分が家持により増補されたと見なされることなどが編纂の段階差の根拠としてあげられる。

また「元暦校本《げんりゃくこうほん》」「尼崎本」などの古写本が、巻一五までしか目録が存在しないことや、各巻ごとなどにおいて、体裁などにも差異が存在することから、成立過程も段階的で複雑であることが指摘されている（小川編　二〇一六)。

とはいえ、みずからも最多の四七三首を収める家持の編纂への関与は当然ながら、最終的な取りまとめをしたという見解も定説になっている。では、この『万葉集』はどうして書名も含めて不明確な状態として伝わることになったのであろうか。

家持は、七一首を収める旅人の子であるが、一度失脚するも、赦免《しやめん》されて最終的には延暦四年(七八五)に中納言従三位兼行春宮大夫《とうぐうだいぶ》陸奥《むつ》按察使《あぜち》鎮守府将軍の高位高官で薨《こう》じた。

しかしながら、同年九月に長岡京造営に関わって発生した藤原種継《たねつぐ》暗殺事件によって、一族の竹良《たけら》・継人《つぐひと》・真《ま》麻呂《まろ》・湊麻呂《みなとまろ》が斬罪となり、国道《くにみち》・永主《ながぬし》が流罪となった。これに関わったとされた皇太弟早良《さわら》親王も廃嫡されたが、かつての春宮大夫であったことも含めて、家持も死後であるが除名されてしまった(荒木 二〇一四)。

大同元年(八〇六)に至って、本位であった従三位に復して名誉が回復したが、これにより家持の手になる『万葉集』が、しばし世に出ることがなくなり、かつ復位後すぐには知られずに、かつ後に伝播していくなかでさまざまな差異などが生じてくることになったのである。よって『万葉集』の成立は明確でなく、おおよそ平安時代前半頃といわれる所以である。

三 『万葉集』研究の論点と日本古代史

書名と写本 『万葉集』が中世の仙覚《せんがく》(一二〇三~七二)が先鞭を付け、その後、江戸時代の国学者契沖《けいちゅう》(一六四〇~一七〇一)や賀茂真淵《かものまぶち》(一六九七~一七六九)らを中心に研究が進められたことは著名なことだが、前述のように書名の意味についてから議論されている。

『万葉集』の原本は現存せず、巻四の一部のみ残存するだけだが、一一世紀後半頃とみられる桂本が最古の写本である。完存するものでは、西本願寺本が鎌倉時代後期と目されて最古の写本と位置づけられる。

『万葉集』の本文に附された訓のことをさす点から、鎌倉時代の仙覚により古点本・次点本・新点本に分類された。天暦五年（九五一）に梨壺《なしつぼ》の五人により附されたものが古点とされるが、一部箇所が推定される程度で、現存していない。

次点本は、古点がつけられた以降で、多くの人物が加点者として推測されており、完本は伝存せず、嘉暦伝承本・元暦校本・金澤本・廣瀬本（冷泉家本か）などが残存する。

新点本は仙覚が校訂した諸本で、様態を残すと推測される事例があるのみの寛元本系統と、現在流布する大多数の文永本系統があった。文永本には、前述した最古の完本西本願寺本が属しており、多くの『万葉集』のテキストとされるほか、近衛本・陽明本（元亀本）などほぼ完存する写本が多い（小川他 二〇一六）。

初学者には写本の話題などは取っつきにくいであろう。まずは、複数の写本に文字の異同があり、それらを校訂して現在のテキストになっているということを知ってもらいたいのである。文字の差異などは研究において用いる際に考慮することになるが、さしあたり校訂がしっかりとしているテキストを使用することを大前提としてもらいたい。まずは比較的廉価で入手しやすい伊藤博校注の角川ソフィア文庫版『万葉集 上・下』が、国歌大観と新編国歌大観双方の歌番号が付されており、便利であってお勧めしたい。

研究史的に見ると、契沖・真淵のほかにも、荷田春満《かだのあずままろ》・加藤千蔭《かとうちかげ》・本居宣長《もとおりのりなが》ら国学者による研究が進められるが、近代以降は国文学分野から研究を深化させてきた。歌人としても著名な斎藤茂吉・折口信夫《しのぶ》・佐佐木信綱・土屋文明らに加え、犬養孝・伊藤博・稲岡耕二・上野誠・小川靖彦・澤瀉《おもだか》久孝・佐竹昭広・武田祐吉・多田一臣・中西進・橋本達雄・古橋信孝・藤井貞和・三浦佑之らなど、研究者は枚挙に遑《いとま》がないほどである。

ある程度研究が深化したならば、各研究者による読みや注釈の違いなどの特徴もあるので、それらを比較しながら読み進めることも興趣があるだろう。

『万葉集』と日本古代史　国文学の研究成果から、まず第一に日本古代史に裨益《ひえき》することは作歌者の研究があげられよう（伊藤　一九七五など）。伝記的に諸作歌者が明らかになっていくことで、史上での位置づけなどに関わってくる。加えて、防人をはじめ庶民層の生活実態や詠歌の背景などについても、古代史像を描くのに役立っている。

日本古代史の立場から、『万葉集』全般の議論を展開した研究は皆無である。これは、文学作品集であるという『万葉集』の性質上いたしかたないことだと考えられるが、書名に『万葉集』を関するものも散見する。たとえば、直木孝次郎の一連の著作（直木　二〇〇〇・二〇〇九）や松尾光・森田悌によるものもある（松尾　二〇〇九、森田　一九九一）。

いずれの研究も国文学と同様に、作歌者の研究やその背景についてが主である。ただし、コラム的に『万葉集』を中心に取り上げられる記述もあるが、より研究論文的な叙述の場合、その背景についてはより史的、政治史的に射程が向けられているといえ、それ自体はあくまでも素材の一つという傾向が読み取れる。

和歌の本文からは、主観的なものなどもあってなかなか史学的な利用が難しいが、食生活を多少抽出できることも認められる（広野　一九九八）。また、家持の越中国赴任をめぐって、交通史や地域史には多く用いられるが、駅鈴から交通史に一石を投じる議論も出てきている（森　二〇一九）。

ほかにも、たとえば巻二〇にある家持の「族《やから》に喩《さと》す歌」四四八九（四四六五）を素材に、大伴氏の自負を看取するような分析（吉村　一九九六、中村　二〇〇九）や、そこから氏族の結合意識などまで、当時の主観的意識を読み解く素材とされる。

一方、題詞には天皇と皇族の敬語表現が階層をもって表されているとされる（廣瀬　二〇一七）が、加えて左注部分（和歌の左に付された註記）に史的記述が多く見られる。当然、前述のような作歌者の伝記的な面でも重要であるが、字名《あざな》・通称が多数見られることも特徴である。単なる名のりの問題だけではなく、国史などからは窺えない、渾名《あだな》のつけあいなどいきいきとした活動も見られる（中村　二〇一九）。

令和元号と梅花の宴　冒頭に記したように、二〇一九年四月に新元号「令和」を採用し、五月にスタートしたことは、記憶に新しいところだろう。にわかに『万葉集』巻五の「梅花の歌三十二首、并せて序」の中の一節がクローズアップされ、関連のテレビコメントや書籍もひところ目立つ動きを見せていた。

そこでの天平二年（七三〇）正月十三日「梅花の宴」については、大宰帥《だざいのそち》大伴旅人の邸で行われたものである。大宰府の西北に隣接する、現在の坂本八幡宮あたりといわれ、坂本八幡宮への人出も多くなったことも耳目に新しいだろう。

上記以上にふれられることはなかったようだが、この「梅花の宴」自体は、旅人研究の一環としても、また国文学的な研究素材としてもすでに研究が蓄積されてきている（伊藤　一九七五）。さらに、梅花という中国的な詠物詩題の嚆矢《こうし》ともいえる場でもあった（大久保　一九七三、芳賀　一九九二）。その歴史的背景や出席者については歴史学の分野からも議論が起こっているが、前年には隼人《はやと》が風俗歌舞を奏し、さらに大隅隼人は調物を貢上するなど国史上の動向も見えるが、この前後も含めて不明確な旅人の大宰帥時代の研究素材として「梅花の宴」のみならず『万葉集』の可能性が高まっているといえよう。

参考文献

伊藤　博『万葉集の歌人と作品　上・下』塙書房、一九七五年

・国文学のオーソドックスな歌人研究は、歴史学分野での基礎的研究に通じるところがあり、参照すべき点が多い。

直木孝次郎『万葉集と古代史』吉川弘文館、二〇〇〇年

・日本古代史と『万葉集』との接点として主な事項を、もっともオーソドックスに絡めて論じている。古代史像を豊かに描き出す手法を学べる。

広野　卓『食の万葉集　古代の食生活を科学する』中央公論社、一九九八年

・『万葉集』からの食分野という視点で抽出した書で、興味深い内容で掘り下げられる。なかなか『万葉集』全てに通底して議論できないので、分析視角の参考にもなるだろう。

荒木敏夫『敗者の日本史四　古代日本の勝者と敗者』吉川弘文館、二〇一四年

小川靖彦編『萬葉写本学入門』笠間書院、二〇一六年

大久保広行「梅花の宴歌群考」『都留文科大学研究紀要』九、一九七三年

東城敏毅『万葉集防人歌群の構造』和泉書院、二〇一六年

直木孝次郎『直木孝次郎 古代を語る一二　万葉集と歌人たち』吉川弘文館、二〇〇九年

中村友一『日本古代の氏姓制』八木書店、二〇〇九年

中村友一「古代人の「名」観念―『万葉集』の「あざな」を中心に―」『日本古代学』一一、二〇一九年

芳賀紀雄「万葉集における花鳥の擬人化―詠物詩との関連をめぐって―」『記紀万葉論叢』塙書房、一九九二年

廣瀬公彦「『万葉集』題詞左注にみる身分的階層性」『国語国文』八六―七、二〇一七年

松尾　光『万葉集とその時代』笠間書院、二〇〇九年

森　哲也「駅鈴と万葉歌」『続日本紀研究』四一七、二〇一九年

森田　悌『古代国家と万葉集』新人物往来社、一九九一年

吉村武彦『日本古代の社会と国家』岩波書店、一九九六年

3　風土記

菊地照夫

一　風土記とは

和銅六年の官命　『続日本紀』によれば、和銅六年（七一三）五月二日、太政官《だじようかん》から畿内七道の諸国に、次の命令（官命）が下された。

畿内七道諸国の郡・郷の名は好字《よき》を著けよ。其の郡内に生ずるところの銀銅・彩色・草木・禽獣・魚虫等の物は具《つぶさ》に色目に録し、及び土地の沃塉《よくせき》、山川・原野の名号の由るところ、また古老の相伝うる旧聞異事は史籍に載せて言上せよ。

命令の内容は、①郡・郷の地名に好字をつけ、②郡内の特産物や動植物のリスト、③土地の肥沃の状態、④山川原野の名称の由来、⑤古老の伝承するいい伝え、以上を文書にまとめて報告せよということであった。

この官命を受けて、諸国では国司、郡司を中心に調査や報告書の作成が行われ、完成した報告書は国ごとに上申文書（解《げ》）として太政官に提出された。こうして編纂された国ごとの地誌の報告書は、後に風土記と称された。

しかし和銅六年の官命に風土記の文字はみえず、風土記という名称の初見は、延喜十四年（九一四）に提出された三善清行《みよしきよゆき》の「意見封事十二箇条」である。風土記とは中国地誌の名称の一類で、政府は官命を下した後に、この名称を採用したのである。

国史編纂事業と風土記　風土記編纂命の下された和銅六年は、『古事記』完成の翌年であり、七年後の養老四年（七二〇）には『日本書紀』が完成するという、国家による国史（歴史書）編纂事業の最中であった。三浦佑之は、和銅六年の官命もこの国史編纂事業の一環であったとみる（三浦　二〇一六）。

『続日本紀』養老四年五月癸酉条の『日本書紀』完成の記事には、書名が『日本書紀』でなく『日本紀』とされている。三浦は、中国的な国史編纂をめざしていた日本の律令国家が構想していたのは、中国の『漢書』や『宋書』にならった『日本書』であり、編年体の紀（本紀）、人物伝の伝（列伝）、地誌の志（地理志）からなる中国的な歴史書の編纂を目標とし、養老四年に完成した『日本紀』は『日本書』の中の「紀」の部分であったという。そして和銅六年の官命を志（地理志）編纂のための準備作業とみるのである。しかしこの『日本書』構想は完結せず、編年体の『日本紀』の完成にのみ止まり、以後の国史編纂は『続日本紀』『日本後紀』と続くように、紀（本紀）のみの編纂にしぼられることとなった。『続日本紀』に『日本紀』と称された史書が、後に『日本書紀』と呼ばれるようになるのは、当初、『日本書』の中の「紀」意味で表題に『日本書　紀』と表記されていたものが、『日本書紀』とつなげて読まれ、今日の呼称になったとみられる。そして『日本書』の『地理志』は完成に至らず、官命によって諸国から集められた報告書は、風土記の名がつけられて、中央および諸国で保管されたというのである。

五風土記と逸文　和銅の官命にしたがって諸国で編纂されて中央に提出された報告書＝風土記のうち、現在まとまった形でみることができるのは、常陸《ひたち》国・出雲《いずも》国・播磨《はりま》国・豊前《ぶぜん》国・肥前《ひぜん》国の五ヵ国の風土記である。このうち『出雲国風土記』のみ、ほぼ完全に残っており、他の四つの風土記には、欠損や省略されている部分があり、完全な形では残っていない。

これら五風土記のほか、後世の書物に風土記の文章が断片的に引用されていることがあり、それらを風土記逸文《いつぶん》という。たとえば鎌倉時代の『釈日本紀《しゃくにほんぎ》』や『万葉集註釈』『塵袋《ちりぶくろ》』などには多くの逸文が引用されており、残存する五風土記のほかにも多数の国々の風土記が存在したことがわかる。

諸国風土記の成立時期　和銅六年の官命に基づいて諸国で編纂が開始された風土記が完成する時期は、国ごとにさまざまであった。完成時期が明らかなのは、巻末に「天平五年二月三十日」という日付を明記した『出雲国風土記』のみで、他の風土記の成立の時期は不明である。しかし次の二つの事項をてがかりにして、おおよその成立時期がわかる。そのてがかりとは、郡内の行政区分が里制《りせい》か郷里制《ごうりせい》であるか、『日本書紀』で天皇とされていない人物を天皇と称しているかどうかの二点である（瀧音ほか　二〇一八）。

律令制では、諸国の郡の中を五十戸ごとに里と区分していたが、霊亀元年（七一五）にそれまでの里を郷と改称し、その中の小単位を里と称する郷里制に変更した。官命の出された和銅六年は里制段階であり、『常陸国風土記』と『播磨国風土記』は里制に基づいている。したがってこの両風土記の本文が作成されたのは、霊亀元年以前だったことがわかる。一方『出雲国風土記』は郷里制に基づいており、天平五年（七三三）の成立と整合する。豊後・肥前両国風土記も郷里制によっており、成立は比較的新しいということができる。

また国によって、ヤマトタケルなど、『日本書紀』では天皇になっていない人物を天皇と称している風土記がみられる。『常陸国風土記』には、ヤマトタケルが「倭武天皇」と表記され、『播磨国風土記』では応神天皇の皇子ウジノワキイラツコが「宇治天皇」、履中天皇の皇子イチノベノオシハが「市辺天皇」、神功皇后（オキナガタラシヒメ）が「息長帯比売天皇」と表記されている。風土記の記事は地方の伝承を採録したものであり、地域のレベルで本来天皇でない人物が天皇として語られることがあったかもしれない。しかし最終的に公文書として国司から政府に提出された報告書において、即位していない人物に安易に君主号を付すことは、はばかられることであろう。しかしそれが問題とされず、そのまま採用されていたということは、おそらく皇統譜において誰が天皇であり、誰が天皇でないかは、養老四年に完成した『日本書紀』で最終的に確定したと考えられ、それ以前にはヤマトタケルや神功皇后なども天皇と称されることがあったということであろう。とするとヤマトタケルや神功皇后を天皇と称する『常陸国風土記』や『播磨国風土記』は、『日本書紀』完成の養老四年（七二〇）以前の成立であったということになる。この点は、両風土記が里制段階に記述されていることとも整合する。一方『出雲国風土記』には、ヤマトタケルは「倭健命」と表記されている。同風土記の成立は『日本書紀』完成の一三年後であり、ここにも矛盾はない。

さらにこれをふまえて逸文をみると、『阿波国風土記』に「倭健天皇命」、『摂津国風土記』に「息長帯比売天皇」の表記があることから、この両風土記の成立は養老四年以前であったということができる。

二　五風土記と逸文の諸問題

『常陸国風土記』　『常陸国風土記』は、「常陸の国の司解す、古老の相伝ふる旧聞を申す事」という冒頭の一文から始まる。律令国家において下位の役所が上位の役所に報告や上申する文書を「解《げ》」といい、『常陸国風土記』は、太政官から和銅六年に官命を受けた常陸国が、それに対する報告書を解の形式で上申した文書であった。おそらくは常陸国だけでなく、すべての国の風土記がこのような形式で太政官に提出されたと考えられる。

『常陸国風土記』の特徴は多彩な漢語表記がみられることである。『文選《もんぜん》』や六朝《りくちょう》・初唐詩の影響もみられ、編者の中にこうした漢詩文に習熟した人物がいたとすると、養老三年（七一九）七月に国司として赴任した藤原宇《うま》合《かい》が有力な候補となる。藤原不比等《ふひと》の子である宇合は、遣唐使として入唐の経験があり、また『懐風藻《かいふうそう》』に残された宇合作の漢詩の用字や表現と、『常陸国風土記』のそれとの共通性・類似性も指摘されている（橋本　二〇一三）。宇合が風土記編纂に関与したとなると、太政官への提出は宇合の常陸国着任以降ということとなり、先の里制や天皇号に基づく成立年代の推定との関係が問題となる。

現在残されている写本（江戸時代初期の松下本、武田本など）には、常陸国の概要を述べた総記に続いて、新治《にいばり》郡・筑波《つくば》郡・信太《しだ》郡・茨城《うばらき》郡・行方《なめかた》郡・香島《かしま》郡・那賀《なか》郡・久慈《くじ》郡・多珂《たか》郡の記事があり、白壁《しらかべ》郡と河内《こうち》郡はみられない。総記と行方郡以外の郡には「以下略之」という注記があり、一部が省略されている。

『出雲国風土記』　『出雲国風土記』は、完全な形で残っている唯一の風土記であるとともに、成立年と編纂者が明らかなのも『出雲国風土記』だけである。巻末に、

天平五年二月三十日　勘《かんが》へ造る　　秋鹿《あいか》郡の人、神宅臣金太理《みやけのおみかなたり》
国造にして意宇郡大領《おうぐんたいりょう》を帯《おび》たる外正六位上勲十二等、出雲臣廣嶋《いずものおみひろしま》

とあり、成立が天平五年（七三三）二月三十日、編者が秋鹿郡の人神宅臣金太理と意宇郡の郡司（大領）で出雲国造の出雲臣廣嶋であったことがわかるが、ここにはいくつかの問題がある。

風土記の編纂命令は和銅六年（七一三）であったが、『出雲国風土記』は完成までに二〇年も要している。常陸国や播磨国が数年で完成させているのと比べると、時間がかかりすぎているが、遅れた理由は不明である。また風土記編纂の主体は、本来国司であるべきところ、『出雲国風土記』の編者は国司ではなく、郡レベルの人物、特に意宇郡司（大領）で出雲国造《いずもこくそう》の出雲臣廣嶋であることが注目される。出雲国造はオオナムチ（オオクニヌシ）を祭る杵築《きづき》大社（出雲大社）の祭祀を王権から委託された神職であり、就任すると上京して天皇に玉・

剣・鏡などの神宝を献上するとともに、神賀詞《かんよごと》という天皇を祝福する詞章を奏上する儀礼をおこなった。ここにみえる出雲臣廣嶋も養老五年（七二一）に国造に就任して、この儀礼をおこなっている。出雲は、『古事記』『日本書紀』の神話の中で、地上世界を表現する葦原中国《あしはらのなかつくに》の中心に位置づけられ、天上世界（高天原）を権威の根源とする王権に対して、葦原中国の国作りをおこなったオオナムチがその支配権を譲渡（国譲り）する舞台であり、それと引き換えにオオナムチは出雲大社に祭られて、その祭祀を担ったアメノホヒの後裔が出雲国造とされている。このように出雲ならびに出雲国造は古代王権の神話的世界観のなかで特殊な地位にあり、こうした出雲の特殊性が『出雲国風土記』の編纂者を国司でなく出雲国造とした理由であったとも考えられるが、確証はない。

なお記紀神話にはヤマタノヲロチ神話、国譲り神話など、出雲を舞台とする神話が多数みられるが、それらの神話は風土記にはみられない。これに対して八束水臣津野命《やつかみずおみつののみこと》の国引き神話や、加賀潜戸《かかのくけど》における佐太《さだ》大神誕生の神話など、記紀にはみえない在地神話が採録されている。

『播磨国風土記』　写本は平安末期の三条西家本（天理図書館蔵）の系統のみが残っている。この写本は冒頭部が欠落しており、巻頭の明石《あかし》郡を欠き、賀古《かこ》郡・印南《いなみ》郡・飾磨《しかま》郡・揖保《いいぼ》郡・讃容《さよ》郡・宍禾《しさわ》郡・神前《かんざき》郡・託賀《たか》郡・賀《か》毛《も》郡・美嚢《みなぎ》郡の記事がある。本来揖保郡の次にあるはずの赤穂《あこう》郡の記事がみられない。明石郡については逸文があり、明石郡の記載が存在したことは確認できる。この写本には不備やずさんさがみられ、元となった本は、国庁に残された未整備本か草稿本であったと考えられている。『播磨国風土記』は、写本がこの一系統しかなく、複数の写本を比較して本文校訂をおこなうことができないという難点がある。

この風土記は、官命の内容の③土地の肥沃の状態を詳細に報告し、肥沃度のランクを上上・上中〜下中・下下の九等に分けて、里ごとに等級をつけている。また神々が地域の領有を競う国占めの伝承を多く載せている。

『豊後国風土記』『肥前国風土記』ほか西海道の風土記　九州（西海道）の風土記には、『豊後国風土記』のように国名を冠する国別の風土記と『筑紫風土記』と称して西海道諸国を一括した風土記の二種類の風土記の編纂がおこなわれたことが、逸文からわかる。研究者は前者を甲類、後者を乙類と区別している。

九州の風土記の特徴は、『日本書紀』と類似する記事が多いことである。それは甲類、乙類の両方に共通し、記載内容だけでなく文章まで酷似する記事もみられる。『日本書紀』と甲類・乙類との関係、甲類と乙類の関係をめぐってはさまざまな考え方がある。『日本書紀』と甲類との関係だけをみても、A甲類が先に成立し『日本書紀』に影響を与えた、B『日本書紀』が先に成立し甲類に影響を与えた、C同一の原資料に基づいて『日本書紀』と甲類が作成されたという三様の見解が提示されており、これに甲類と乙類の関係を合わせると、それこそ議論百出の状況で、定説はない（橋本　二〇一三）。

九州の風土記のもう一つの特徴は、豊後国、肥前国ほか逸文にみえる他の諸国の風土記の体裁が共通することである。これは諸国の調査報告が大宰府《だざいふ》に提出されて、同一の基準で諸国の風土記が編纂されたことによるものとみられる。

風土記逸文　風土記の逸文は、鎌倉時代の『万葉集註釈』と『釈日本紀』に、信頼できる多くの逸文が引用されている。『万葉集註釈』は仙覚《せんがく》による『万葉集』の注釈書で、二一ヵ国約五〇条の引用があり、『釈日本紀』は卜部兼方《うらべかねかた》による『日本書紀』の注釈書で、二〇ヵ国約六〇条の引用がある。鎌倉時代の『塵袋』にも約二〇条の引用があるが、ここでは原文ではなく読み下して引用されている。このほか風土記原典ではなく、引用された文献からの孫引きによる逸文や、要約された内容が引用されているものもみられる。

こうした逸文の集成の取り組みは江戸時代以来おこなわれてきたが、その到達点が日本古典文学大系本（次節参照）である。しかしここでは逸文として確実なものに加えて、疑わしいものに「存疑」、逸文と認めがたいものに「参考」と付して、逸文でないもの、疑わしいものまで含めて取り上げたことにより、かえって混乱が生じることとなった。この反省をふまえて新編日本古典文学全集本（次節参照）では、古代の風土記の逸文と認められるものと逸文ではないものをはっきりと区別した（荊木　二〇〇九）。

三　テキストと自治体による風土記研究

テキスト　戦後の風土記研究で最も重要な役割を果したのが日本古典文学大系『風土記』（秋本吉郎校注、岩波書店、一九五八年）で、原文・読み下し・頭注を見開きで見ることができ、現在もなお広く参照されている。それから約四〇年を経て新編日本古典文学全集『風土記』（植垣節也校注・訳、小学館、一九九七年）が刊行された。詳細な頭注とともに口語訳が付されており、初学者にとっては便利なテキストである。中村啓信監修・訳注『風土記』上・下（角川書店、二〇一五年）は文庫版で現代語訳もついている。沖森卓也・佐藤信・矢嶋泉編著『風土記』（山川出版社、二〇一六年）は、五風土記の最善の写本に基づき後世的知見を排除して校訂本文を作成し、奈良時代の訓読文による読み下しをおこなっている。

自治体による風土記研究　近年の風土記研究で注目されるのが、島根県による『出雲国風土記』研究である。島根県古代文化センターが『出雲国風土記』の総合的な調査、研究を継続的におこなっており、その成果が出版物やイベントなどをとおして積極的に発信されている。その貴重な成果のひとつ、関和彦の『「出雲国風土記」註論』（関　二〇〇六）には、綿密な現地調査をふまえた多角的な論点が提示されている。

兵庫県でも二〇一五年に県立歴史博物館にひょうご歴史研究室が開設され、テーマ研究の一つに「播磨国風土記研究」が掲げられている。今後島根県古代文化センターのような、風土記の研究拠点となっていくであろう。ちなみに『ひょうご歴史研究室紀要』創刊号（二〇一六年）の特集は「『播磨国風土記』研究の新地平」である。

その他の自治体でも、県史や市町村史などの編纂のなかで風土記の研究が進められており、風土記にかかわる地域の研究には、自治体史にもていねいに目を通す必要がある。

参考文献

加藤義成校注『出雲国風土記』今井書店、一九六五年
・風土記のフィールドワークでお薦めしたいのが出雲。風土記本文の地名、神社名が脚注で現地比定されており、出雲国風土記のフィールドワークには必携の書。巻末の「出雲国風土記関係著書・文献目録」も増刷ごとに更新されており、有用性が高い。
瀧音能之・鈴木織恵・佐藤雄一編『古代風土記の事典』東京堂出版、二〇一八年
・風土記の入門書として、風土記の内容や周辺に関わる百のテーマがわかりやすく解説されている。一般読者向けだが、これから古代史の研究を始めようという初学者の勉強にも活用できる。
中村啓信・谷口雅博・飯泉健司『風土記探訪事典』東京堂出版、二〇〇六年
・風土記の理解は、そこに記載された現地をフィールドワークすることによってより深まり、それが風土記研究の一番の醍醐味である。本書には風土記の主要な記事の解説と現地の地図、写真が掲載されており、フィールドワークの絶好のガイドブックとなる。
荊木美行『風土記研究の諸問題』国書刊行会、二〇〇九年
植垣節也・橋本雅之編『風土記を学ぶ人のために』世界思想社、二〇〇一年
坂江渉編『風土記からみる古代の播磨』神戸新聞総合出版センター、二〇〇七年
志田諄一『「常陸国風土記」と説話の研究』雄山閣、一九九八年
関　和彦『「出雲国風土記」註論』明石書店、二〇〇六年
橋本雅之『風土記研究の最前線』新人物往来社、二〇一三年
三浦佑之『風土記の世界』岩波書店、二〇一六年

4 正倉院文書

畑中彩子

一 正倉院文書とは

丸部大人の休暇届　丸部大人《わにべのうし》は写経所で働く写経生であった。正倉院宝庫には彼が宝亀二年（七七一）に提出した休暇届＝請暇解《せいかげ》が伝来している（続々修三十九帙二裏、『大日本古文書』一七巻、六〇三〜五頁）。写経生の休暇申請理由は、仕事がひと段落したとき、浄衣の洗濯、病気休暇（脚病や下痢）などさまざまだが、丸部大人は子供の病を理由に四日間の休暇を申請し、さらに翌月、三日間の休暇申請を行った。彼の休暇申請はその後も続き、翌月の休暇申請理由は子供の死去にともなうものであった。一三〇〇年以上も前の写経生の悲しみがこの一連の文書から伝わってくる。写経所ではこのような請暇解を貼り合わせ、継文《つぎぶみ》として保管していた。

正倉院文書には、六国史《りっこくし》では描かれない奈良時代の人々の生活や社会の様子をうかがわせる文書が多く含まれている。購入物品リストをみれば、野菜や醤《ひしお》・末醤《まつびしお》（味噌）などの多様な食品、市で売買されていた商品、物価や価格変動を知ることができる。寺院の造営、写経生の労働状況、仏教信仰、中央官司と地方官司との連絡などの記録もあり、六国史や律令、木簡などと複合的に研究することで、八世紀の様相が具体的に浮かび上がってくるのである。

広義の正倉院文書と狭義の正倉院文書　「奈良の東大寺の正倉院宝庫に伝来した八世紀の古文書群」ともいえる正倉院文書は、文書の総数一万数千点ともされ、現在は計六六七巻五冊にまとめられ、宝庫に隣接して新しく建てられた西宝庫内で一九六三年より管理されている。

　正倉院宝庫の内部は北倉・中倉・南倉の三つの区画に分かれており、この各倉に収納されて伝来した古文書群の総称が、広義の正倉院文書である。これらの文書の分類方法は研究者によって異なるが、先駆的な吉田孝の分類（吉田　一九八三）をもとに述べると、北倉伝来の文書〔甲類〕は収納器物に関連して残存した文書で、（A）施入《せにゅう》や出納・曝涼《ばくりょう》関係文書、（B）双倉《ならびくら》以外の倉に収納されていた器物とともに移動した関係文書に二分される。前者には聖武太上天皇の遺品の献納を記した「国家珍宝帳《こっかちんぽうちょう》」などの献物帳《けんもつちょう》、宝物の出納記録（鎌倉時代までのものを含む）や曝涼帳など、後者には鳥毛立女屏風《とりげりつじょのびょうぶ》の下貼《したばり》文書、華厳経論帙《けごんきょうろんちつ》の内貼文書など宝物に付随した反《ほ》故《こ》文書や、赤色顔料の丹を包んだ紙（丹裹《につつみ》《たんか》文書）が含まれる。

　中倉伝来の文書〔乙類〕は写経所政所におかれていた文書で、二種類に分類される。（A）は写経所で作成された文書や写経所に運びこまれた文書、（B）は写経所の出先機関である造石山寺所に関する文書であり、乙類の（A）（B）が正倉院文書研究の中心となる狭義の正倉院文書と称されるものである。

　なお明治期に東大寺東南院所蔵の文書や荘園図が中倉に移されたが、こちらは正倉院文書の範疇からは除外されている（東大寺献納図書）。一方で整理の途上で宝庫外に流出した文書は、正倉院文書とみなされている。

文書の「おもて」と「うら」―正倉院文書の整理過程―　正倉院文書の多くは、紙の両面に文字が記されている。一面が使用された後に、空白だった裏面が再利用されたためである。写経所では、皇后宮職《こうごうぐうしき》や造東大寺司、中央の諸官司で不要となった反故紙や、写経所内で生じた反故紙を二次利用していた（吉田　一九八三）。反故紙を切ったり大豆でできた糊で貼りつないだりして新たな帳面を作り出し、写経所内のさまざまな記録が記されたのである。よって、表裏の内容に関係のないものが大半である。

では、どの面が「おもて」と「うら」なのか。この点を理解するには、江戸時代末期や明治時代に行われた、正倉院文書の整理過程を知る必要がある（皆川 二〇一二、西 二〇〇二）。

天保七年（一八三六）に、正倉院の開封修理にあたって国学者の穂井田忠友《ほいだただとも》が整理し、巻子にまとめたものが①「正集」四五巻である。律令国家が「公文」として作成した戸籍や正税帳《しょうぜいちょう》などは、国印が捺《お》されていたり、ていねいな字体で記されていたりと見栄えがよい。穂井田もこのような一次文書の公文や暦、著名人の筆跡のある文書を継ぎ目から剥がし取り、並び変えて成巻したのである。

ついで明治八年（一八七五）より東京の内務省の浅草文庫にて整理が行われ、②「続修《ぞくしゅう》」五〇巻、③「続修《ぞくしゅう》後集《こうしゅう》」四三巻、④「続修別集《べっしゅう》」五〇巻が編成された。明治二十七年には宮内庁正倉院御物整理掛がそれまでの整理によって生じた断簡をまとめ、⑤「続々修《ぞくぞくしゅう》」四四〇巻二冊とした。また内務省図書局が、傷みの激しいものをまとめた⑥「塵芥《じんかい》」三九巻三冊のうち、蝋燭《ろうそく》状に固まったものは「蝋燭文書」と呼ばれている。この蝋燭文書を含む塵芥文書には、東大寺大仏開眼会に参加した僧侶の名簿が含まれていることが判明している。

以上の整理によって現状の形になっているが、写経所で使用された文書を正倉院文書の主体とするならば、最終的な形態である帳簿が本来の姿「おもて」となり、律令公文などは「紙背文書」、すなわち「裏」となる。ただし現在はおもて・裏ではなく、一次文書、二次文書のような表現がとられていることが多い。

帳簿の復原作業 穂井田や明治期の整理によって元来の帳簿の姿が失われ、かつ多数の「断簡」が生じた。そこで東京大学の皆川完一ゼミ（石上英一・山口英男ゼミに継承）を中心に、失われた形態の復原作業が試みられてきた。また、東京大学史料編纂所による原本調査が毎年秋に実施されている。こうした接続・復原の成果は東京大学史料編纂所編『正倉院文書目録』としてまとめられ、断簡と断簡の接続、表裏関係などの基本情報を、容易に知ることができるようになった。

二　正倉院文書に記されていること

写経所で作成された文書　狭義の正倉院文書は、写経所の事務や関係諸司とのやりとりに関わる文書群である。この写経所は、藤原光明子《こうみょうし》家の私的な写経所が、皇后宮職写経所に発展し、さらに金光明寺写経所、造東大寺司の写経所となったものである。代表的な天平十二年の光明皇后願経（五月一日経）のほか、神亀四年（七二七）～宝亀七年（七七六）の約五〇年間、数回にわたって一切経の書写や大量の一括書写が行われている。そして写経事業ごとに帳簿が作成されており、これらの帳簿を読み解くことが、写経事業の進捗状況や写経所の運営状況を知るための、重要な作業となっている。

【事務帳簿】写経所では、写経で使用する紙、筆、墨の配分（充紙帳《じゅうしちょう》／充筆墨帳《じゅうひつぼくちょう》）や雑物の出納（雑物収納帳）、写経の割り当て（充本帳《じゅうほんちょう》）、校正の割り当て（校帳《こうちょう》）、装丁の分担（充装潢《そうこう》《おう》帳）、写経生の工程報告（手実《しゅじつ》）などを記録したさまざまな帳簿が作成された。写経生らには給食が用意されたので、日ごとの米や食物の支出簿（食口《しょくこう》案《あん》／食物用帳《しょくもつようちょう》）や、市などでの買物をまとめた「銭用帳《せんようちょう》」もある。また上日帳《じょうじつちょう》は写経生らの出勤日数を集計したものである。

【文書】経巻の貸借、優婆塞《うばそく》の貢進、写経所の事業や写経生らの勤務状況の報告、布施《ふせ》（給与）の申請、料物の請求、そして月毎の作業内容や収支の報告（告朔解《こうさくげ》）など、上級官司や外部機関に提出した文書は、原則として案文《あんもん》（文書の控《ひかえ》）が作成された。写経生らが提出した書類には、休暇や欠勤を願い出たもの（請暇解／不参解《ふさんげ》）、借金の申しこみ（月借銭解《げっしゃくせんげ》）などがある。これらの案文や文書は、継文として貼り継がれて保存された。

造石山寺所関係文書　天平宝字五年（七六一）に始まる近江国の石山寺造営に関わる文書群である。造東大寺司の出先機関である造石山寺所の造営事業の詳細な記録が残されており、寺院史、経済史、建築史の史料としても有益である。まず福山敏男が造営の視点から注目し（福山　一九四三）、さらに吉田孝が石山寺文書の由来や移動について明らかにした（吉田　一九八三）。造石山寺所の別当は、造東大寺司の主典安都雄足《あとのおたり》が兼任しており、そのため東大寺より反故紙が持ちこまれ、さらに造営工事終了後の同七年、造東大寺司写経所政所にて残務処理を行った結果、関連の文書類が東大寺に残存したのである。その内容は石山寺の造営に関わるもののほか、越前国足羽《あすわ》郡における雄足の私的な経営活動に関する文書や私信、その配下の下道主《しものみちぬし》・上馬養《かみのうまかい》らに関わる文書を含むのが特徴である。

中央官司に関わるもの（一次文書）　中央官司で作成された文書や諸国から提出された文書類が、保管期間の終了後などに、反故紙として写経所に持ちこまれたことによって、偶然残存し、奈良時代の律令国家運営の実態を伝えることになった。

【戸籍、計会帳】戸籍には、大宝二年（七〇二）の御野（美濃）、筑前、豊前、豊後国の戸籍や養老五年（七二一）の下総国戸籍がある。大宝二年は大宝令施行後初の造籍にあたり、東山道の御野国と西海道諸国の戸籍の形式が異なる。また神亀三年（七二六）の山背国愛宕郡出雲郷、天平年間（七二九～七四九）の左京や山背国の計帳歴名《れきみょう》、神亀元年～天平十四年にわたる近江国志何《しか》郡の手実などがある。いずれも古代の家族構成や村落制度を伝える史料として注目されてきた。

【諸国からの上進文書】正税帳は諸国の収支決算報告書であり、天平年間の左京、大倭、駿河、伊豆、但馬、隠岐、周防、長門、薩摩国など約二〇ヵ国の正税帳二十数通が現存している。稲斛などの収入、運用利益、支出、出納状況を記すほか、国や郡の倉庫に収納されている米や酒などの食糧などが記録されており、当時の社会経済を知ることができる。また輸租帳《ゆそちょう》、封戸租《ふこそ》交易帳、義倉帳《ぎそうちょう》、大税賑給歴名帳《たいぜいしんごうれきみょうちょう》、大税負死亡人帳、正税出挙帳《しょうぜいすいこちょう》などもある。出雲国の計会帳《けいかいちょう》には、受領した書類、通過した役人などが記されており、当時の中央と地方間の文書行政の実態を伝えている。正税帳の研究については井上辰雄『正税帳の研究』（塙書房、一九六七年）、各国の正税帳の翻刻、欠損部分を復元し註釈を加えた、林陸朗・鈴木靖民編『復元天平諸国正税帳』（現代思潮社、一九八五年）が有益である。

【中央官庁の大粮申請継文など】中央の諸官庁が天平十七年に、民部省に仕丁《しちょう》らの食糧（大粮）を請求した文書も現存しており、その多くが正集の一～三巻にまとめられている。

【皇后宮職・造東大寺司関連文書】皇后宮職や造東大寺司で作成された文書もある。特に、光明皇后が亡くなった母 橘三千代《たちばなのみちよ》の供養のために造営した興福寺西金堂や、法華寺の造営に関する文書は、建築技術や仏像の造営技術を解明する史料となっている。

宝物に付随するもの（広義の正倉院文書）「国家珍宝帳」は光明皇太后が聖武太上天皇の遺品を東大寺に施入した際に作成した宝物リストである。「種々薬帳《しゅじゅやくちょう》」などと合わせて東大寺献物帳と称される。宝物の中には散逸したものもあるが、現在も正倉院に残るものも多い。なお明治時代に東大寺大仏殿で発見された刀が、珍宝帳から除外された「陽宝剣」「陰宝剣」であったことが、二〇一〇年に判明している。

鳥毛立女屛風の下貼となっていた天平勝宝四年（七五二）の「買新羅物解《ばいしらぎぶつげ》」は、新羅との交易品が記されており、この下貼文書の発見により、屛風が日本で作成されたことが明らかになった（東野　一九七七）。丹裏文書は顔料の丹を巾着状に包んだもので、包紙と紐に反故紙が使用されている。

さらに新羅で作成された文書も含まれている。華厳経論帙《けごんきょうろんちつ》の下貼文書「新羅村落文書」、金属製の器「佐波《さは》理《り》」に付着した「佐波理加盤《かばん》文書」は、新羅の家族制度や朝鮮半島から日本への漢字の伝来過程を記す史料としても注目されている（鈴木　一九八五、平川　二〇一〇）。

三　正倉院文書を見る

正倉院文書を見たい、または研究したいとき、膨大な史料群からどのように史料を探し出せばよいのだろうか。そのような願望を叶える手段を紹介しよう。

原本の情報を知る　【原本】正倉院の宝庫に厳重に保管され、毎秋、勅使のもと開封され、東京大学史料編纂所によって資料調査が行われる。この開封に合わせて奈良国立博物館で開催される正倉院展では、楽器や伎楽面などの宝物と並んで経典や正倉院文書が展示される。会期も短く非常に混雑しているが、原本ならではの筆の勢いや臨場感、迫力を堪能することができる。

【マイクロフィルム・焼付写真・影印集成】宮内庁が原本を撮影したマイクロフィルムや、マイクロフィルムを焼き付けた写真帳は、文字の形や字の運び、紙の状態など、様々な視覚情報を提供している。また宮内庁正倉院事務所編『正倉院古文書影印集成』（八木書店、一九八八年〜。二〇二〇年現在、正集から塵芥文書まで一七巻）の刊行によって、容易に正倉院文書の写真を目にすることができるようになった。

【コロタイプ複製】国立歴史民俗博物館（歴博）により、原本に限りなく近い情報を持つ原色原寸大の複製作業が進められている。歴博の常設展示では、入れ替えしつつ展示されており、また館内閲覧室にて複製資料のカラーデジタル画像を閲覧することも可能である。

【ホームページ】宮内庁のウェブページの正倉院宝物検索にて正倉院文書のカラー写真（「国家珍宝帳」や正集、

続集や続々修の一部）が公開されている。さらに二〇一九年には、全巻のマイクロフィルム（モノクロ）を閲覧・検索できるようになった。

【流出文書】一九八五年の国立歴史民俗博物館「正倉院文書展」の図録をもとに作成された『正倉院文書拾遺』（便利堂、一九九二年）で見ることができる。

内容を知る　記載内容について知りたい場合は、翻刻されたものやデータベースを利用するとよい。

【大日本古文書（編年文書）】東京帝国大学史料編纂掛（のちに史料編纂所と改称）が明治三十四年（一九〇一）に奈良時代の古文書を翻刻、編纂を開始し、二五冊に集成されたものである。所収史料の大半が正倉院文書であり、正倉院文書の最も基本的な史料集である。ただし使用にあたっては、年代順に採録されているものの、第一巻〜第六巻（一九〇一〜〇四年刊行）、第七巻〜第二三巻（追加一〜一七）（一九〇七〜三七年）、第二四・二五巻（補遺一、二）（一九三九・四〇年）と、編纂時期ごとに三区分される点や、分断された断簡ごとに史料名が異なっているもの、史料名を改めるべきものがあり、また同一の史料が重複して採録されていることにも注意が必要である。

竹内理三編『寧楽遺文』（東京堂出版、一九六二年）にも、戸籍、計帳、献物帳、造寺所公文、写経所公文、人々啓状といったテーマごとに分類して掲載されている。

【目録・索引】東京大学史料編纂所編『正倉院文書目録』一〜八（東京大学出版会、一九八七年〜）は、正倉院文書の原型復原の調査をまとめたもので、①正倉院文書の種別と巻次、断簡番号、『大日本古文書』の巻・頁・行、②一次文書・二次文書の区分、文書名、年紀、断簡符号、③「断簡」の冒頭と末尾の字句、④印章、継目裏書、⑤用紙の紙質、紙数、界線、法量、⑥「断簡」の左右端の状態、往来軸、断簡の接続・配列を記載している。同目録の刊行により飛躍的に正倉院文書の研究は進展した。また「正倉院文書写経機関関係文書編年目録」（『東京大学日本史学研究室紀要』三〜一六、一九九九年〜）は、文書や帳簿を年ごとに整理したものである。

索引には、直木孝次郎編『正倉院文書索引　官司・官職・地名・寺社編』（平凡社、一九八一年）、関根真隆『正倉院文書事項索引』（吉川弘文館、二〇〇一年）、竹内理三・山田英雄・平野邦雄編『日本古代人名辞典』全七巻（吉川弘文館、一九五八〜七七年）などがあり、研究の助けになる。

データベース　現在の正倉院文書研究では、データベースが欠かせないツールとなっている。【東京大学史料編纂所】『大日本古文書』編年文書の全文データベース「奈良時代古文書フルテキストデータベース」は、一文字から検索可能であり、「正倉院文書マルチ支援データベース」（多元的解析支援）ＳＨＯＭＵＳは、断簡単位に接続情報、表裏関係などの参照・検索ができ、断簡のリンク機能を有し、『大日本古文書』の版面画像の表示、関連する研究文献の検索も可能となっている。【大阪市立大学】「ＳＯＭＯＤＡ（正倉院文書データベース）」は栄原永遠男を中心とした正倉院文書の復原研究の成果で、断簡情報の検索が可能である。

四　正倉院文書の研究をめぐって

正倉院文書研究は、穂井田が整理の際に写本を作成し、知己に配布したことにより開始した。本格的な研究は、戦前の石田茂作の写経事業研究（石田　一九三〇）、興福寺西金堂や法華寺、石山寺の造営状況を明らかにした福山敏男の一連の研究（福山　一九四三）に始まり、戦後、表裏関係や紙背文書について論じた岸俊男（岸　一九七七）や、写経事業を帳簿や文書から明らかにした皆川完一「光明皇后願経五月一日経の書写について」（皆川　二〇一二）によって、大きく進展した。

一九八九年には正倉院文書研究会が発足し、会誌『正倉院文書研究』一〜一六（一九九三〜）には、正倉院文書の関連論文が掲載されている。特に同誌一～三、一〇号の栄原永遠男「正倉院文書関係文献目録（一）～（四）」は、研究状況を知るのに有益である。
現在、写経事業に関する研究、文書学、経済史、仏教史など、多岐にわたる研究の蓄積があるので、まずは参考文献の入門的な著書で概要を抑えておくのが良いだろう。

参考文献

栄原永遠男『正倉院文書入門』角川学芸出版、二〇一一年
・正倉院文書の伝来や研究の過程、文書の接続や性格など、正倉院文書とは何かを知るには、この本をまず読むのが一番であろう。なお同書は韓国語訳（李炳鎬訳、二〇一二年）が韓国で出版されており、韓国においても正倉院文書が注目されていることがわかる。

杉本一樹『正倉院の古文書』（日本の美術一、四四〇号）至文堂、二〇〇三年
・コンパクトでありながら、約一三〇点の写真が掲載されており、帳簿や文書類を視覚的に理解することができる。同氏の『日本古代文書の研究』（吉川弘文館、二〇〇一年）も重要である。

丸山裕美子『正倉院文書の世界―よみがえる天平の時代―』中央公論新社、二〇一〇年
・写経事業だけでなく、人々の生活や家族のありかた、大仏開眼、中央から地方行政に至るまで、天平時代の多様な側面を楽しめる著書である。

石上英一・加藤友康・山口英男編『古代文書論―正倉院文書と木簡・漆紙文書―』東京大学出版会、一九九九年

石田茂作『写経より見たる奈良朝仏教の研究』東洋文庫、一九三〇年

市川理恵『正倉院写経所文書を読みとく』同成社、二〇一七年

大平　聡「正倉院文書研究試論」『日本史研究』三一八、一九八九年

岸　俊男「籍帳備考」『宮都と木簡』吉川弘文館、一九七七年、初出一九五九年

栄原永遠男『奈良時代の写経と内裏』塙書房、二〇〇〇年
栄原永遠男『奈良時代写経史研究』塙書房、二〇〇三年
佐々田悠「正倉院文書」佐藤信・小口雅史編『古代史料を読む　上　律令国家編』、同成社　二〇一八年
鈴木靖民「正倉院佐波理加盤付属文書の基礎的研究」『古代対外関係史の研究』吉川弘文館、一九八五年、初出一九七七年
東野治之「鳥毛立女屏風下貼文書の研究」『正倉院文書と木簡の研究』塙書房、一九七七年、初出一九七四年
西　洋子『正倉院文書整理過程の研究』吉川弘文館、二〇〇二年
平川　南「正倉院佐波理加盤付属文書の再検討」『日本歴史』七五〇、二〇一〇年
福山敏男『日本建築史の研究』桑名文星堂、一九四三年
皆川完一「光明皇后願経五月一日経の書写について」（初出一九六二年）、「正倉院文書の整理とその写本」（初出一九七二年）『正倉院文書と古代中世史料の研究』吉川弘文館、二〇一二年
山口英男「正倉院文書と古代史料学」『岩波講座日本歴史』第二二巻、岩波書店、二〇一六年
山下有美『正倉院文書と写経所の研究』吉川弘文館、一九九九年
山本幸男『写経所文書の基礎的研究』吉川弘文館、二〇〇二年
吉田　孝「律令時代の交易」『律令国家と古代の社会』岩波書店、一九八三年、初出一九六五年
渡辺晃宏「金光明寺写経所の研究」『史学雑誌』九六―八　一九八七年
『国立歴史博物館研究報告一九二　正倉院文書の高度情報化研究』二〇一四年

5　木簡

馬場　基

一　「長屋王邸宅」をめぐって

奇跡のコラボレーション　文字を有する史料のうち、木製品に墨書したものを総称して木簡と呼ぶ（木簡学会一九九〇ほか）。この木簡というものは、小さいけれどダイナミックで、すばらしく魅力的なのに言いようもなく性悪だ、とつくづく思う。

平城京左京三条二坊一・二・七・八坪が、ただちにどこなのか分かる人は少ないかもしれない。平城宮南面を東西に通る二条大路の南側に隣接し、平城宮の正面からは少し東にずれ、平城宮の角に点で接する。約二五〇㍍四方の広大なエリアである。発掘調査の結果、この地は奈良時代初頭、貴族邸宅だったと判明した。邸宅内からは、三万点を超える木簡が出土。出土点数といい、邸宅内という空間的なまとまりといい、目を見張る史料群である。

その木簡群の分析から、邸宅の主は、長屋王《ながやおう》、と推定された（奈良文化財研究所　一九九五）。長屋王。壬申の乱で名高い高市《たけち》皇子と御名部《みなべ》内親王の子。妻は元明天皇娘・元正天皇姉妹の吉備《きび》内親王。だが抜群の血筋ゆえに、謀反《むほん》の冤罪《えんざい》で妻子とともに自殺。奈良時代初期の超高級貴族であり、悲劇の貴公子だ。その邸宅と暮らしが、発掘調査と、出土木簡から明らかになる、というのだから、木簡と遺跡の「奇跡のコラボレーション」であろう。

木簡は、その出土した「遺跡」と密接な関係にある。

長屋親王宮の鰒は困りものだ

この奇跡のコラボの中でも特に著名なのは、

長屋親王宮鮑大贄十編

縦二一四×横二六×厚四ミリ　〇三一型式（『平城宮発掘調査出土木簡概報』二一—三九八）

だろう。長屋王邸を象徴する木簡だ。それゆえか、時々「長屋親王宮木簡こそ、この地が長屋王邸宅である最大の根拠」という話をきく。が、それは違う。

まず、もし長屋王邸内に保管するために作られた木簡なら、長屋親王宮、と書く必要はない。長屋王邸以外との送付や受け取りがあったはずだ。そして通常、物品を送る際の木簡には「送り主」を書くもので、「送り先」は書かない。この通例に従うと、この木簡は「長屋親王宮から送られた」際の木簡ということになる。木簡が捨てられるのは、荷物が開けられた送り先であろう。となると、出土地は長屋王の邸宅ではなくなる。そう、木簡は、「動く」のだ。

図1　「長屋親王宮」と記された木簡（奈良文化財研究所提供）

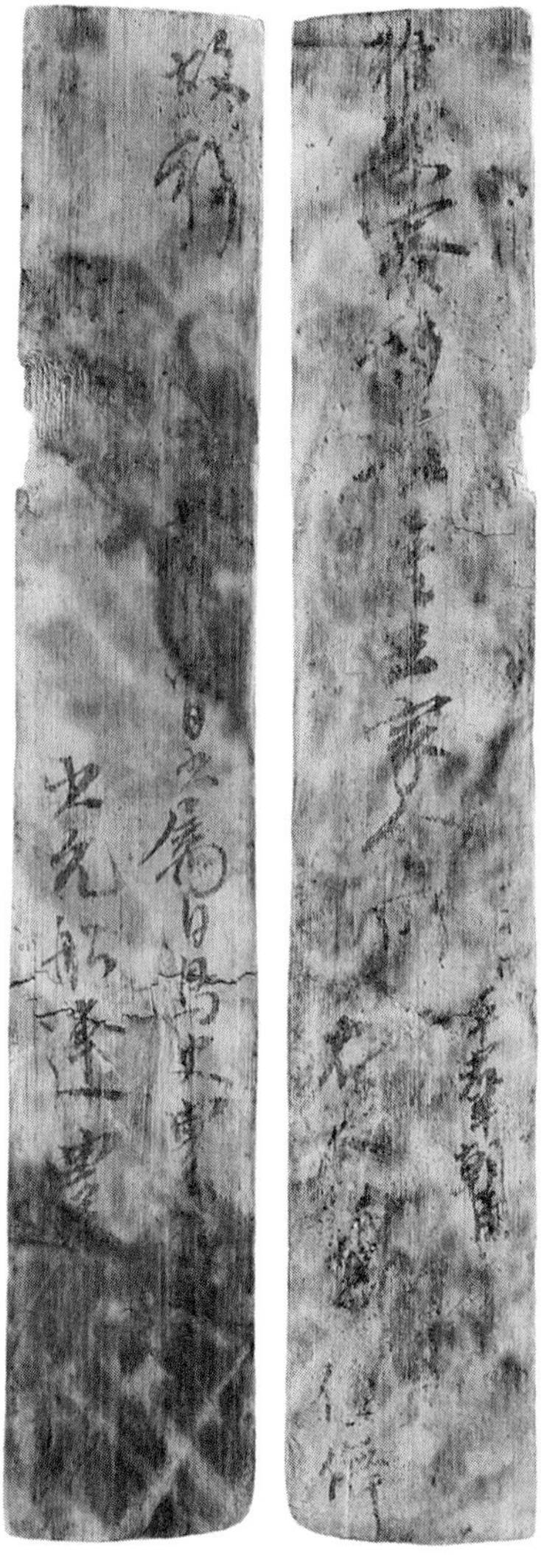

図2　雅楽寮から長屋王邸宛ての文書木簡（奈良文化財研究所提供）

長屋王邸推定の「決め手」　実は、長屋王の邸宅だと推定させた最大の根拠は、この木簡ではない。これだ。

・雅楽寮移長屋王家令所　平群朝臣廣足
右人請因倭舞

・故移　十二月廿四日　少属白鳥史豊麻呂
少允船連豊

縦二二〇×横三七×厚三ミリ　〇一一型式（『平城京木簡』一五六）

宮内省管下の雅楽寮《うたりょう》から、長屋王邸に宛てに差し出された文書木簡で、最後の署名の部分、自署風に――自署とは断定しきれないが――記している様子などもあり、おそらくは正文として実際に利用されたものだろう。雅楽寮で作成されたこの木簡は、長屋王家にもたらされたに違いない。その先は、二通り想定できる。平群広足《へぐりのひろたり》が雅楽寮に持参したか、長屋王家で捨てられたか。出土地点は平城宮外で、雅楽寮所在地とは考えにくい。となると、長屋王家で捨てられたと考えるのが妥当であり、出土地は長屋王邸だと考えられる。

木簡は、「捨て」られたものなのだ。

木簡は、「動い」た後に「捨て」られて、「遺跡」の一部となった。この関係をていねいに遡ることが、奇跡のコラボレーションの前提条件だ。ちなみに、長屋王家木簡には、送り元と送り先を併記する異例の木簡が多く含まれている。「群」での把握も、重要だ。

二　木簡のうそ・まこと

動きと木簡―削屑の場合―　というわけで、木簡は「動く」。動きが多いほど詳細な検討が必要となる。

こうした点で、木簡の削屑《けずりくず》は重宝だ。木簡の再利用のために、その表面を削る。削ると、ゴボウのささがきのような削屑が、膨大に発生する。削屑の山をわざわざ遠くに運んで廃棄するとは考えにくい。近くに捨てるだろう。ましてや、削屑を一点つまみだして、誰かに届けるなどとは、まず想定できない。「削屑発生地点」と「削屑廃棄地点」は近接する。

削屑の発生は、木簡記載内容のリセットを意味する。では、木簡はどこでリセットされるのか。通常、リセットされた木簡を利用する場所で削られていたと考えられている。だから、「削屑廃棄地点」＝「削屑発生地点」＝「木簡利用地点」となる。小さな削屑は、周辺の役所名や業務内容推定に大きな役割を果たす。

ただ、削屑を見ていると、特に奈良時代の半ばにもなると、きわめて薄く削られている。この品質であれば「木簡再生工場」もあり得なくはない。漢代中国西域では、「再利用待ち木簡」がストックされていた（青木　二〇一一）。まだ、課題は残っている。

動きと木簡―出土地点の意味―　木簡は「捨て」た後にも動くことがある。たとえば、溝に捨てられた木簡だ。

平城宮内裏《だいり》・第二次大極殿・東区朝堂院の東側を南北に貫く溝がある。この溝からは、さまざまな役所に関わる木簡が出土しているが、これらを統轄する役所を探すと、三つに絞れる。中務省《なかつかさ》・宮内省《くない》、それと宮内の警備部隊だ。ならば、木簡出土地周辺の官司もすぐに特定できそうだが、これが案外むずかしい。宮内省関連の木簡は、溝の約二〇〇㍍ほど、中務省関係の木簡は三〇〇㍍ほどの範囲から出土している。一ヵ所から廃棄されたにしては、広く分布しすぎている。溝の中で、流された、と考えるのが妥当だろう。

溝の遺物は、ほかにもややこしさがある。溝は、溝さらえなどで、掘り直され、堆積状況が混乱することもある。水平方向だけではなく、垂直方向にまで動くかもしれないのだ。

それに比べて、安心なのが廃棄土坑《どこう》を代表とする、「穴」だ。穴だから、流れる心配がない。そして穴は大抵、一度に埋めてしまう。というわけで、穴から出てくる木簡たちは、捨てられた時の原位置をほぼ保っている。

木簡は、確かに遺跡の一部で、切っても切れない。だが、遺跡と木簡の関係を考えるためには、さまざまな「動き」と、古代人による木簡の「捨て方」を考えなければならない。

誰の事実か　さらに、書いてあることが、そのまま事実とは限らない。

・玉置駅家三家人黒万呂御調三斗
・天平四年九月　　縦一六三×横二七×厚五㍉　〇一一型式（『平城宮木簡』三四六）

この調塩《ちょうえん》荷札木簡に記された地名は、内陸部に属する。現代的な意味で、この木簡に書かれた地名は、塩の生産地としては「うそ」だ。だが、古代人には本当だったからこそ、荷物に付けられ、都でも問題にならなかった。これは、若狭国《わかさ》（あるいは遠敷郡《おにゅう》が）全体が塩貢納地域とされていたことの反映だ（狩野　一九九〇）。こうした、現代でいえば産地偽装、古代人にとっては法制度に則った正しい処理は、伊豆国カツオでも確認できる。

ポイントは、「古代人にとって」という点にある。

古代人にとって、という観点は、文字の読み取りでも必要だ。現代のわれわれから見ると、とんでもない雑な文字もある。同じ人物を、いろいろな文字（漢字）で書き表すこともある（馬場　二〇一九など）。だが、彼らの間では通じていた。彼らのルールがあったのだ。

たとえば、「斗」と「升」は、右下に点があるかないか、で見分けられる。単位はきわめて重要だ。だからこそ、絶対に間違えない、単純化したルールが用意されれていた。

規範と許容の狭間　さて、文字研究の分野では「規範」という概念が用いられる。理想とする規範の字形が理念上存在する。だが、規範の完璧な実現は困難で、「許容」範囲において実際の文字が書かれる。規範という概念は、考古学の様式を論じる際にも用いられる。

木簡は「モノ」であり、木簡の研究は「モノ」の研究である。そういった意味で、まずは「モノ」の「カタ

図3　若狭国の調塩荷札木簡（奈良文化財研究所提供）

チ」を、「モノ」を取り扱った人々・社会に即して分析する、文字学や考古学の観察手法を取り入れるべきではないかと考える。

「規範」と「許容」は人間社会に普遍的に存在する。古代人による、古代人のための、古代人の木簡の利用方法にも、「情報を文字化するかどうか」という選択から、「最後どのように捨てるか」に至るまで、意識・無意識の規範と許容が織りなされていたに違いない。

私は、こうした木簡に関わる規範と許容の総体を、「木簡の作法」と称している。

三　タブレット・ワールド

世界の木簡仲間　「木簡」という分類は、文字記載内容ではなく、書写媒体による。したがって、「木簡」を他の文字史料と区別して考察する理由は、「木」にある。一方、木製品の中で木簡を区別して考察する理由は「文字」にある。木は、「紙」とは異なり、三次元的な特性を強く持つ。一方で、書写面の制約から、一枚あたりの文字数は限定的となる。木簡利用者は、このあたりに適応した規範と許容を駆使し、木と文字を合体させた。これを観察するわれわれもまた、利用者に負けないような、詳細で柔軟な観察力・対応力が求められる。

こうした、独特の史料的特性のためか、まったく時空間の異なる木簡を対象にする研究者の間にも、不思議な連帯があり、共通の課題を持っている。イタリア・ポンペイを「遺跡の調査・研究・活用の総合的運営状況」調査団の一員として訪問した際には、先方の研究所副所長（金石文専門）から「タブレット屋が来た」と大歓迎してもらった。ヴィンドランダ・タブレットを調査するオックスフォード大の古典籍研究センター（CSAD）から、奈文研に訪問があった際には、木簡上の「にじみ」についてずいぶんと盛り上がった。

古代史の中でも木簡を学ぶ楽しみの一つだと思うがいかがだろうか。

東アジア簡牘の世界　もちろん、中国・韓国でも木簡は出土している。漢字が共通するだけでなく、文字を用いた意思伝達や行政・統治機構、文書の運用という点でも、多くの共通点がある。

一つの事例を紹介したい。正倉院文書の帳簿に、巻物の右側に軸がつく文書がある。これは、右から書いていった際に、左へと書き足すことが可能な形態として注目された（山口　一九九九）。そして、右を固定し、左側に成長点を持つという帳簿の作成手法は、漢代西域に、すでに存在していた（冨谷　二〇一四）。つまり、正倉院文書に見いだされた「工夫」は、東アジア文書行政の「通例」だった可能性が高い。

ただ、時代の違いや点数の格差などの理由もあって、比較研究はいささか低調であった。こうした状況下、二つの研究グループが日中韓木簡の総合的研究を行い、大きな成果をあげた（角谷　二〇一四、籾山　二〇一二）。その研究は中国の簡牘《かんとく》学会でもきわめて高く評価された。こうした流れを受けて、日中韓関係機関・学会の共同主催で「第一回中日韓簡牘研究国際論壇」（二〇一九年九月）が開催された。

多様な観察と関心への期待　木簡研究の方向性は、出土点数の増加にともなって、「個」（一点の木簡に強く依拠する研究）から「群」（多くの木簡を総合しつつ個別木簡を研究）へと変化してきている（馬場　二〇一八）。出土遺跡の増加は、都城に限定されない木簡研究の空間的広がりをもたらした。今日では、さらに世界の木簡・簡牘との比較研究が始まろうとしている。

点数の増加には対応して、情報学的手法も導入されている。日本国内の木簡情報のほぼすべてをカバーする奈良文化財研究所「木簡庫」データベースは、テキストデータをオープンデータ化している。データをダウンロードしての分析も可能だ。各資料の情報が断片的な木簡にとって、情報学的手法はきわめて魅力的で、有力である。

広がる世界、進む情報化、小さな破片のダイナミックな躍動。良き観察、良き情報化、さまざまに広がる情報との総合。古代人側に立って「木簡の作法」を意識しつつ、現代的手法からの歴史解明への問題意識を鍛えて、木簡のすばらしい魅力を引き出し、その言いようもなく性悪な部分を越えていきたい、と思う。

参考文献

木簡学会編『日本古代木簡選』岩波書店、一九九〇年・同『日本古代木簡集成』東京大学出版会、二〇〇三年

・代表的な古代木簡を集めた資料集。それぞれ、木簡学会設立一〇・二〇周年記念事業として編集されたもので、研究史や、遺跡・木簡の種類ごとの解説などがコンパクトにまとめられている。読み物としては若干「重い」が、木簡の写真集として、まずは「眺めてみる」ことを通じて、雰囲気を感じるには最適な書の一つであろう。写真集としては、奈良文化財研究所編『地下の正倉院展 10年のあゆみ』奈良文化財研究所、二〇一八年・同『天平びとの声をきく　地下の正倉院展・平城宮木簡のすべて』梧桐書院、二〇一〇年はカラーでより雰囲気が伝わるが、平城宮・京出土木簡に限られている。そのほか、奈良文化財研究所で公開している「木簡庫」データベース（https://mokkanko.nabunken.go.jp/ja/・二〇二〇年二月現在）では木簡画像が公開されている他、釈文等のテキスト情報のダウンロードが可能である。

木簡学会編『木簡から古代がみえる』岩波書店、二〇一〇年

・木簡から古代史を読み解く概説書。木簡学会三〇周年記念事業として編集されたもので、比較的平易に多様な事例を取り上げる。なお、木簡の概説書としては、狩野久編『木簡　日本の美術一六〇』至文堂、一九七九年、木簡を遺跡と結びつけながら古代史を語る書としては渡辺晃宏『平城京一三〇〇年「全検証」―奈良の都を木簡からよみ解く―』柏書房、二〇一〇年などども魅力的だが、初学者にはやや重いかもしれない。

冨谷至『木簡・竹簡の語る中国古代　増補版』岩波書店、二〇一四年

・現在、日本の木簡学を学ぶためには、中国の簡牘学に関する一定の素養・関心が欠かせなくなっている。一方、日本古代史を専門とする場合、中国古代簡牘は必ずしも「とっつきやすい」対象ではない。同書は魅力的な文章で、著者の多様なアプローチを含んだ簡牘学を学ぶ事ができる。簡牘から中国古代史を描き出したとしては、籾山明『漢帝国と辺境社会―長城の風景』中央公論社、一九九九年も魅力に富む一冊であり、推奨する。

青木俊介「候官における簿籍の保存と廃棄―A8遺址文書庫・事務区画出土簡牘の状況を手がかりに―」籾山明・佐藤信編『文献と遺物の境界―中国出土簡牘史料の生態的研究―』六一書房、二〇一一年
市　大樹『飛鳥の木簡―古代史の新たな解明―』中央公論新社、二〇一二年
鐘江宏之『地下から出土した文字』山川出版社、二〇〇七年
狩野　久『日本古代の国家と都城』東京大学出版会、一九九〇年
鬼頭清明『木簡の社会史―天平人の日常生活―』講談社、二〇〇四年
岸　俊男『宮都と木簡―よみがえる古代史―』吉川弘文館、二〇一一年
栄原永遠男『万葉歌木簡を追う』和泉書院、二〇一一年
佐藤　信『木簡から読み解く平城京』日本放送出版協会、二〇一〇年
角谷常子編『東アジア木簡学のために』汲古書院、二〇一四年
東野治之『木簡が語る日本の古代』岩波書店、一九八三年
奈良国立文化財研究所編『平城京左京二条二坊・三条二坊発掘調査報告　奈良国立文化財研究所学報　第五四冊』奈良国立文化財研究所、一九九五年
馬場　基『日本古代木簡論』吉川弘文館、二〇一八年
馬場　基「木簡学から見た日本語―文字について―」『日本語学』四九八、二〇一九年
平川　南『出土文字に新しい古代史を求めて』同成社、二〇一四年
三上喜孝『落書きに歴史をよむ』吉川弘文館、二〇一四年
籾山明・佐藤信編『文献と遺物の境界―中国出土簡牘史料の生態的研究―』六一書房、二〇一一年
森　公章『奈良貴族の時代史―長屋王家木簡と北宮王家―』講談社、二〇〇九年
山口英男「正倉院文書の継文について」石上英一・加藤友康・山口英男編『古代文書論―正倉院文書と木簡・漆紙文書―』東京大学出版会、一九九九年

6 金石文と墨書土器

高島英之

一　日本古代の金石文

紙以外のものに文字を記すこと　文字は文明の発展に不可欠なものであり、人類は文字を発明することによってはじめて情報や知識を時間や空間を超えて客観的に共有することが可能となった。今日のように、紙に記すことが当たり前である文字も、紙が発明されるまでの間は、もっぱら、石、木片、陶片、粘土板、金属、布などに記されてきたことはよく知られているところであろう。

このような、紙以外の素材に文字が記されたものは、紙が発明され、普及した後も、用途や機能に応じて現代に至るまで連綿と存在している。その中でも金属や石材などに文字や記号が記されたもののことを、歴史学では広く「金石文」と称している。

広義の金石文として、瓦や土器などの土製器物、木材、布帛《ふはく》などに記された文字も範疇に入れる場合もあるが、近年の研究では、それぞれ文字瓦、墨書・刻書土器、木簡、布帛墨書銘などと称することが多く、金石文といった場合には金属製あるいは石製の素材に文字等が記された資料に限る用例が主である。また、金属製品で文字を有するものに印章があるが、独立した資料項目として扱われることが多く、わが国における金石文とは、鏡鑑・刀剣・梵鐘・経筒・仏像・塔露盤《とうろばん》・石碑・墓誌などの銘文を指す概念と捉えてよいだろう（岡崎　一九七一）。

素材の堅牢性を反映して、記された文字・文章を永久的に固定させようとの意志が強く現れているところに、史料としての特質をうかがうことができる。また、文字が記される対象が金属や石材・塼《せん》など木・紙以外の素材であるため、圧倒的に刻書されたものが多いが、福岡県太宰府市宮ノ本遺跡出土の買地券《ばいちけん》（八世紀）のように金属板に文字が墨書された事例も少数ながら存在する。

日本古代における金石文の展開と史料的特質　わが国の金石文は、古くはいずれも中国・朝鮮半島から伝来した鏡鑑・刀剣銘などに限られていた。前漢鏡に記された銘文という形で、わが国にも早く弥生時代から金石文がもたらされている。わが国最古の紀年銘を有する金石文は、中国・後漢の中平（一八四〜一九〇年）の年号を有する奈良県天理市東大寺山古墳出土鉄刀銘であるが、中国大陸から伝来したもので、文字もかの地で記されたものである。

日本列島で作成された最古級の金石文は、千葉県市原市稲荷台一号墳出土の「王賜」銘鉄剣（五世紀中葉）、埼玉県行田市稲荷山古墳出土鉄剣銘（「辛亥年」四七一年）、熊本県玉名郡菊水町江田船山古墳出土鉄剣銘（五世紀後半）などであり、さらにまとまった量の文章を有するものとしては和歌山県橋本市隅田《すだ》八幡宮蔵人物画像鏡（「癸未年」五〇三年）がある。

六世紀に仏教が伝来し、仏像が造像されるようになると、造像の目的や発願の由来、発願者名や仏像を制作した工人の名などがそこに記されるようになってくる。仏教の浸透とともに、仏教思想の伝達手段として僧侶を通じて、文字と文章が一気に社会に広がっていく一方、中央集権的な律令国家の成立による徹底した行政上の文書主義の採用により、わが国の官僚社会において文字は支配の手段として定着を見るようになり、七世紀後半ごろから一躍金石文資料は多くなる。七世紀末から八世紀の律令国家の完成期にかけて、造像銘に加えて石碑や墓誌・骨蔵器《こつぞうき》銘、仏塔露盤銘、買地券など金石文は、量的にもまた種類の上でも、記された素材の面からもバリエーション豊かに広範囲に現れるようになるが、九世紀以降は減少し、おおむね仏教関係の灯籠《とうろう》銘、碑銘、梵《ぼん》鐘《しょう》銘などに限られるようになる。

わが国において文字が本格的に使用されるようになる七世紀には紙も伝えられていたので、わが国には、紙に文字が記されるようになる前段階としての木や石や金属や粘土板や陶片などにもっぱら文字が記される時代は、歴史上、存在しなかったわけである。

金石文は、基本的に同時代史料としての性格を有しており、木簡や漆紙文書、墨書土器など出土文字資料一般と同様、後世の潤色や脚色がない生の史料である。わが国では文字資料が極端に少ない七世紀以前を研究するには、金石文は決定的な重要性を有するが、それだけに字形の判別を含め、厳密な史料批判が要求される。また、文字内容が記された物、その物の性格や属性に左右されることもあり、文字内容を解釈する場合には、記された物の属性についても検討することが重要である。金石文が文字使用の広がり、字体・文体・用語法の変遷など国語学・書道史上の諸問題を解明する上でも極めて有効な資料である。

二　日本古代の墨書・刻書土器

土器に記された文字―墨書・刻書土器―　現在の日本古代史料学では、土器に文字が記された墨書・刻書土器は、金石文の範疇からは独立した史料概念として扱われているが、紙以外の器物に文字が記されるという点においては、広義の金石文の範疇に入れることも決して不可能なわけではない。実際、中国史では、古代の刻印土器などは金石文の一部門として扱われることが多い。

土器焼成前・後に土器に文字が刻まれたり、焼成前にスタンプが押されたりした刻書土器は、全国的にみて墨書土器の出土量に比して少量であり、その一割以下に過ぎないが、刻書土器の方が墨書土器よりも先行しており、すでに三世紀中葉の例がある（福岡県前原市三雲遺跡出土）。墨書土器や焼成後刻書土器への文字の記入は、基本的に土器の流通・貢納・保管・消費など段階でなされたものと考えられ、一方、焼成前刻書土器の文字記入は土器の生産段階でなされたものなので、両者は分別して考えなければならない。しかしながら、焼成前の須恵器《すえき》に刻書された文字と同一の文字が墨書された土師器《はじき》とが、同じ遺跡の同じ遺構から出土した事例もある（群馬県埋蔵文化財調査事業団編　一九九四）。このように、文字記入段階の相違を越えて、墨書土器と刻書土器とが密接な関連を有しているような場合もあるので、注意を要する。

一方、墨書土器は、土器の表面に墨で文字が記されたもののことである。圧倒的多数は古代のものであるが、ごく少数ながら中〜近世のものも存在する。また、少数ながら朱墨や漆で記されたものもある。考古遺物としての属性が重要で、出土遺跡、出土遺構、出土状況、出土層位、共伴遺物、土器そのものの形状や調整・成形・年代観などについてはもちろん、文字が記された土器の部位や文字の方向、字形、書体、書風などの検討が、記された文字内容の意味を正しく解釈し、解明していく上で必要不可欠である。

現在のところ、文字が記されたことが確実な最古の墨書・刻書土器は、七世紀中葉頃のもので、奈良県明日香村坂田寺跡出土のものや、奈良県橿原市の藤原宮跡大極殿《だいごくでん》下層大溝出土のもの、大阪府大阪市平野区城山遺跡出土のものなどである。八世紀になると中央・地方の官衙《かんが》・城柵《じょうさく》・寺院などの遺跡からほぼ普遍的に出土するようになってくる。

古代の官衙や寺院では、膨大な量の食器類そのもの、もしくは土器に入れられた内容物の保管・管理の必要から、土器に所属部署・使用場所や使用者の名称、あるいは用途や数量、内容物名などが記入されたものと従来は考えられてきた（清水・山中　一九九三）。平城宮跡出土の土師器皿の内面に土器の種類や数量が列記されたものがあり、土器の保管・管理に関わる帳簿様の内容が記されたものとみられている。また、宮都や官衙の遺跡から出土した官司・官職名が墨書された土器や、土器に入れられた内容物の名称が記された土器の中にも、それらの保管・管理を目的として記されたものが存在している可能性は高い。さらには土器の用途が明記されたものもある。とはいうものの、官衙や寺院が保管・管理したであろう膨大な量の土器全体に占める墨書土器の量はごく少量に過ぎないので、土器への文字記入の目的を、土器の保管・管理の目的のためと一概にはみなすことはできない。

一方、集落遺跡出土の墨書・刻書土器は、早いものは八世紀からみられるもののごく少数である。九世紀以降爆発的に多くなり、一〇世紀以降は急速に減少していく。現在までのところ、墨書・刻書土器は、全国で約一〇万点ほど出土している。

東国集落遺跡出土の墨書・刻書土器　古代の墨書・刻書土器は、現在までのところ琉球列島をのぞいた地域からほぼ普遍的に出土しているが、とりわけ東日本、中でも関東地方出土の例が多く、この時期の東国村落の特質の一つとさえいうことができる。また、八世紀の墨書土器の文字は概して小ぶりで書体も端正であるのに対し、九世紀以降のものは文字も太く大きくなり、字形も崩れ、稚拙な書体のものが多くなっていくという傾向もみられる。また、こうした大局的な趨勢とともに、それぞれの出土遺跡ごとに、集落の変遷にともなって墨書土器の分布が推移していく様子や、字形が変化していく過程などもわかってきている。さらに、全国各地の遺跡から出土する膨大な量の墨書土器の文字には、限られた種類や特殊な字形の文字が共通して使用されていることや、一遺跡における出土量が一〇〇〇点を越える例すらあるにもかかわらず、いかなる遺跡においても墨書土器の比率は、その遺跡から出土した土器総量の数%に過ぎないこと、また、特殊な材質や造り、あるいは特異な形をした土器を意識的に選んで文字を記している様子が特にうかがえないことなどの特徴も指摘されている（高島　二〇一六）。

集落遺跡から出土する墨書土器の文字は、一文字のみのものが圧倒的に多く、字形がはっきりしないものや内容や意味がわかりにくいものが多い。従来、吉祥的な文字や記号が記されることが多いとされてきたが、吉祥的な文字は、地名や人名にもよく使用されるので、文字の意味をいかようにでも解釈することが可能なので、そこに記された文字が意味するところを確定することは困難である。そうした中、近年、古代の「香取《かとり》の海」周辺地域（千葉県八千代市・印西市等）を中心に、複数の文字が記された墨書土器が多数出土するようになり、村落祭祀の実態を端的に示すものとして注目されている。

それら多文字墨書土器群のなかには、（地名）＋人名＋「形（方・召・身）代」（＋「奉（進上）」）という書式のものや、「某神（仏）奉（上・進）」と記すもの、あるいは「竈神」・「国玉」のように祭祀の対象となる神の名のみ記したものなど、神霊に対して「招代」＝依代《よりしろ》（神霊の依り憑く物）として奉献されたものであることが端的に示されている。

このような「人名＋召（形・方・身）代（替）＋奉（進）上」という書式で記された墨書土器は、千葉県北西部にとどまらず、少量ながらも、市川橋《いちかわばし》遺跡（宮城県多賀城市）や荒田目《あつため》条里《じょうり》遺跡（福島県いわき市）、箱根田《はこねだ》遺跡（静岡県三島市）、伊場《いば》遺跡（静岡県浜松市）など東北から東海地方にかけて広く分布している。疫神や祟り神、冥《めい》界《かい》の使いの鬼までも含めた意味における「神仏」を祀る際に、神霊を招来する依代である土器を、自分自身の身体や命を依代として捧げる代（替）わりに捧げたものと考えられる。出羽国府城輪柵《きのわのさく》関連の祭祀遺構が検出された山形県酒田市の俵田《たわらだ》遺跡からは、斎串《いぐし》・人形《ひとがた》・馬形・刀形などの木製形代《かたしろ》群とともに外側に「磯鬼坐」という文言と人面が記された土師器甕が出土した。「磯鬼坐」とは、祭祀・呪術に際して鬼神を神降ろしした際の「坐」

すなわち依代と解釈できよう。わが国の前近代社会において、神が器物に依ますという認識が存在していたことは、多くの史料にしばしばみられ、広い意味における「神仏」の依代としての土器の使用方法を明確に物語っている（高島　二〇〇九）。

村落祭祀の実態を直接物語るような多文字の墨書土器は、全国の集落遺跡出土の墨書土器全体の中では、まだごく少数であり、また出土地も、現段階においては、古代の「香取の海」周辺地域に集中しており、一見するときわめて特殊な事例であるやに見受けられなくはない。しかしながら、これら多文字墨書土器と共伴して一文字のみが記されたごく一般的にみられるタイプの墨書土器が出土しており、それらも多文字墨書土器と同様の目的・用途で使用されたものとみられる。多文字墨書土器は、一文字ないし二文字の墨書土器の用途・機能をも敷《ふ》衍《えん》して解明できる資料と位置づけることが出来る。

人面墨書土器　土器に記されるものは文字ばかりとは限らない。甕型・杯《つき》型の土器の胴部や体部を顔にみたて、頭髪・眉・目・鼻・口・髭などの顔面を構成する要素が描かれたものがあり、きわめて少数ではあるが、人面が刻書されたものも存在する。これらを人面墨書・刻書土器と言っているが、文字が記された土器に比べて、人面が描かれたものは、墨によるものがほとんどである。

土器に描かれた顔の典拠や用途・機能・使用法等について具体的に示すような史料は皆無である。土器に描かれた面相の中には、明らかに「仏面」であるものが存在したり、あるいは、描かれているのは「人面」ではなく「神面」と解釈する考え方も一方で存在していることから、描かれている面相が「人面」には限らないということを重視し、「面形土器」と称すべきとの意見もある（関　二〇〇四）。

従来、人面墨書土器は、都城遺跡からの出土事例が圧倒的に多く、平城京、長岡京内の河川や溝跡から大量に出土している。宮域内からの出土例は少なく、京域から出土することに特徴がある。都城出土の人面墨書土器は、粗製の専用土器小型の壺・甕の外側に人面を墨書し、祭祀に使用することを目的に作成されたであり、底部が穿《せん》孔《こう》されているものも少なくない。現段階で最古の資料は、七四〇年頃の年代観を示す土器類と共伴した平城京左京八条三坊出土のものとみられている。また、九世紀初頭ころを境に急速に資料数が減少するが、中世のものも僅かながら存在している。

都城遺跡出土の人面墨書土器については、辟邪《へきじゃ》のために、鬼神のような「胡人」の恐ろしげな顔を描き、中に息を吹きこんで水に流されたものとみる考え方や（水野　一九八五）、疫神の顔を描いて、気息とともに身中の邪気罪障を土器に封じこめて祓い去ろうとしたものとみる考え方など（金子　一九八五）、従来は個人の祓具と解することが有力であった。近年の研究では、宮城四隅疫神祭や道饗祭など、疫病が都に侵入してくることを未然に防ぐために疫神を饗応する国家的な祭祀として、都城そのもの、あるいは各種施設の境となる場所において使用されたとの見方が有力である（巽　一九九三）。

また、人面墨書土器は、城柵や地方官衙遺跡とその周辺遺跡はもとより、近年では東日本の集落遺跡からも出土が報じられるようになってきた。地方官衙遺跡から出土する人面墨書土器は、本来は都から赴任する国司や国府陰陽師《おんみようじ》によって都城における祭式がそのまままもたらされたものと考えられる。しかしながら、東日本の官衙周辺遺跡や集落遺跡から出土するものの中には、都城からはこれまでまったく出土したことがない杯型のもの、人面とともに文字が記されたもの、明らかに仏面が描かれたものなどが少なからず存在しており、また、それらが出土する場所も、都城における人面墨書土器が出土するような河川、運河、溝、低地などに止まらず、竪穴建物や土坑《どこう》などから出土する事例もあるなど、都城における人面墨書土器のあり方や出土場所としてはありえないような事例が少なからず存在していることもまた事実である（高島　二〇〇六b）。

それらに記された「国玉神・国神」、「罪司・罪ム」、「召代・形代・身代・命替」などの文字に着目して、中国の冥道《めいどう》信仰の影響を受けた延命祈願によるものとの見方がある一方で、人面を有しない墨書・刻書土器と同様、広義における「神仏」を招くための依代として供献されたとみることも、また可能であろう。

元来は、都城や官衙で使用されていた人面墨書土器から派生したものと考えられるが、都城における人面墨書土器祭祀のような、国家的祭祀、祓いといった機能では説明できない、それらとは異なる独自の用途や機能が付加されたものが存在したのであろう。

何のために土器に文字を記すのか　このような点から、集落遺跡出土の墨書土器は、村落内における祭祀・儀礼に際して使われたものであることが明らかである。古代村落において、土器に文字を記入するという行為は、日常使用する食器とは異なるという非日常の標識を施すことであり、祭祀用に用いる土器を日常の食器と区別し、疫神・祟り神・悪霊・鬼等を含んだ意味においての「神仏」に属する器であることを明記したものと言える。

それぞれの土器に記された文字が示すものは、祭祀を執り行った人物その人自身、あるいは彼が所属した氏族・家族・村落など各種集団の名前や略称・通称、居住地の地名を示す場合もあったであろうし、また、祭祀の内容や目的、祭祀の対象である神・仏の尊名が記されることもあったと考えられる。それぞれの祭祀・儀礼や司祭者・主催者に応じて、さまざまな文言が記されたものと考えられる。

参考文献

高島英之『古代出土文字資料の研究』東京堂出版、二〇〇〇年

・第一部を木簡についての用途・機能論を中心とした七節で構成し、第二部を墨書・刻書土器に関する八節で構成するとした論文集。墨書・刻書土器と共伴して出土し、密接な関連を有する出土文字資料である印章、焼印、刻書砥石や、在地社会における重要な古代一次史料である石文なども併せて論考対象とする。多種多様な日本古代の出土文字資料を総体的に扱うことによって、古代史の資料体系の中に出土文字資料を位置づけた。

東野治之『日本古代金石文の研究』岩波書店、二〇〇四年
・わが国古代の金石文について、銘文としてのみならず、遺物論的な検討を含めて総合的に扱った研究である。個々の金石文について、考証や釈文の校訂が綿密に展開され、それらを踏まえた上での歴史学的な考察が縦横に展開され、日本古代金石文に関する現代歴史学の方法論による最高水準の研究と位置づけることが出来る。
平川　南『墨書土器の研究』吉川弘文館、二〇〇〇年
・古代の墨書土器を体系的に扱った専論として唯一の論文集である。墨書土器を、著者は、それぞれが出土した遺跡・遺構や伴出遺物などとの関連の中で丹念に検討し、各種の資料を相互に有機的に関連付けていくことによって、墨書土器の歴史資料として位置づけを明確にし、その研究の方向性を示すとともに、資料の操作や研究の方法論、今後の研究の方向性や指針などを明瞭に提示した。第一人者による墨書土器研究の決定版である。
荒井秀規「神に捧げられた土器」平川南・沖森卓也・栄原永遠男・山中章編『文字と古代日本三　神仏と文字』吉川弘文館、二〇〇五年
岡崎　敬「日本古代の金石文」岡崎敬・平野邦雄編『古代の日本』九、角川書店、一九七一年
鬼塚久美子「人面墨書土器からみた古代における祭祀の場」『歴史地理学』三八―五、一九九六年
神奈川地域史研究会編『シンポジウム古代の祈り―人面墨書土器からみた東国の祭祀―』二〇〇四年
金子裕之「平城京と祭場」『国立歴史民俗博物館研究報告』七、一九八五年
群馬県埋蔵文化財事業団編『二之宮宮下東遺跡』一九九四年
斎藤　忠『古代朝鮮・日本金石文資料集成』吉川弘文館、一九九三年
清水みき・山中章「長岡京跡の墨書土器」『月刊文化財』三六二（特集墨書土器の世界）、一九九三年
関　和彦「神と『面形』墨書土器」神奈川県地域史研究会編『シンポジウム　古代の祈り―人面墨書土器からみた東国の祭祀―』二〇〇四年
高島英之『古代東国地域史と出土文字資料』東京堂出版、二〇〇六年a
高島英之「仏面・人面墨書土器からみた在地社会における信仰形態の一様相」国士舘大学考古学会編『古代の信仰と社会』

六一書房、二〇〇六年b
高島英之「古代印旛と多文字墨書土器」吉村武彦・山路直充編『房総と古代王権』高志書院、二〇〇九年
高島英之『出土文字資料と古代の東国』同成社、二〇一二年
高島英之「日本古代村落出土墨書・刻書土器の基本的性格をめぐって」須田勉編『日本古代考古学論集』同成社、二〇一六年
巽淳一郎「都城における墨書人面土器祭祀」『月刊文化財』三六三、一九九三年
東野治之『日本古代史料学』岩波書店、二〇〇五年
水野正好「招福除災—その考古学—」『国立歴史民俗博物館研究報告』七、一九八五年

7 『延喜式』

小倉慈司

一 格と式

律令格式とは　日本古代の政治・社会制度は「律令」と呼ばれる法体系を根幹に据えた制度であったために「律《りつ》令《りょう》制」と呼ばれる。この律令とは古代中国の法制度を導入したものである。律令制の法典は、律・令の他に格《きゃく》・式《しき》からなる。大雑把に説明すれば、律は主として刑法、令は刑法以外の行政法、格は修正法、式は施行細則である。現代の国家運営が憲法・法律のみならず、政令や省令・条例、また規程や判例・告示・通達などといった行政規則によってなされるのと同様、律令制も大枠を定めた律令だけでは機能せず、さまざまな付属法・修正法や運営上の規則が必要とされた。

特に施行細則は、当然ながら律令が施行されてすぐに必要となったはずであり、実際にも大宝令《たいほうりょう》施行以前、飛鳥浄御原《あすかきよみはら》令の時期から存在していた可能性が高いと考えられる。八世紀段階では計帳《けいちょう》など公文書の書式の規程や「民部省《みんぶしょう》式」「神祇官《じんぎかん》例」などが存在したことが確認されるが、九世紀に入るとさらに全官司に及ぶ式がまとまった法典として編纂整備されるようになっていった。

弘仁格式の編纂　桓武《かんむ》天皇（在位七八一～八〇六年）の時代に法典編纂の機運が高まり、国司の交替に関する法令を収めた『延暦交替式《えんりゃくこうたいしき》』が撰上され、格および式の編纂も開始されるようになる。延暦二十三年（八〇四）に伊勢神宮より撰進された『皇太神宮儀式帳《こうたいじんぐうぎしきちょう》』と『止由気宮《とゆけぐう》儀式帳』は、式の編纂材料として提出が求められたものであった（虎尾　一九八二）。しかし、延暦二十五年（八〇六）に桓武天皇が崩御したことによりその事業は停滞し、嵯峨《さが》天皇（在位八〇九～八二三年）の代になって再び編纂に向けて動き出すことになる。

事業は藤原冬嗣《ふゆつぐ》を筆頭に進められ、弘仁《こうにん》十一年（八二〇）に格一〇巻、式四〇巻が撰進された。大宝元年（七〇一）から弘仁十年までの法令を対象として、政府や諸司の故事旧例を官司ごとに集め、署名部分や施行文言などそれがなくても内容がわかる部分を省略しつつ、基本的には法令の体裁を残したまま採録したのが格であり、同じく官司ごととしながらすでに常例となっていたり法令を補足する内容については要点のみを摘記し、条文冒頭に「凡」字を冠したのが式である。それぞれ『弘仁格』『弘仁式』と呼ばれた。

ただしいったん奏進された後、さらに修訂作業が続けられ、天長七年（八三〇）十月に再び奏進（このときの天皇は淳和《じゅんな》天皇）、十一月に施行、さらに弘仁十一年以降の制度改正を内容上盛りこんだ「遺漏紕繆《いろうひびゅう》改正作業」が進められ、最終的には承和《じょうわ》七年（八四〇）四月（このときの天皇は仁明《にんみょう》天皇）に施行されることになった（鎌田　一九七六）。

貞観格式の編纂　続いて清和《せいわ》天皇（在位八五八～八七六年）の代に藤原良房《よしふさ》が中心となり、再び交替式および格式の編纂が企てられる。まずは『貞観《じょうがん》交替式』が貞観十年（八六八）に、ついで『貞観格』が同十一年に施行され、最後に『貞観式』が貞観十三年に完成施行された。このうち『貞観交替式』は『延暦交替式』の内容も含めて増補修正する形がとられた（なお国司のみならず内官の交替に関する規程や社寺管理規程も設けられた）が、『貞観格』『貞観式』は原則として弘仁格式以降の訂正・増補部分のみが収録されることになった。したがって実際の行政の場においては、弘仁格式と貞観格式の双方を参照併用する必要があった。

延喜格式の編纂　さらに醍醐《だいご》天皇（在位八九七〜九三〇年）の代に三度目の交替式・格式編纂が計画される。このときは格式の編纂が先に開始されたらしい。まずは『延喜格《えんぎかく》』が延喜七年（九〇七）に奏進、翌八年に施行された。この『延喜格』はこれまでと同様、『貞観格』以降の法令を集成したものである。その後、延喜十一年に『延喜交替式』の編纂が開始され、延喜二十一年に撰上された。この『延喜交替式』は『貞観交替式』を単に増補改訂したものではなく、体裁を一新して、すべて「凡」に始まる形に書き改めることが行なわれた。そして延喜の式も、単に『貞観式』以降の増補修正ではなく、唐の『開元式』『永徽式』の例にならい、『弘仁式』『貞観式』の内容をすべて含みこむ全面改訂が目指されることになった。ただし分量の多い『延喜式』の編纂は簡単ではなく、延長五年（九二七）にいたってようやく撰進された。しかしやはりその後も修訂作業が続けられ、最終的に康保四年（九六七）に施行されることになった。

このようにしてなんとか完成した『延喜式』であったが、儀式書『西宮記《さいきゅうき》』には臨時六に「凡そ奉公の輩《ともがら》設備すべき文書」の一つとして『延喜式』があげられており、『延喜式』が平安貴族社会において必須の書とされるようになったことが知られる。

なお、『弘仁格』『貞観格』『延喜格』については、一一世紀前半頃にそれらを合わせ事項別に配列し直した『類聚三代格』が編纂された。

二　『延喜式』の概要

『延喜式』の篇目　『延喜式』は全五〇巻からなる。字数で数えると、本文がおよそ三八万七〇〇〇字弱で、条文数では数え方にもよるが、約三五五〇条程度である。

官司ごとにまとめられ、このうち巻一から一〇までが神祇官および神祇関係となっている。巻一・二が恒例祭祀、巻三が臨時祭祀と神祇官業務、巻四が伊勢神宮、巻五が伊勢斎宮《さいくう》、巻六が賀茂斎院、巻七が践祚大嘗祭《せんそだいじょうさい》に関する規程、巻八が祝詞《のりと》、巻九・一〇が全国の神祇官管轄神社（官社）の名簿である。

ついで巻一一から四〇までが太政官《だいじょうかん》関係であり、太政官（巻一一）、中務省《なかつかさしょう》（巻一二）、中務省所管の内記《ないき》・監物《けんもつ》・主鈴《しゅれい》・典鑰《てんやく》・中宮職《ちゅうぐうしき》・大舎人寮《おおとねりりょう》・図書寮《ずしょ》・縫殿寮《ぬいどの》・内蔵寮《くら》・陰陽寮《おんよう》・内匠寮《たくみ》（巻一二～一七）、式部省《しきぶ》（巻一八・一九）、式部省所管の大学寮（巻二〇）、治部省《じぶ》および治部省所管の雅楽寮・玄蕃寮《げんば》・諸陵寮《しょりょう》（巻二一）といった順に並んでいる。巻四一から四九までは太政官以外の諸司で、弾正台《だんじょうだい》や左右京職およびその所管の東西市司、東宮坊《とうぐうぼう》およびその所管官司、勘解由使《かげゆし》、左右近衛《このえ》・衛門《えもん》・兵衛《ひょうえ》の六衛府《えふ》、左右馬寮《め》、兵庫寮《ひょうこ》と続く。最後の巻五〇は雑式として、以上に含めることが難しい諸規程が収められる。蔵人《くろうど》や検非違使《けびいし》に関する規程は収録されず、別途『蔵人式』『左右検非違使式』が編纂されている。

なお、『延喜式』の条文を表記する場合には官司名（あるいは神祇式であれば、四時祭《しじさい》上などの巻の名称）に虎尾俊哉編『訳注日本史料　延喜式』で使用されている条文番号と条文名称（「四時祭式下51新嘗祭料条」「内膳式《ないぜん》28供奉雑菜条」等といった形）を用いるのがわかりやすくてよい。ただし条文番号・条文名称の一部については修正を要する箇所がある（国立歴史民俗博物館にてネット公開の延喜式関係論文目録データベース「データベース概要」参照）。

『延喜式』には何が書かれているか　『延喜式』の内容はさまざまであるが、そのなかで大きな比重を占めるのは、当該官司で徴収もしくは支出、あるいは製造する物品、また当該官司が管理する事項についてのリストである。具体的には神祇の四時祭式や臨時祭式における諸祭祀の幣帛（神への捧げ物）についての記載、また神名《じんみょう》式の官社リスト、陰陽式における宮城諸門の開閉時刻、縫殿式や内匠式・木工《もく》式・大膳《だいぜん》式等における製作諸物品の原材料と労働量、諸陵式における陵墓のリスト、民部《みんぶ》式における各国郡名リスト、主計《しゅけい》式における各国の調《ちょう》・庸《よう》・中《ちゅう》男作物《なんさくもつ》の品目リスト、主税《しゅぜい》式における各国からの京への物品運送費用公定価格リスト、兵部《ひょうぶ》式における諸国駅《えき》馬《ば》・伝馬《てんま》のリスト、典薬《てんやく》式における諸官司に配布する常備薬のリストや諸国から貢納させる薬物のリストなどがある。これらによって律令や国史などからではわからない古代社会の諸相に迫ることが可能となる。たとえば主計式の調・庸・中男作物（中男〈天平宝字元年制では一八～二一歳〉に課された税目）リストを見ることによって、国ごとにどのような産物が都に貢進されているかを網羅的に知ることができる。ここでは一事例として、現在の千葉県南部にあたる上総《かずさ》国についてあげてみよう。

主計式上25上総国条

上総国 行程、上三十日、下十五日。

調、絁《あしぎぬ》二百疋、緋《あけ》の細布《ほそぬの》二十端、薄貲布《さよみのぬの》百十四端、細貲布六十三端、小堅《おかた》の貲布五十一端、紺の望陀《もうだ》布五十端、縹《はなだ》の望陀布七十三端、縹の細布三百八十端、望陀の貲布百端、長さ八丈、広さ一尺九寸。貲布一百四十八端。

自余は望陀布・細布・調布・鰒《あわび》を輸《いた》せ。

庸、布を輸せ。

中男作物、麻二百斤、紙、熟麻《にお》、白暴《さらし》の熟麻、枲《けむし》、紅花《くれない》、漆、芥子《からし》、雑《くさぐさ》の腊《きたい》、鰒《あわび》、凝海藻《こるもは》。（以上、原漢文）

行程とは国府から都までの税物の運搬にかかる日程。「上」は上京時、「下」は帰国時の日数で、上京時には当たり前ながら税物を帯同するため時間がかかり、日数が多めに設定されている。上総国の調はアワビを除けば繊維製品となっているが、このうち望陀布は望陀郡特産の麻布であり、「小堅」もおそらく地名と考えられる。望陀布は唐の皇帝への贈答品にされたり、大嘗祭《だいじょうさい》で使用されたりもした（大蔵《おおくら》式97大唐皇条、大嘗祭式25御服条）。

細布は細糸を使用した上質の布、貲布は経糸が細かい上質の布である。中男作物には麻やアワビの他、紙や熟麻（麻紙や麻布の原料で、大麻の茎皮の繊維を煮たもの）、紅花、漆、カラシナの粉末、鳥や魚の干し肉、テングサなどがあがっている。

『延喜式』のテキスト　『延喜式』の活字本は明治以降、新註皇学叢書本や日本古典全集本、皇典講究所本（『校訂延喜式』）など数種類刊行されているが、なかでも研究者に広く使われてきたのが、一九三七年刊行の新訂増補国史大系本である。その後、一九九〇年代に虎尾俊哉によって神道大系本が刊行され、さらに二〇〇〇年より書き下しおよび注釈を付した訳注日本史料本が刊行された（二〇一七年完結）。現段階ではこの訳注日本史料本が最良の校訂本であるが、いまだ検討を要するところもないわけではない。国立歴史民俗博物館「古代の百科全書『延喜式』の多分野協働研究」プロジェクト（二〇一六～二一年度予定）では、写本系統研究に基づくより良い校訂本文の作成、また他分野の研究者のための現代語訳・英訳作成をめざしている。

三　『延喜式』の難しさ

業務マニュアルとしての『延喜式』　冒頭で式が施行細則であることを述べたが、よりわかりやすい表現に言い換えれば、それぞれの官司における業務マニュアルとも呼べるであろう。業務を遂行するにあたって必要となる儀式次第や物品、あるいは帳簿の書式などが収められているのである。ただし『延喜式』には、業務マニュアルだからこその問題点も存在する。たとえば物品製作であれば、諸官司の官人にとっては、原材料と製品製作にかかる労働量の計算こそが大切なのであって、実際の製作技術や手順については知っておく必要のない情報である。だから『延喜式』にはそうしたところまでは記されていない。またその当時の官人にとって常識であるような情報も、わざわざ文章にして残す必要がないものであるから省かれてしまっている。そのために後世の人間が理解に苦しむ場合も少なくないのである。具体的に事例を一つ紹介してみたい。

春宮式43帯刀舎人条の解釈

春宮《とうぐう》式は皇太子のことをつかさどる春宮坊という官司に関する式が集められている。古代中国で皇太子は東にいるべきであるという考え方から、皇太子の居所を東宮と呼び、そこから皇太子のことも東宮と呼ぶようになった。さらに東には四季の春が配されたため、東宮は春宮とも書きならわしたのである。その春宮式43帯刀舎人《たちはきのとねり》条を取り上げる。

凡帯刀舎人卅人、分配侍衛。

漢字一一字の単純な条文である。しかし簡潔なだけにかえって難しくもある。冒頭の「凡」は「凡《およ》そ」と読み、条文の始まりであることを示している。「帯刀舎人」は春宮式8射礼《じゃらい》条に「剣波岐舎人」と記されているので、「たちはきのとねり」と訓んだことが推測される。文字通り帯剣して皇太子の警護にあたる奉仕者である。奈良時代に置かれた授刀《たちはき》舎人の系譜を引くが、直接的には宝亀七年（七七六）に皇太子山部《やまべ》親王（のちの桓武天皇）に一〇人の帯刀舎人が置かれたのが始まりで、その後、大同元年（八〇六。皇太子神野《かみの》親王〈のちの嵯峨天皇〉およ び天安元年（八五七。皇太子惟仁《これひと》親王〈のちの清和天皇〉）に一〇名ずつ増員され、定員三〇人となった（『類聚三代格』大同元年五月二十七日官符、天安元年五月八日官符）。

さて、「分配侍衛」はどのように読めばよいであろうか。最新の校訂・注釈本である訳注日本史料本は、「分配して侍衛せよ」と読んでいる。「分配」とは「分けてくばること。配分」もしくは「義務や作業を分担すること。あるいは、役を割り当てること。また、割り当てられた役や、その役の人。当番」の意であり、「侍衛」とは「貴人のそば近く仕えて護衛すること。また、その人」のことである（小学館『日本国語大辞典』第二版）から、「分配して侍衛せよ」と読むのであれば、「帯刀舎人三〇人は分担して皇太子を護衛せよ」ということになる。しかしそれではあまりにも当たり前のことを言っているだけで、わざわざ式に定めるまでもないように思える。おそらくは「卅人」という人数が一つの意味を持っているのであろう。だが、それならば、「凡帯刀舎人卅人、」だけで良いはずである。

ちなみに訳注日本史料本以前の『延喜式』テキストを見てみると、新訂増補国史大系本には返り点や送り仮名はないが、一九二九年刊行の日本古典全集本や一九三一年刊行の皇典講究所本では「分配」に「シテ」と送り仮名を振っており、訳注日本史料本と同じ読みではないかと推測される。これは江戸時代の流布版本も同様である（というより流布版本の送り仮名をそのまま翻刻したのであろう）。さらにさかのぼって写本にあたってみると、大部分の写本には返り点や送り仮名等はないのだが、国立公文書館所蔵の慶長写本では「分㆓配侍衛㆒」と返り点が振られており、「侍衛に分配（せよ）」と読んだことが知られる。このように読むならば、「帯刀舎人三〇人は、（東宮舎人から分けて?）（その他の任務にはあてずにもっぱら）皇太子警護にあたるようにさせよ」といった意味に解釈できるかも知れない。ただしこれは江戸時代に『延喜式』を読んだ人の解釈であって、それがそのまま古代にまでさかのぼる保証はない。

あるいは『類聚三代格』天安元年五月八日官符に、帯刀舎人は現在二〇人という人数で「分㆓配三陣㆒」する（三グループに分けて交替で勤務させる）ために一つの陣は六、七人になり、病人が出ると宿衛者が少なくなって充分な警護ができない、といったことが述べられており、「分配」がこれをふまえた表現であるとすれば、「帯刀舎人三〇人は、（陣に）分けて皇太子警護にあたらせよ」という意味ではないかとも考えられる。

このように文字面だけでは、いくつかの可能性が考えられる。当時の春宮坊官人にとってはおそらく読めばすぐに理解できる簡単なことであったのであろうが、後世の人間からすれば、もう少しわかりやすく書いて欲しかったと言いたくなる。

『延喜式』は杜撰か　今から一〇〇年前、一九一九年に発表された喜田貞吉「延喜式の杜撰」という論文がある（『歴史地理』三三―五所収）。そこで喜田は、巻九・一〇の神名式において延喜年間の郡名ではなく、承和年間以前の古い郡に所属する形で官社が記されていることなどを指摘し、『延喜式』の編纂に杜撰な点があり、学者はまず種々の点より研究を加えて、玉を石とを鑑別しなければならないとした。これについては、その後の研究によって、神名式では弘仁式社の次に新たに貞観式において列した官社を、さらにその末尾に貞観式以後に列した官社をほとんど機械的に記したものであり、郡名の変更などは行なわれなかったことが明らかにされている。このような「杜撰」は、『延喜式』が業務マニュアルであったということを考えれば、ある程度、納得がいくであろう。代々受け継がれていく業務マニュアルは、引継者の考え方によって、最新の内容に改訂されていく場合もあれば、単純に古い内容がそのまま引き継がれていく場合もありえる。「杜撰」といえば杜撰なのかも知れないが、逆にそれが『弘仁式』『貞観式』段階を探る手がかりともなりえるのである。

『延喜式』にはその実効性、またその内容が実質的にいつの時点のものと考えるべきかなどといった問題も存在する。『延喜式』に書いてあるから（あるいは書いていないから）といって簡単に片づけることができないのが、『延喜式』研究の難しさといえるであろう。

参考文献

虎尾俊哉編『訳注日本史料　延喜式』上・中・下、集英社、二〇〇〇・〇七・一七年
・『延喜式』の最新のテキストであり、かつ注釈書でもある。注釈のみならず、各冊に付された図表も便利。なお、下巻には上・中巻の改訂一覧（正誤表）や編者虎尾氏による書入れ紹介なども収録されているので、注意しなければならない。
虎尾俊哉『延喜式』吉川弘文館、一九六四年、新装版一九九五年

・『延喜式』の概要が要領よくまとめられており、これ一冊を読めば、とりあえず『延喜式』の基本的内容を把握することができる。刊行されてから五〇年以上経つが、現在でも『延喜式』を学ぶ際にはまず目を通すべき入門書として、高く評価されている。

西本昌弘編『新撰年中行事』八木書店、二〇一〇年

・藤原行成による年中行事書であるが、『弘仁式』『貞観式』逸文の引用も見られる。一九九八年に学界に紹介された新しい史料であり、それ以前の研究では使用されていないため、適宜、参照する必要がある。

大津　透「格式の成立と摂関期の法」水林彪ほか編『法社会史』山川出版社、二〇〇一年

小倉慈司「延喜式」佐藤信・小口雅史編『古代史料を読む　上　律令国家篇』同成社、二〇一八年

小倉慈司「延喜式（平安時代篇）」佐藤信・小口雅史編『古代史料を読む　下　平安王朝篇』同成社、二〇一八年

鎌田元一「弘仁格式の撰進と施行について」『律令国家史の研究』塙書房、二〇〇八年、初出一九七六年

川尻秋生『日本古代の格と資財帳』吉川弘文館、二〇〇三年

虎尾俊哉『古代典籍文書論考』吉川弘文館、一九八二年

虎尾俊哉編『弘仁式貞観式逸文集成』国書刊行会、一九九二年

西本昌弘『日本古代の年中行事書と新史料』吉川弘文館、二〇一二年

早川万年「延喜式は「玉石混淆」か」『神道大系月報』一一七、一九九三年

8　儀　式　書

黒須利夫

一　日本古代の儀礼と儀式書

日本古代の儀礼　儀式書とは、朝廷における儀礼の式次第や儀礼の場における作法を記した書物を指す。

一般的に儀礼というものは退屈で無用のものであると認識されており、長く歴史学の研究対象としては重視されてこなかった。日本古代史の分野においても、大嘗祭《だいじょうさい》など一部の神祇祭祀に関する研究の蓄積はあったが、多くの儀礼は有職故実《ゆうそくこじつ》や風俗史的な枠組みの中で個別に研究されることが多かった。

しかし、土田直鎮が『大日本史料』第二編の編纂に従事した経験から、平安時代の政務と儀礼の関係について、「先例を守り礼儀作法を整えて事務を行なっていた、それが当時の政治であった」「儀式の場を離れて政治というものを別に考えようとすることが間違である」との指摘をすると（土田　一九九二）、儀礼に対する認識も大きく変化する。土田の指摘を承けて、橋本義彦は藤原忠平《ただひら》の時代こそ摂関体制の成立期であるとし、その指標の一つとして「儀式・故実の成立」をあげている。一方、岸俊男は宮都の発掘調査の成果をふまえて、内裏《だいり》・大内裏などの政治空間で繰り広げられる政務・儀礼を具体的に考究する方法を示した（岸　一九八八）。これらの研究の進展により、一九八〇年代以降、日本古代の国制や政治過程を分析する際に、研究対象として儀礼が取り上げられるようになったのである。

現在の儀礼研究を代表するものとして、朝堂院《ちょうどういん》・豊楽院《ぶらくいん》などの空間における政務・儀礼の歴史を解明した橋本義則（橋本　一九九五）、儀礼の場から王権の支配秩序を明らかにした古瀬奈津子（古瀬　一九九八）や、政務儀礼の手続きを儀式書・記録を用いて復元し、政治の実態を明らかにした吉川真司（吉川　一九九八）、日本古代における礼制の受容を総括的に論じた大隅清陽（大隅　二〇一一）などがあげられる。

儀式書研究の進展　以上のように儀礼研究が進展するにつれて、儀式書の研究も深められることとなった。従来の研究では三代儀式（『弘仁儀式《こうにんぎしき》』『貞観儀式《じょうがんぎしき》』『延喜儀式《えんぎぎしき》』）の存在は自明の前提であったが、石塚一石により三代儀式の存在そのものに疑問が呈されるようになった（石塚　一九六三）。その後、所功が三代儀式の成立を論じ（所　一九八五）、さらに西本昌弘により『内裏儀式《だいりぎしき》』と『内裏式《だいりしき》』の先後関係が明らかにされることとなった（西本　一九九七）。近年の通説は、①「弘仁儀式」は存在しない（別に弘仁年間に『内裏儀式』『内裏式』が編纂された）、②現行本の『儀式』は「貞観儀式」に相当する、③「延喜儀式」は未完成であった、というものである。

一〇世紀以降、『西宮記《さいきゅうき》』『北山抄《ほくざんしょう》』『江家次第《ごうけしだい》』という、いわゆる三大儀式書が編纂された。従来は『新訂増補故実叢書』が用いられてきたが、一九九〇年代以降『神道大系』に収められ、さらに近年は『尊経閣善本影印集成』にて影印本が発刊されて、研究が進展している。『尊経閣善本影印集成』発刊時に付されていた橋本義彦による解説は、一書にまとめられている（橋本　一九九九）。

近年の注目すべき成果として、西本昌弘による『新撰年中行事』の発見があげられる。西本は、東山御文庫蔵『年中行事』が失われたとされていた藤原行成撰述の『新撰年中行事』であり、寛弘年間（一〇〇四〜一〇一一）までに大枠が成立していたことを明らかにした（西本編　二〇一〇、西本　二〇一二）。同史料には『弘仁式』『貞観式』『蔵人式』などの逸文《いつぶん》が数多く含まれ、平安時代史研究における意義は計り知れない。また、鹿内浩胤は『寛平二年三月記』という史料を発掘し、同書が『小野宮年中行事《おののみやねんじゅうぎょうじ》』の裏書・首書を書写したものであることを指摘した（鹿内　二〇一一）。このように平安時代の儀式書に関する研究は、現在でも活発な状況が続いている。

二　日本における儀式書の編纂

礼の受容と儀式書の編纂　唐では、律令格式とともに礼が編纂された。貞観十一年（六三七）には貞観律令格式と同時に『貞観礼』一〇〇巻が編纂され、顕慶三年（六五八）には律令格式に遅れて『顕慶《けんけい》（永徽《えいき》）礼《れい》』一三〇巻が編纂される。『貞観礼』と『顕慶礼』は併用され、参照するに不便なところがあったが、開元二十年（七三二）にはふたつの礼を折衷して『開元礼《かいげんれい》』一五〇巻が編纂された（池田　一九七二）。

『日本国見在書目録《げんざいしょもくろく》』巻四礼部には、隋の煬帝《ようだい》が編纂した『江都集礼《こうとしゅうれい》』一二六巻のほかに、『顕慶礼』一三〇巻、『開元礼』一五〇巻も記されており、これらの礼が伝来されていたことを示している。『江都集礼』が将来された時期は明らかではないが、『顕慶礼』については天平七年（七三五）に帰国した入唐留学生下道《しもつみち》（吉備）真《ま》備《び》が将来したと推定されている（『続日本紀』天平七年四月辛亥条）。真備は天平勝宝四年（七五二）に遣唐副使として再び入唐し、『開元礼』を将来したと考えられている（彌永　一九八八）。

以後、律令国家は唐の儀礼を積極的に導入し、平安時代には格式とともに儀式書も編纂されることとなる。平安時代における儀式書の編纂については、いくつかの画期が認められる。ここでは、①弘仁・貞観年間を中心とする官撰儀式書の時代、②藤原基経《もとつね》による年中行事障子《ねんじゅうぎょうじのしょうじ》の設置、③一〇世紀以降の私撰儀式書の成立、というように時代を区分して述べてみたい。

官撰儀式書の時代　平安時代前期、特に弘仁年間から貞観年間にかけての時代は、唐礼による儀式の整備が進んだ。まず、嵯峨朝の弘仁九年（八一八）には「天下儀式」「男女衣服」などが唐風に改定され、やはり唐風の拝礼である「舞踏《ぶとう》」の教習も開始された（『続日本後紀』承和九年十月丁丑条、『類聚国史』巻七一・弘仁九年正月己亥条など）。このような儀礼整備を反映して、弘仁十二年（八二一）藤原冬嗣《ふゆつぐ》らにより『内裏式』（群書類従、故実叢書、神道大系、尊経閣善本影印集成）が撰進されることとなった。現行本は三巻で、恒例儀式一九項目と臨時儀式四項目を収める。天長十年（八三三）には清原夏野《きよはらのなつの》らにより、補訂が行われている。

弘仁年間には、別に『内裏儀式』（故実叢書）が編纂されたと考えられる。『内裏儀式』の現行本は一巻で、恒例・臨時の行事一四項目を収める。西本昌弘は、『内裏儀式』収載の儀礼では跪礼《きれい》、四拝拍手・揚賀声《がせい》という伝統的な作法が用いられているのに対し、『内裏式』の儀礼では立礼《りつれい》、再拝舞踏・称万歳《ばんぜい》という唐風の作法が用いられていることから、『内裏儀式』が弘仁九年の唐風化以前の様相を残すものであることを明らかにした（西本　一九九七）。

清和朝の貞観年間には、『儀式』（故実叢書、神道大系）が編纂された。現行本は、全一〇巻七七項目からなる。『本朝法家文書目録』所載の「貞観儀式」一部一〇巻の項目とほぼ合致し、現行本の『儀式』は「貞観儀式」のことであるとするのが通説である。貞観十四年（八七二）十二月における荷前《のさき》山陵の改定が反映されていることから、これ以降の成立と考えられている。

『儀式』に関する古典的な研究としては、坂本太郎のものがあげられる。坂本は『儀式』と『開元礼』とを比較し、『開元礼』の篇目が中国の五礼（吉礼《きちれい》・賓礼《ひんれい》・軍礼《ぐんれい》・嘉礼《かれい》・凶礼《きょうれい》）の順に従うのに対し、『儀式』は神祇祭祀、天皇・皇后・皇太子に直接関係するもの、恒例の年中行事、臨時の儀となっており、国情に合致させ、実用も顧慮して編纂されたと指摘した（坂本　一九八九）。これに対し、神谷正昌は『儀式』の篇目配列について、神祇祭祀が吉礼に相当し、年中行事などが嘉礼、葬儀などの臨時儀礼が凶礼に相当するとしている。すなわち、賓礼・軍礼が配列されていない点を除けば、日本の『儀式』も唐礼を模範として編纂されていたことを指摘したのであった（神谷　二〇一六）。

この他にも『儀式』には、正月二日皇后・皇太子受群臣拝賀儀や天皇即位儀のように、唐礼の影響が顕著な儀礼が見受けられる。貞観年間における『儀式』編纂について、近年は日本古代における唐礼継受の頂点を示すものとして高く評価されている。

年中行事障子の設置　貞観年間における唐礼の受容は、藤原良房《よしふさ》を中心に進められた。良房の死後は、藤原基経《もとつね》を中心に儀礼の整備が進められることとなる。光孝朝の仁和元年（八八五）五月、基経により「年中行事障子」が献上された（『帝王編年記』仁和元年五月二十五日条）。「年中行事障子」とは清涼殿東廂《せいりょうでんひがしひさし》の落板敷《おちいたじき》に立てられた衝立《ついたて》障子で、正月から十二月までの年中行事の項目と神事・御服事・御画事・廃朝事・雑穢事の規定項目が列記されていた。群書類従には『年中行事御障子文』が収められているが、仁和元年以降の補訂が加えられている（甲田　一九七六）。

「年中行事障子」の設置は宇多朝における蔵人所《くろうどどころ》の拡大や清涼殿の整備を背景とし、その年中行事は平安前期の儀礼に仁和から寛平元年（八八九）頃までの儀礼を加えている。公卿・殿上人《てんじょうびと》や蔵人たちが政務・儀礼の運営に際して、常に参照すべきものであり、記載された年中行事や神事などの項目は、以後の儀式書にも基本的に引き継がれている。このように「年中行事障子」は、宮廷社会の儀礼体系の基礎となったのであった（古瀬　一九九八、黒須　一九九三）。

宇多朝以降の儀礼整備の中で、特に藤原基経の作法はその子忠平《ただひら》によって継承された。さらに忠平の口伝・教命を核として、その子実頼《さねより》・師輔《もろすけ》は小野宮流・九条流という二つの儀式体系を作り上げた。二つの流れは、それぞれ「年中行事障子」に注を付加する形で、『九条年中行事』『小野宮年中行事』という年中行事書に結実することとなる。

『九条年中行事』（群書類従）は、九条殿藤原師輔の著作で、一〇世紀中葉の成立とされる。現行本は正月と十二月に欠失があるが、宮内庁書陵部蔵の柳原本で十二月の欠失を補うことができる。年中行事・臨時行事には格《きゃく》式《しき》・宣旨《せんじ》などの多くの書を引用するほか、「申大中納言雑事」「申一上事」などの政務に関する規定も載せている。

『小野宮年中行事』（群書類従）は、小野宮右大臣藤原実資《さねすけ》の著作で、一一世紀前半の成立で、同じく年中行事や神事などの規定項目を載せる。儀式の先例を明らかにしようとする意図が見られ、『弘仁式』『貞観式』などの逸文を数多く引用する。

私撰儀式書の成立　宮中の儀礼整備が進むと、日記・部類記《ぶるいき》が作成され、細部にわたる具体的な作法が先例として蓄積されるようになる。村上天皇の命令で応和三年（九六三）以降、『新儀式』（群書類従）が編纂されたが、儀式の流れのみを記す官撰儀式書では細かな作法を明確に規定することができず、以後は先例・故実を豊富に記載する私撰儀式書の時代となる。

『西宮記』（故実叢書、神道大系、尊経閣善本影印集成、宮内庁書陵部本影印集成）は源高明《みなもとのたかあきら》の著作で、一〇世紀末の成立とされる。年中行事と臨時の儀式からなり、数多くの勘文《かんもん》や実例が注記されている。成稿後も著者による手が加えられており、複数の系統本文が伝写されたほか、後人の追記も多い。

『北山抄』（故実叢書、神道大系、尊経閣善本影印集成）は藤原公任《きんとう》の著作で、一一世紀初頭の成立とされる。年中行事、臨時の儀式を記すほか、近衛大将や国司などの職務によって巻がまとめられている。巻十「吏途指南《りとしなん》」は自筆草稿本も伝えられている。

『江家次第』（故実叢書、神道大系、尊経閣善本影印集成）は大江匡房《おおえのまさふさ》の著作で、一二世紀初頭の成立とされる。

年中行事のほか、神事・仏事・践祚《せんそ》から摂関家の私礼まで、臨時の儀式や政務に関しても要領よくまとめられている。

以上の三大儀式書は、正月から十二月までの年中行事や臨時の儀式、政務などの多岐にわたる儀礼について、いずれも数多くの先例・故実を引用し集成している。これらの撰述には、格式などの法典のみならず、貴族たちが記した日記が不可欠であった。一〇世紀以降に撰述された私撰儀式書は、この後、宮廷社会の規範として長く尊重されていくこととなる。

三 儀式書研究のこれから

儀式書研究の課題 以上述べてきたように、一九八〇年代以降の儀礼研究の盛況とともに、儀式書研究も大きく進展してきた。しかしながら、律令や格式などの法典と比較すれば、未だ不十分な点が多いといわざるをえない。まず第一に、本文校訂や注釈書の必要性があげられる。特に年中行事書・私撰儀式書に関しては、写本の系統も複雑で後人の追記も多い。一部には注釈書も作成されているが（甲田 一九七六、阿部編 一九九六・二〇一二、皇學館大学神道研究所 二〇一二）、未だ不十分であろう。

第二に、儀式書の編纂・成立過程の解明があげられる。『内裏式』を除き、儀式書には序文が残されていない。すなわち、成立に関する関連史料が少なく、内容から成立過程や編纂目的などを考察することが中心になっている。この点についいては、さらに検討を重ねる必要があろう。

第三に、儀式運営の実態の解明である。儀礼を運営する時には、実際には儀式書のみでなく、格式の規定や記文・外記《げき》日記、さらには臨時の儀式の前に個別に作成される「式」なども参照されていたと考えられる。八世紀以前の段階においても、儀礼運営に際して記文・別式などがどのように利用されていたのかについては、研究者によって大きくイメージが異なる。このような儀式運営の実態に迫ることは、従来から取り組まれてきたことではあるが、これからの課題でもあろう。

『儀式』の編纂に関する課題　最後に、前記の第二の課題の一事例として、『儀式』の編纂方針について考えてみたい。

『中右記』大治四年（一一二四）正月五日条によれば、貞観六年（八六四）正月元日の清和天皇元服に際して、大江音人《おとんど》が「唐礼」を参照して元服式を作成し、以降その式が天皇元服儀の典型として用いられてきた。実際に元慶六年（八八二）正月二日の陽成天皇元服も、貞観の先例に依拠して実施された。また、『北山抄』巻四（御元服儀）には「貞観式」「元慶式」が引用されており、貞観・元慶の先例が重視されてきたことを確認できる。

一一世紀以降、臨時の行事・儀式のためにあらかじめ式次第を作成されるようになり、この式次第は「年号＋式」と表記される（中野　一九九六）。大江音人が作成した天皇元服式は、このような個別の行事の式次第としては早いものであろう。

さて、問題となるのは、この天皇元服儀に関する「式」が『儀式』に入らなかったのはなぜかということである。『儀式』巻六（元正受朝賀儀）には、貞観六年正月元日に清和天皇の元服が実施されたことを反映して、天皇元服後の朝賀においては祝賀の言葉が加えられることが規定されている（佐野　二〇〇五）。しかしながら、天皇元服儀の式文そのものは『儀式』に収載されることはなかったのである。

このことは、皇太子元服儀と比較するとより明瞭になろう。皇太子元服儀の場合は、『内裏式』（または『内裏儀式』）の逸文が存在している。所功は、延暦七年（七八八）における皇太子安殿親王の元服に際して皇太子元服儀礼が成立し、『内裏式』（または『内裏儀式』）に収載されたと指摘している（所　一九八五）。天皇元服儀と皇太子元服儀を比較して、岡田まりは二つの儀礼はともに紫宸殿《ししんでん》の儀であり国家的な行事であったが、皇太子元服儀の方は唐礼との関連性はほとんど見出せないのに対し、貞観年間に成立した天皇元服儀は明確に唐礼を基盤としていると指摘する（岡田　二〇一三）。

さらに、釈奠《せきてん》に関する規定は、弘仁年間には唐礼を参照してほぼ直輸入の形で導入され、『弘仁式』大学寮式の中に収載された（彌永　一九八八）。しかし、この大学式の規定では諸国における実施が困難なところがあったため、貞観二年（八六〇）には播磨国からの奏上により新たに諸国釈奠式が作成・頒下され（『三代実録』貞観二年十二月八日条）、『貞観式』雑式に収められることとなる。このように、釈奠に関する式次第は諸司式に収載され、『儀式』の中に規定されることはなかったのである。

以上、天皇元服儀・皇太子元服儀・釈奠といういずれも中国から受容した儀礼であっても、その式次第の規定は単行の式、『内裏式』、諸司式というように分かれているのである。

残念ながら、現在の研究ではこの問題に関して明確な解答が得られていない。『儀式』が唐礼を意識していたことは、すでに指摘されている。すると、まさしく唐礼を直接的に受容して作成された天皇元服式が『儀式』に収載されなかった理由については、現在は不明であるが、『儀式』編纂の際に設けられた何らかの編纂方針に求めるべきであろう。坂本太郎は一九四一年初出の「儀式と唐礼」（坂本　一九八九）の中で、三代の格式と比較して儀式書に関しては「研究すべき広汎な部面が残されて」いると断じている。今からおよそ八〇年前の発言であるが、現在においてもこの指摘は有効であり、残された課題は未だ大きいのである。

参考文献

所　功『平安朝儀式書成立史の研究』国書刊行会、一九八五年

・本章で取り上げた儀式書のほぼすべてを研究対象として取り上げ、その成立過程を考究されている。内容に関して現在では議論のある部分もあるが、近年の儀式書研究の起点となった研究書である。

西本昌弘『日本古代儀礼成立史の研究』塙書房、一九九七年

・本書における『内裏儀式』『内裏式』に関する論考は、儀式書に関する文献学的研究の基本と呼べるものであり、鮮やかな論証過程を学んで欲しい。

吉川真司『律令官僚制の研究』塙書房、一九九八年

・儀式書を用いて、日本古代における政務の実態を解明している。現在における儀式書を用いた政務儀礼研究の一つの到達点として紹介したい。

阿部猛編『北山抄注解　巻十　吏途指南』東京堂出版、一九九六年
阿部猛編『北山抄注解　巻一　年中要抄上』東京堂出版、二〇一二年
池田　温『大唐開元禮　附大唐郊祀録』解説、汲古書院、一九七二年
石塚一石「三代儀式の成立について」『日本上古史研究』七―二、一九六三年
彌永貞三『日本古代の政治と史料』高科書店、一九八八年
大隅清陽『律令官制と礼秩序の研究』吉川弘文館、二〇一一年
岡田まり「日本古代の皇太子元服加冠儀」『国史学』二〇八、二〇一三年
神谷正昌『平安宮廷の儀式と天皇』同成社、二〇一六年
岸　俊男『日本古代宮都の研究』岩波書店、一九八八年
黒須利夫「『年中行事障子』の成立」『歴史人類』二一、一九九三年
甲田利雄『年中行事御障子文注解』続群書類従完成会、一九七六年
皇學館大学神道研究所『訓讀注釋　儀式　践祚大嘗祭儀』思文閣出版、二〇一二年
坂本太郎『律令制度　坂本太郎著作集第七巻』吉川弘文館、一九八九年
佐野真人「朝賀儀と天皇元服・立太子」『皇学館論叢』三八―四、二〇〇五年

鹿内浩胤『日本古代典籍史料の研究』思文閣出版、二〇一一年
土田直鎮『奈良平安時代史研究』吉川弘文館、一九九二年
中野淳之「外記局の文書保管機能と外記日記」河音能平編『中世文書論の視座』東京堂出版、一九九六年
西本昌弘『日本古代の年中行事書と新史料』吉川弘文館、二〇一二年
西本昌弘編『新撰年中行事』八木書店、二〇一〇年
橋本義則『平安宮成立史の研究』塙書房、一九九五年
橋本義彦『平安貴族』平凡社、一九八六年
橋本義彦『日本古代の儀礼と典籍』青史出版、一九九九年
古瀬奈津子『日本古代王権と儀式』吉川弘文館、一九九八年

9 日記と古記録

神谷正昌

一　日記のはじまり

日記とは　書状など特定の相手に自己の用件や意志を伝える目的で作成された「文書」に対して、不特定の読者を想定して書かれたものを「記録」という。日記もこの範疇にあり、歴史の史料において、古文書に対し古記録といわれ、平安時代の日記はこれと同義とされている。ところで、日記と聞けば、その日の出来事や自身の感情などを毎日綴《つづ》る個人の日記をイメージするのではないか。そのような日記は、いつごろから始まったのだろうか。「日記」という語は古く中国でみられたが、そこではむしろ日付を伴わない記録をさすことも多かった。これに対し日本では、日付のある日次記《ひなみき》のことを特に日記と称する場合が多い。そのなかで、最も古い時期のものとしては、斉明五年（六五九）から同七年にかけての第四次遣唐使の随行記とされる「伊吉連博徳書《いきのむらじはかとこがふみ》」や「難《なに》波《わ》吉士《きし》男人《おひと》書《がふみ》」が『日本書紀』に引かれている。また、『釈日本紀』から、天武元年（六七二）の壬申の乱の従軍記とされる「安斗智徳《あとのちとこ》日記」と「調淡海《つきのおうみ》日記」の存在が知られる。しかし、前二者は後年、述作提出されたと推定されており、後二者も『日本書紀』の編纂資料として、後年まとめられたものと考えられている（山中編一九九三)。したがって、これらは日を追ってリアルタイムで記されたものではない。

さまざまな日記　奈良時代になると、具注暦《ぐちゅうれき》に記された日記を確認することができる。律令制下において、暦は陰陽寮《おんみょうりょう》で作成され頒布されたが、日の吉凶などの情報が記されていたので具注暦という。正倉院にいくつかが納められ現存しているが、そのうち天平十八年(七四六)具注暦の余白に短文が記されている。これらは写経所関係の記事が記されており、写経生のメモと考えられる。そして、平安時代の日記が、おもに具注暦の日付と日付との間あきに記されるものが多く、これはその源流とみなすことができよう。

ところで、日記は個人的な記録と思われがちだが、そのような私日記に対し、公の記録も日付をおって記されれば日記であり、役所の記録も日記と称された。いわゆる公日記であり、「外記《げき》日記」・「内記《ないき》日記」・「殿上《てんじょう》日記」などがそれである。「外記日記」は、太政官《だじょうかん》の書記役である外記が記録したものであり、代々書き継がれて保管され大部な量にのぼったという。平安末期に、鳥羽《とば》上皇の命で信西《しんぜい》入道が編纂した『本朝世紀《ほんちょうせいき》』は、「外記日記」を素材としている。これに対し「内記日記」は、宮中の書記である内記が作成した日記であり、「殿上日記」は蔵人《くろうど》が記した殿上ないし内廷の記録である。ほかにも近衛府《このえふ》の記録である「近衛陣記」が確認される。また、特定の事件・出来事の顛末《てんまつ》を記した日記もあり、被害者や目撃者ないし調査・訊問にあたった第三者が作成したものを「事発《じはつ》日記」、検非違使《けびいし》が犯人や当事者を訊問し作成した供述書を「勘問《かんもん》日記」という。

なお、承和五年(八三八)の遣唐使に随行した円仁《えんにん》の『入唐求法巡礼行記《にっとうぐほうじゅんれいこうき》』は、唐で個人的な行動をとったという点で、公の随行記というよりは個人的日記の性格が強い。一一世紀に入宋した成尋《じょうじん》の『参天台五台山記《さんてんだいごだいさんき》』に連なる渡海日記の先蹤《せんしょう》といえよう。

このように、日記にはさまざまなものがみられるが、そのなかでも主流をしめるのが、九世紀末から多く記された天皇や貴族の日記である。

二　天皇・貴族の日記

三代御記　九世紀末以降に、天皇や貴族の個人の日記が盛行するのは、正史の途絶が関係しているという。『日本書紀』に始まる六国史《りっこくし》は、『日本三代実録』の光孝天皇の仁和三年（八八七）で終了する。その後、歴史書の編纂がまったく放棄されたわけではないが、完成するものはなかった。そうすると、公務の規範を集積したものがなくなり、天皇や貴族たちは自らそれを記録する必要が生じてきた。そこで、よるべき先例を残すため日記を記すようになったのである（竹内　一九九九）。日記は当初から天皇によっても記され、『宇多天皇御記《うだてんのうぎょき》』・『醍《だい》醐《ご》天皇御記』・『村上《むらかみ》天皇御記』を三代御記という。寛平の治や延喜・天暦の治など、天皇親政で有名な天皇の手になるものである。中国では、皇帝の日々の事蹟は専門の役人による起居注《ききょちゅう》というかたちで記録され、正史の編纂素材とされていたが、日本では天皇みずからが日記を記したところに特徴がある。これらは逸文でしかその内容を知ることはできないが、儀式書や他の日記にも引かれており、宮廷社会のなかで広く参照されていたことがうかがわれる。天皇の日記は、その後、一条天皇や後朱雀天皇・後冷泉天皇などによっても記された。ほかに皇族の日記としては、仁明天皇皇子の本康《もとやす》親王の日記や、醍醐天皇皇子で式部卿であった重明《しげあきら》親王が残した『吏《り》部王記《ぶおうき》』が有名である。また、后妃《こうひ》の日記としては、醍醐天皇の皇后で朱雀天皇・村上天皇の母后である藤原穏《おん》子《し》の「天暦《てんりゃく》母《ぼ》后御《こうぎょ》記《き》（大后御記）」が存在したことが知られる。これは仮名まじりで書かれていたらしく、後の女流日記と特徴を同じくするが、貴族らが先例を参照するなど宮中行事のことが記されていた点で、女性といっても日記文学とは一線を画し、むしろ天皇・貴族の日記に性格の近いものだったといえよう（山中編　一九九三）。

貴族の日記　貴族も多くの日記を残している。初期のものとしては、朱雀天皇の摂政・関白である藤原忠平《ただひら》の

『貞信公記《ていしんこうき》』、その息男で冷泉天皇の関白、円融天皇の摂政となった藤原実頼《さねより》の『清慎公記《せいしんこうき》』、実頼の弟で冷泉天皇・円融天皇の外祖父である藤原師輔《もろすけ》の『九暦《きゅうれき》』など、摂関家のものが有名である。一方、実務官人の日記では平　親信《たいらのちかのぶ》の『親信卿記』の存在も知られる。

摂関政治の全盛期の日記としては、藤原道長の『御堂関白記《みどうかんぱくき》』、小野宮右大臣・賢人右府《けんじんうふ》と称された藤原実資《さねすけ》の『小右記《しょうゆうき》』、三蹟《さんせき》の一人で権大納言藤原行成《ゆきなり》の『権記《ごんき》』がある。このなかで最も貴重なのは『御堂関白記』であろう。これは、具注暦に記された現存最古の自筆本が残されており、二〇一三年にはユネスコの「世界の記憶」(「世界記憶遺産」)にも登録されている。道長の自筆本は、もとは三六巻存在したと考えられるが、そのうちの一四巻が近衛家で大切に保存され、現在に伝来している。道長の漢文は破格であり、みずからが主催する政務や儀式の参加者を多く記しているなどが特徴とされているが、これらは道長の性格を表わしているといわれており、また誰にどのような物を給わったのかの備忘録であったとの指摘もある(倉本　二〇一八)。『小右記』の筆者実資は、実頼の孫で大臣にも昇った家格であったが、蔵人頭《くろうどのとう》を経験するなど実務に長けた官人でもあり、学識も深く政務や儀式について詳細で大部な日記を残している。『権記』の著者行成も、同様に蔵人頭を勤めた実務官人として有能であった。これら三つの日記は、同時期のことを記しているので、同日のことを三者照らし合わせて読むことにより、その日の事象をとらえることができる。ほかに、実務官人の日記では、長く弁官《べんかん》を勤めた源　経頼《みなもとのつねより》の『左経記《さけいき》』、蔵人頭や春宮大夫《とうぐうのだいぶ》を勤めた藤原資房《すけふさ》の『春記《しゅんき》』があり、当時の実務の有様を知ることができる。摂関・大臣の立場にある者の日記と、実務官人の日記とでは、当然、違った視点で記されているのであり(倉本　二〇一八)、それを対比して読むことにより、それぞれの職務の内容・相異を浮かび上がらせることができよう。

院政期になると、さらに多くの日記が記されるようになる。摂関家のものでは、藤原師通《もろみち》の『後二条師通記』

やその子藤原忠実《ただざね》の『殿暦《でんりやく》』、孫の藤原頼長《よりなが》の『台記《たいき》』、同じ道長の子孫でも実務に長け右大臣まで昇った藤原宗《むね》忠《ただ》の『中右記《ちゆうゆうき》』などが有名である。多く廟堂《びようどう》を占めるようになった村上源氏の日記としては、左大臣源俊房《としふさ》の『水左記《すいさき》』、その子源師時の『長秋記《ちようしゆうき》』が残されている。一方、後三条天皇の側近や院近臣の日記としては、大《おお》江匡房《えのまさふさ》の『江記《ごうき》』、藤原為房《ためふさ》の『為房卿記』、その子藤原為隆《ためたか》の『永昌記《えいしようき》』などが知られる。そして実務官人では、高棟流桓武平氏の平時範《ときのり》の『時範記』や平信範《のぶのり》の『兵範記《ひようはんき》』などがある。このほかにも、いくつもの日記の存在が知られ、枚挙に遑《いとま》がない。

日記の運用　『九暦』の筆者師輔は、『九条《くじよう》右丞相《うじようしよう》遺誡《ゆいかい》』という訓戒を子孫に残している。そこには「先《ま》づ起きて属星《ぞくしよう》の名字を称すること七編。次に鏡を取りて面を見、暦を見て日の吉凶を知る。次に楊枝を取りて西に向ひ手を洗へ。次に仏名を誦して尋常に尊重するところの神社を念ずべし。次に昨日のことを記せ（事多きときは日々の中に記すべし）。次に粥を服す」とある。このことから、日記はその日のうちにではなく、翌朝の朝食前に記すとされていたことがわかる。

　これらの日記は、前述のように、行間があけられた具注暦に記された。しかし、陰陽寮が作成した暦を貴族に頒布する頒暦《はんれき》制度は、一〇世紀には崩壊しており、特別に注文して作成してもらった暦に、貴族たちは日記を記していた。時には、裏に記したり、紙を貼り継いで記したりしていた。具注暦など暦に記された日記を「暦記」といい、それに関連する記事を別紙に記したものを「別記《べつき》」という。これらは、後によるべき先例として記されたものであるが、何年もかけて大量の記事が記されれば、参照したい記事をすぐに探し出すには不便となる。そこで、使用に便利で先例を参照しやすくするために、「目録」が作成されたり、記事を分類した「部類記《ぶるいき》」も作成されるようになった。そして後には、日々記された日記はあくまで草稿にすぎず、部類記によって日記は完成するといわれるようになるのである。

当時の日記を見ると、自身の日記だけではなく他者のも参照して先例を調べていたことが知られ、日記は秘蔵されていたというよりは、広く貴族社会に共有されていたことがうかがわれる。そして、日記は特に貴重なものとされ、各家で継承され大切に保存された。文車《ふぐるま》という車に乗せて保管され、火事など災害の時は、すぐに引いて持ちだせるように用意されていたという（倉本　二〇一八）。また、先例としての日記を代々記す家は「日記の家」と呼ばれるようになる（松薗　一九九七）。たとえば、『親信卿記』や『時範記』・『兵範記』を残した高棟流桓武平氏は、実務官人として代々『平記《へいき》』（『親信卿記』・『範国記《のりくにき》』・『行親記《ゆきちかき》』・『定家記《さだいえき》』・『知信記《とものぶき》』・『時信記《ときのぶき》』）を記し、そのように呼ばれていた。

中世以降になると、貴族のみならず、寺社やさらに下位の階層も日記を綴るようになり、現在の個人の記録として受け継がれるのである。

日記の閲覧　現在、これらの日記の自筆本や写本などの原本を閲覧することは一般には難しい。しかし、近衛家伝来の陽明文庫所蔵の古記録は『陽明叢書』（思文閣出版）、前田家尊経閣文庫や天理図書館所蔵のものは『尊経閣善本影印集成』・『天理図書館善本叢書』（八木書店）にいくつか影印本が収められている。また、『大日本古記録』（岩波書店）、『増補史料大成』（臨川書店）、『史料纂集』（続群書類従刊行会・八木書店）によって多くの活字本が刊行されており、内容を知ることができる。ほかにも、『御堂関白記』については、『御堂関白記全註釈』全一六巻（国書刊行会・高科書店・思文閣出版）によって註釈が施されており、さらに、倉本一宏によって、『藤原道長「御堂関白記」全現代語訳』上・中・下、『藤原行成「権記」全現代語訳』上・中・下（講談社学術文庫）で現代語訳され、『小右記』も『現代語訳「小右記」』（吉川弘文館）が刊行中である。なお、国際日本文化研究センターのホームページで、「摂関期古記録データベース」が公開されており、ウェブサイトで閲覧することが可能となっている。

三　日記文学

仮名文学　最後に、日記文学についてふれておきたい。古代の日記といえば、むしろ平安時代の日記文学を思い浮かべる人も多いかもしれない。平安時代の文学といえば、紫式部《むらさきしきぶ》の『源氏物語』や清少納言《せいしょうなごん》の『枕草子』など、仮名で書かれた女流文学の印象が強いと思われる。そして日記文学が、「をとこ（男）もすなる日記といふものを、をむな（女）もしてみんとてするなり」との書き出しで有名な、紀貫之《きのつらゆき》の『土佐日記』から始まるのも象徴的である。その後、右大将道綱母《みちつなのはは》の『かげろふ（蜻蛉）日記』、和泉式部の『和泉式部日記』、紫式部の『紫式部日記』、菅原孝標女《すがわらのたかすえのむすめ》の『更級《さらしな》日記』、讃岐典侍《さぬきのすけ》藤原長子《ながこ》の『讃岐典侍日記』などの女流の日記文学が続くが、いずれも仮名で書かれたものである。ただしこれらは、天皇や貴族の日記のように、政務や儀式の先例を残すためのものとは趣を大きく異にする。なかには、『紫式部日記』の寛弘五年（一〇〇八）の中宮彰子《しょうし》の御産の記録のように、貴族の日記と同じ性質の部分もあり、随筆である『枕草子』にも、日付は記されていないものの、その日に起こったできごとを創作を交えずに記録した日記的章段が存在する（倉本編　二〇一五）。しかし、他の多くは、日記といっても作者の内面的世界によって創作された物語といえる。日記文学と呼ばれるゆえんである。

仮名日記　ところで、男性である紀貫之が、なぜ女性に仮託して『土佐日記』を著したのか。本来、漢字・漢文で書かれるべき日記を、仮名文字で書くために女性に仮託したといわれたりしたが、たんに用字の問題だけなのであろうか。そもそも、日記とは公の役所の記録としての日次記であった。そして、天皇や貴族の個人の日記も、先例を規範として後世、子孫に残すために記されたものである。したがって、日記は多分に公的な役割を持つものであった。これに対し、女流日記はそのような性格が希薄である。回想的で個人の感情の占める部分が大きい。日次記的な性格を有している部分は、女流の仮名日記においては、前述したように限られた部分にしか存在しない。このように、役所の記録としての日記や、天皇・貴族の日記と仮名で書かれた女流の日記文学はまったく別物ととらえられるのである。紀貫之は、『土佐日記』において新しいジャンルを創設したといっても過言ではなく、冒頭の部分はその宣言と読み取れなくはない。そして日記は、公的な記録（古記録）と日記文学との二つの系統に分かれて受け継がれていくのである。

参考文献

倉本一宏編『日記・古記録の世界』思文閣出版、二〇一五年。
・国際日本文化研究センターでの三年間にわたる共同研究「日記の総合的研究」による成果。三五本の最新の論考が収録されている。
倉本一宏監修『日記で読む日本史』全二〇巻、臨川書店、二〇一六年〜
・平安時代の天皇・貴族の日記から日記文学、『昭和天皇実録』に至るまで、二一人の執筆陣により多面的な魅力を解き明かすシリーズ。現在刊行中。
山中裕編『古記録と日記』上・下、思文閣出版、一九九三年。
・日本古代における日記の始まりから、公的な記録としての日記、天皇・貴族の日記、女流の日記文学を網羅した概説書。
尾上陽介『中世の日記の世界』山川出版社、二〇〇三年。
倉本一宏『『御堂関白記』の研究』思文閣出版、二〇一八年。
五味文彦編『日記に中世を読む』吉川弘文館、一九九八年。
斎木一馬『斎木一馬著作集　古記録の研究』上・下、吉川弘文館、一九八九年。

斎木一馬編著『古記録学概論』吉川弘文館、一九九〇年。

竹内理三「口伝と教命―公卿学の系譜（秘事口伝成立以前）―」『竹内理三著作集第五巻　貴族政治の展開』角川書店、一九九九年
玉井幸助『日記文学概説』目黒書店、一九六五年。

松薗　斉『日記の家』吉川弘文館、一九九七年。

松薗　斉『王朝日記論』法政大学出版局、二〇〇六年。

桃　裕行『桃裕行著作集　古記録の研究』上・下、思文閣出版、一九八八・一九八九年。

米田雄介「日次記に非ざる「日記」について―『平安遺文』を中心に―」『摂関制の成立と展開』吉川弘文館、二〇〇六年
龍福義友『日記の思考　日本中世思考史への序章』平凡社、一九九五年。

別冊歴史読本『日本歴史「古記録」総覧』上・下、新人物往来社、一九八九年。

執筆者紹介（生年／現職）—執筆順

中野高行（なかの　たかゆき）　一九六〇年／慶應義塾大学非常勤講師
田中禎昭（たなか　よしあき）　一九六二年／専修大学教授
服部一隆（はっとり　かずたか）　一九七〇年／明治大学兼任講師
北村安裕（きたむら　やすひろ）　一九七九年／岐阜聖徳学園大学准教授
宮川麻紀（みやかわ　まき）　一九八三年／帝京大学准教授
河野保博（かわの　やすひろ）　一九八一年／立教大学等兼任講師
髙井佳弘（たかい　よしひろ）　一九五七年／東京女子大学・国士舘大学非常勤講師
永島朋子（ながしま　ともこ）　一九七一年／専修大学人文科学研究所特別研究員
中林隆之（なかばやし　たかゆき）　一九六三年／専修大学教授
三舟隆之（みふね　たかゆき）　一九五九年／東京医療保健大学教授
佐藤　信（さとう　まこと）　→別掲
佐藤雄一（さとう　ゆういち）　一九八一年／駒沢大学講師
山下克明（やました　かつあき）　一九五二年／大東文化大学東洋研究所兼任研究員
浜田久美子（はまだ　くみこ）　一九七二年／大東文化大学教授
中野渡俊治（なかのわたり　しゅんじ）　一九七二年／清泉女子大学教授
関根　淳（せきね　あつし）　一九七〇年／富士見丘中学高等学校教諭

中村友一（なかむら　ともかず）　一九七二年／明治大学准教授

菊地照夫（きくち　てるお）　一九五九年／法政大学兼任講師

畑中彩子（はたなか　あやこ）　東海大学准教授

馬場　基（ばば　はじめ）　一九七二年／奈良文化財研究所史料研究室長

高島英之（たかしま　ひでゆき）　一九六三年／群馬県埋蔵文化財調査事業団専門員

小倉慈司（おぐら　しげじ）　一九六七年／国立歴史民俗博物館准教授

黒須利夫（くろす　としお）　一九六五年／聖徳大学教授

神谷正昌（かみや　まさよし）　一九六三年／豊島岡女子学園高等学校教諭

監修者略歴
一九五二年、東京都生まれ
一九七八年、東京大学大学院人文科学研究科（国史学）博士課程中退
現在、東京大学名誉教授、博士（文学）
〔主要著書〕
『日本古代の宮都と木簡』（吉川弘文館、一九九七年）
『古代の地方官衙と社会』（山川出版社、二〇〇七年）
『日本古代の歴史6　列島の古代』（吉川弘文館、二〇一九年）

テーマで学ぶ日本古代史　社会・史料編

二〇二〇年（令和二）六月十日　第一刷発行

監修者　佐藤《さとう》　信《まこと》
編　者　新古代史の会
発行者　吉川道郎
発行所　株式会社 吉川弘文館
郵便番号一一三―〇〇三三
東京都文京区本郷七丁目二番八号
電話〇三―三八一三―九一五一〈代〉
振替口座〇〇一〇〇―五―二四四番
http://www.yoshikawa-k.co.jp/

印刷・製本・装幀＝藤原印刷株式会社

ISBN978-4-642-08385-0